教育部人文社会科学重点研究基地云南大学
西南边疆少数民族研究中心文库·反思民族志丛书
云南大学民族学一流学科建设经费资助

世纪跨越

基诺族传统文化的传承与保护

SHIJI KUAYUE
JINUOZU CHUANTONG WENHUA DE CHUANCHENG YU BAOHU

朱映占　著

人民出版社

反思民族志研究丛书

主　编：何　明
副主编：高志英

中国知识生产的反思——"反思民族志丛书"
总　序

何　明

在云南大学"211 工程"三期民族学重点学科建设中，我负责"云南少数民族调查研究基地"建设项目。2003 年开始在云南少数民族农村建设了 10 个调查研究基地（之后又有所增加），而该项目不仅要建设房屋及其相关设施设置等供师生进入农村进行田野调查时所需的生活和工作基础设施，而且要推进科学研究、人才培养等学科内涵建设，其中包括由作为"我者"的村民记录本村发生的事情的"村民日志"和作为"他者"的学者长期跟踪调查及民族志研究。"村民日志"和学者跟踪调查及民族志研究两项学术规划的目的，是推动中国民族学和人类学界从中国的田野经验回应后现代人类学及其反思民族志。

众所周知，中国学界自 20 世纪初引进民族学和人类学学科之后不久就出现了近半个世纪的国际学术交流"空窗期"，直到 21 世纪初期中国学界仍然延续着现代人类学及之前的理论方法，进化化、传播论、结构—功能主义在中国的阴影延长了半个多世纪。民族志研究主要受以实证主义认识论为基础的"科学民族志"影响而固化成马林诺夫斯基式民族志范式，设定学者的田野调查和撰写的民族志能够客观真实地呈现对象世界。

　　然而，国际的科学技术突飞猛进、哲学思潮不断更迭。爱因斯坦的相对论、海森堡的测不准定律等科学发现揭示了近代以来自然科学的局限性，德里达的解构主义、赛义德的"东方学"等后现代主义思潮则着力批判西方理性主义和殖民主义所形塑的意识形态、剥离"词"与"物"的"分离术"以及知识与权力、学术与政治的关系等。在此背景下，后现代人类学应运而生，对现代人类学及其科学民族志进行解构，对其所宣称的"客观性"进行"祛魅"，揭露田野调查和民族志文本写作过程中的权力关系、研究者的社会文化母体和个人观念意识等"主观性"的局限，强劲的"反思"旋风把马林诺夫斯基等人创立的现代人类学及其"科学民族志"拉下神坛。

　　后现代人类学所倡导的反思民族志与现代人类学的科学民族志的区别在什么地方呢？一言以蔽之，后者是本体论的民族志，前者是知识论的民族志。现代人类学承认"我者"与"他者"之间存在不同文化体系所形成的距离和隔阂，但认为这种距离和隔阂可以通过研究者深入研究对象的生活并参与观察、学习与掌握研究对象的语言等田野调查技术"钻进土著的心里"，从而缩小距离与消除隔阂，撰写出的民族志能够客观准确地呈现研究对象的真实世界。而后现代人类学则认为，"我者"与"他者"之间的距离根源于认识论，特别是近代以来西方剥离"词"与"物"关系的"分离术"，只采用一些技术或技巧根本无济于事，只有通过不断反思与批判西方近代以来形成的意识形态及"词"与"物"的"分离术"才能弥合与克服。因此，民族志的价值在于揭开民族志的知识生产面纱，揭露其中不平等的权力关系，批判西方与殖民地的支配与被支配关系及其意识形态。

　　为此，我们尝试用中国的田野故事与后现代人类学进行对话。组织撰写"村民日志"的目的是"释放被遮蔽或压抑的文化持有者的话语权，让其拥有自主的文化叙述与解释权利，形成独特的文化持有者的‘单音位’文化撰写模式"①，故第一辑"村民日志"（共 10 部）于 2006 年出版时冠以"新实验民族志丛书"之名。该丛书组织老师们调查研究与撰写反思民族志，则是为呈现研究者与研究对象之间交互主体性的建构过程及其所达成的程度，反思中国学者研究中国的民族志知识生产。

如果说"村民日志"是文化持有者的"单音位""歌唱"，那么本套"反思民族志丛书"则力求为研究者和研究对象搭建起共同的"多音位"的"对唱"与"合唱"的舞台。我们坚信，我们能够为世界民族学和人类学的进步奉献中国经验和中国智慧。

是以为序。

2019 年 10 月 6 日

于白沙河寓所

---

① 何明：《文化持有者的"单音位"文化撰写模式——村民同志的民族志实验意义》，《民族研究》2006 年第 5 期。

目　录

1

绪　论

一、研究问题的提出

1950 年，西双版纳全境解放，基诺族与生活在此的各个民族一起跨入了新生的人民政权。基诺族的历史从此翻开了新的一页。"20 世纪 50 年代初期，基诺族仅有 3600 余人。基诺族的社会形态处于原始社会末期的农村公社阶段，社会生产力非常低下，民众生活贫困。在新中国成立以来的五十多年时间里，基诺族走完了人类社会历史上千年的历程进程，从一个刀耕火种、刻木记事的古老民族，跃进了少数民族的先进行列。在政治上，基诺族人民在中国共产党的领导下，取消了传统的村寨长老管理制度，废除了傣族土司和国民党的统治，先后经历了合作社、人民公社、区、乡的体制变更后，现在已经正式成立基诺山基诺族乡人民政府。"[1] 经过 70 多年的时间，基诺族在政治、经济、文化和教育等各个方面都实现了跨越式发展。然而，在这 70 多年的时间里，基诺族对本民族文化的认知却经历了一个曲折的过程。这个过程其实就是基诺族文化自觉的演变过程。

实际上，面对日趋强劲的现代化、全球化浪潮的冲击，第三世界或欠发达地区，在寻求经济发展的同时，如何保持自身文化特色，不被全球化的浪潮所淹没，逐渐成为 20 世纪下半叶以来学术界广泛关注的问题。一

---

[1] 《基诺族简史》编写组、《基诺族简史》修订本编写组：《基诺族简史》，民族出版社2008 年版，第 89 页。

图 1：基诺山上的村寨

方面人们对全球化进程中可能隐含的文化霸权主义进行批判；另一方面，人们也在为全球化过程中世界文化秩序的建立寻找出路。当然，这样的思路或行动是基于全球化与地方化同时增长的可能性和世界文化多样性的事实来进行的。但是在现实世界中，全球化往往以经济发展、社会进步之名来压制地方化的增长，因而处在经济、社会发展边缘的少数民族或族群，无论是非洲的部族社会，还是美洲的印第安人，都面临着传统与现代、自身特色与全球化或分或合的二难选择。对此，许多学者对处于现代世界体系边缘的民族或族群在现代社会的命运充满了忧虑，担心世界强势文化的到来将会破坏处于弱势的少数民族的文化，并最终导致世界文化的趋同和一些民族在文化上屈从或附属于另一些民族，也将导致世界不同国家与不同民族之间出现新的殖民关系。

而在中国，传统上经济、社会和文化各异的各个民族，在国家现代化的诉求过程中，处理好自身传统与现代化之间的关系，同样也十分迫切，特别是 20 世纪 90 年代以来，随着市场经济逐步在全国推行，少数民族地区的经济社会发展与其传统文化之间的关系问题，成了学术界讨论的热门话题。而对此却有着截然相反的两种观点：一种观点认为少数民族的自身传统代表的是落后，其与现代化是对立的，因而在市场经济的建立过程中需破除传统；另一种观点却认为我国各个民族的优秀传统文化都是中华民族文化遗产的组成部分，应在现代化的过程中加以传承和利用。早在西部大开发战略提出之时，两种观点的争论就很激烈了。当下，随着乡村振兴战略的实施，少数民族传统文化的作用问题也显得很重要。然而传统与现代之间的关系究竟如何，仅有理论上的争论是不能得到令人满意的答案的，而必须走到现实中，通过具体的调查进行实证性的研究。

基诺族就是进行这样实证研究的绝佳对象。并且，基诺族有一个很突出的特点是，其识别之后不久就面临着经济社会发展与民族文化保护、传承之间如何协调的问题。长期对基诺族进行跟踪研究的基诺族研究专家杜玉亭[①]，自 1989 年开始，就与基诺族的文化精英代表一起，对基诺族传统文化的当代命运做出预言，即"基诺族在中国 56 个民族中颇具民族特色的服装，有可能在 20 年内消失；适应热带山区特点的基诺族传统竹楼，有可能在 10 年内消失；与生命过程相伴的基诺族歌唱文化与舞、乐，可能消失于 30 年内；与民族意识密切相关的生命礼仪、传统年节与上新房仪式，可能在 30 年内消失；既是民族特征之一又是无文字民族传统文化载体的基诺语言，有可能在 50 年内消失。"[②] 在当时这种预言可谓振聋发聩，开社会主义制度下少数民族传统文化危机意识的先河，也直接提出了基诺族传统文化消失的时刻表。这在中国这样一个多民族国家是绝无仅有的。那么这样的预言是否会成为现实呢？ 2005 年，同样的一批人又对

[①] 杜玉亭的主要学术经历可参考杜玉亭：《求中国民族学之魂》，载郝时远主编：《田野调查实录——民族调查回忆》，社会科学文献出版社 1999 年版，第 17—30 页。

[②] 杜玉亭：《基诺族识别四十年回识——中国民族识别的宏观思考》，《云南社会科学》1997 年第 6 期。

基诺族传统文化消失的时间进行了如下预测："基诺族服装有可能在 10 年内消失；基诺族传统歌唱文化与舞、乐可能在 20 年内消失；生命礼仪、年节仪式可能消失于 20 年内；基诺族传统竹楼可能在几年内消失；基诺族语言可能在 30 年内消失。"① 可见，他们的预测与之前相比显得更加悲观了。那么今天，基诺族的文化状况是什么样的呢？基诺族传统文化是否已消失殆尽？由此基诺族是否业已面临消失的危险呢？

在对上述问题进行回答之前，必须对基诺族文化自觉的过程进行梳理。而基诺族文化自觉的过程大致可以分为，民主改革时期的民族文化落后意识的萌生和民族文化的改造实践；改革开放初期的传统民族文化恢复和复兴；市场经济时代，经济快速发展和民族文化急剧变异；新时代奔小

图 2：基诺族大鼓

① 杜玉亭：《基诺族识别四十年回识——中国民族识别的宏观思考》，《云南社会科学》1997 年第 6 期。

康与民族文化传承、共享。

总体而言，本书即是对基诺族文化自觉过程的初步研究，以此来展现参与此过程的各个实践主体，即普通村民、当地政府、参与实践的学者和社会各方，以及他们在其中发挥的作用。

二、研究文献综述

基诺族有本民族的语言，但没有与此相对应的民族文字书写系统，本民族对其早期历史的记载主要通过口耳相传的形式进行。汉文文献和傣文文献中，与基诺族相关的记载，大致从明代开始。如在《明史》和《泐史》当中有关于基诺族姑娘与傣族土司召片领通婚生子，其子继承召片领职位等历史事件的记载。但此后很长一段时间关于基诺族的相关记载是比较少的，直至清代雍正以后，关于基诺族的记载和研究逐渐多了起来。总体来看，可以分为三个阶段：第一阶段为雍正七年（1729 年）至 1949 年，这一阶段与基诺族相关的典籍论著，主要为一些官修志书、民族图册和考察记录。在这些文献当中，对基诺族的分布、历史、风俗等有所记载，但都还比较简略。第二阶段为 1950 年至 1978 年，基诺族识别为单一民族之前。这一阶段与基诺族相关的典籍论著，主要是关于基诺族社会历史的调查、社会形态的研究，特别是对其进行民族识别的调查研究形成的一批文献，成为此后出版的与基诺族相关的民族五种丛书的重要资料来源。第三阶段为 1979 年至今，与基诺族相关的典籍论著大量出现，涉及了基诺族经济、社会、文化、教育、卫生、宗教信仰等各个方面。有历史学、民族学、人类学、社会学、教育学、医学、生命科学等多个学科的研究人员参与其中的研究。总之，基诺族独特的历史和文化为各个学科的研究提供了鲜活的素材，大量研究成果的形成丰富了民族学、人类学等学科的内容，也为我们认识基诺族的过去和预判基诺族的未来提供了参考。

关于基诺族的文献资料，20 世纪 50 年代以前在中国浩如烟海的典籍

图 3：身着盛装的基诺族

中可谓凤毛麟角，并且仅有的记载也往往辗转抄录，实无太多的实质内容。现就笔者所了解的，20 世纪 50 年代以前与基诺有关的文献资料列举如下：

（1）（雍正）《云南通志》卷五《疆域·普洱府》记载"攸乐"地界的划分，附《形势》中有"攸乐：地衍平川，天开旷野，芟除荆棘，可比成赋中邦"之语。

（2）（道光）《云南通志稿》卷二十三《地理志》三之十三《山川》中对攸乐茶山的防卫进行了描述；卷三十四《建置志》一之四中对雍正七年（1729 年）攸乐同知设立的相关内容进行了记述；卷七十《食货志》六之四《物产》四部分，其一《普洱府》中转载了檀萃《滇海虞衡志》中六茶山的解释，其中包括攸乐茶山；卷一百三十六《秩官志》七之六中对攸乐土模的管辖范围进行了说明；卷一百八十七《南蛮志》之《种人》中对"三撮毛"的生产、生活习俗作了介绍。

（3）（道光）王崧撰《云南志钞》之《边裔志》涉及茶山土民。

（4）（道光）李熙龄修《普洱府志》卷十七涉及攸乐山（基诺山）的漫夺（巴朵）、漫坡（巴坡）等寨；卷十八《土司》附《种人》中对基诺族的族称、生产和生活等进行了简要介绍；卷十九《七言律》中几首律诗提及孔明古城；卷二十《古迹》提及祭风台；《思茅厅》提及攸乐古城。

（5）（光绪）陈宗海修《腾越厅志稿》卷十五《诸夷志·种人》中有"野人"条目，有学者认为其是基诺族的先民。①

（6）（清）李诂《滇南夷情汇编》（下）载有"三撮毛"即基诺族的图文解说。

（7）佚名辑绘《云南种人图说》载有"三撮毛"即基诺族的图文解说。

（8）（清）檀萃辑《滇海虞衡志》卷十一《志草木》有六茶山的记载。

（9）（清）刘尉三撰《滇南志略》卷三之《普洱府》条目下涉及"三撮毛"的分布、风俗等情况。

（10）（清）师范纂《滇系》中涉及雍正五年（1727年）官军至"攸乐茶山"一带追捕麻布朋等人，受当地居民围困之事。

（11）（清）倪蜕《云南事略》中对"攸乐"的行政区划演变有较多记载。

（12）李拂一编译《泐史》之《刀坎》条目下的传说大致与基诺族的传说《扫基与召片领》相应证。

（13）李拂一著《十二版纳纪年》对攸乐同知的沿革、基诺族起义等作了详述，特别对基诺族起义一事，作者从屈轶著《江洪琐谈》、杨友松撰《性天集》等著作中引用大量材料进行详细记述；在本书的附录部分《民族表》中有攸乐人的分布及其占所在地区人口的比例的统计。

（14）其他相关史料有：（清）《世宗实录》、尹继善《筹办思元新善后

---

① 云南省编辑组编:《云南方志民族民俗资料琐编》,云南民族出版社1986年版,第74—75页。

事宜疏》、云南省档案馆《为据查复车里王县长字鹅放种收烟收款各情拟请补行撤职并解交军法处讯办由》、《清史稿》卷七十四、（道光）《云南通志稿·武备志》、《续云南通志稿》卷五十四等。

然而 20 世纪 50 年代以前，基诺山区的统治民族即傣族文献中有关基诺族的史料，尚无人进行系统搜集编译，故此时段傣族眼中的基诺族形象，在今天看来显得更为模糊，至多有"卡诺"这一蔑称为人所知而已。

总体而言，通过 20 世纪 50 年代以前的文献，我们对基诺族或基诺族文化还不能有一个清晰完整的认知，上述这些零星记载又往往带着猎奇和异族统治的目的。有关基诺族的族称、居住地、行政归属、生活生产和风俗等的记载虽多少为后来的研究者提供了线索，但其内容是十分有限的。当然这也为后来的研究者建设基诺族文化提供了更多自由发挥的空间。

20 世纪 50 年代以来，介绍和研究基诺族的论著呈加数增长的趋势。特别是 1979 年基诺族被识别为单一民族实体后，国家的民族识别政策进入了一个新阶段，即中国境内 56 个民族 56 朵花的民族群体格局随之定格。显然在一定意义上，基诺族的识别成了中国境内民族群体国家建设历程中的一个标志，或一个转折。因此，这也使得基诺族成为检验中国民族政策的试金石。无论在民族平等、团结、共同繁荣的基本政策上，还是扶贫开发、弘扬民族文化的具体实践上，基诺族一般都在各种力量的互动下处在先锋的位置。

而在国家关注的同时，伴随的是学者的参与，并且在大部分时间内学者是作为国家代言人进入到对基诺族的研究中，要么为国家的政策导向提供参考，要么为国家政策的实行及其效果给出一个解释。当然在众多论著中，从学术的立场出发进行研究的也不少，并且有学者不断对自己的研究行为进行反思与总结，有学者已把反思化为行动，进入到基诺族文化的当代建设中来，20 世纪 50 年代以来有关基诺族的专著可大体归纳如下：

（一）丛书类和综合类：（1）国家民委民族问题五种丛书系列：杜玉亭

著《基诺族简史》，盖兴之著《基诺族语言简志》，杜玉亭著《基诺族普米族社会历史综合调查》（基诺族部分）、《云南少数民族社会历史调查资料汇编》（一）和（五）等；（2）中国少数民族文学史丛书：杜玉亭著《基诺族文学简史》；（3）民俗文库之十九：陈平编著《基诺族风俗志》；（4）云南民族女性文化丛书：赵捷著《永不安分的女魂》；（5）云南民族文化大观丛书：刘怡、白忠民著《基诺族文化大观》；（6）云南少数民族文化史丛书：于希谦著《基诺族文化史》；（7）20世纪中国民族家庭丛书：赵捷著《亲情与亲人——基诺族》；（8）景洪文史资料之三：杨荣著《基诺族》；（9）中国少数民族调查资料丛刊：《傣族社会历史调查》（西双版纳之一）；（10）吴应辉著《当代基诺社会研究》；（11）朱映占著《走近中国少数民族丛书·基诺族》；等等。

（二）专题研究类：（1）王军著《基诺族起义》就1941年11月至1943年4月基诺族人民与国民党当地政府的斗争进行了论述；（2）刘怡、陈平编《基诺族民间文学集成》收集了基诺族神话、传说和故事共54种，演唱的风俗歌、儿歌13种；（3）骆毅等主编《云南基诺族帕西傣体质调查》主要通过基诺族在医学和体质上与其他民族的比较，来说明基诺族人群的身体素质和体质特征等；（4）尹绍亭著《森林孕育的农耕文化——云南刀耕火种志》对基诺族的传统生产方式刀耕火种进行了系统深入分析；（5）韩太忠、傅金芝著：《民族心理调查与研究——基诺族》对基诺族的民族意识、民族情感、心理特征、学习心理等进行了研究。

（三）介绍和普及类作品：（1）王彬著《基诺春秋》；（2）杜玉亭著《基诺族》；（3）基诺族民间文学编写组《基诺族民间故事》等。

上述研究成果所采用的方法主要是文献调查和田野访谈，并且访谈的对象或者说研究人员的资料主要来源大都与屈指可数的几个基诺族知名长老和文化精英有关。我们可以看到，这些研究涉及基诺族的族源族称、体质特征、民族心理、历史发展、生态环境、生计形式、社会组织、仪式信仰、歌舞音乐、纺织刺绣、建筑、饮食习俗、教育卫生等各个方面。因而通过这些著作以及同时期的几百篇论文，[①] 我们能够得到一个完整的基诺族形象了，但是同时，我们也会产生这样的印象，即基诺族或基诺族文化基本上是在 20 世纪 50 年代以后，特别是在其被国家确认为单一民族之后，才逐步由他者建构出来的。隐而不显的文化主体都是通过他者来让他者认识的。因此基诺族的过去是什么样，现在是什么样，将来是什么样，以及基诺族应该是什么样都是通过他者来言说的。故而我们有必要从主位和客位相结合的角度对替基诺族发言的他者的具体实践和操作进行分析和反思。

图 4：庆祝节日的基诺族

---

① 据吴应辉统计，截至 1999 年底有关基诺族的研究有 128 篇论文。参见吴应辉：《当代基诺族社会研究》，云南大学出版社 2000 年版，第 12 页。截至 2000 年，据中国知网检索统计，关于基诺族的文章已多达 800 多篇。

三、研究秉持的田野伦理

人类学者在田野中对调查对象的态度和其持有的理念直接关涉调查者所得材料的可信度，因而历来备受关注。特别是 20 世纪马林诺夫斯基田野日记的发表以及米德与福里曼关于萨莫亚人青春期问题的争论，让人越来越怀疑人类学者的田野调查，现在人们对人类学者的民族志不再持有深信不疑的态度。尽管人类学者一再声称自己是以客观的或者文化持有者的内部眼界来进行资料的收集，然而事实上，人类学者往往像列维—施特劳斯所说的那样，是以自己文化的批评者、他文化的尊奉者的面目而出现的。因而很多时候田野工作者是牺牲自己的真实感受从而违心地取得他文化的资料，而这些资料大部分对文化持有者而言仅仅是一些常识或家常，但是通过调查者的民族志变成了学术知识，同时我们却很少反思把朋友的隐私公之于众是否有违人情。人类学者渐渐变成了没有私人情感的、冷冰冰的民族志制造者，人类学这门充满人情味、曾经立下伟大志向的学科变得枯燥乏味了，甚至有人已经宣告了人类学的终结。

事实上，人类学并没有终结，而应该说其理论趣旨发生了转变，文化解释与文化批评超出功能结构分析与模式论证成为人类学主流范式，人类学进入了一个反思的时代。在这样的背景下，笔者尝试以一个正常人的姿态进入到田野当中，每次下田野笔者都有一种回家、旅游与调查研究相交织的感觉。笔者没有一个问题接着一个问题地去问而使调查对象觉得笔者时时"阴魂不散"；当调查对象的行为与笔者的文化背景发生冲突时，笔者以双向反思的而不是尊奉的眼光来审视；笔者也不想为了一些调查资料而酩酊大醉。笔者想让调查对象了解笔者的性格，在笔者尊重他们的同时，希望他们也尊重笔者，希望他们以平视的眼光把笔者当作他们中的一员，而不是一个位优于他们的调查者。在上山砍树、盖房、上新房、芟地、烧地、耕地、挖地、耨草、收割早稻、砍柴火、捕鱼、地棚催爨、嫁娶、送葬、开会、过节、娱乐等活动中，笔者始终觉得是他们中的一员，而当地村民"小朱就像我们攸乐老百姓一样"的评论让笔者心怀的距离之感随消失。笔者极力想达到的状态是，在某些地方笔者与调查对象是相互对话的主体，而在某些地方笔者成为他们的一部分。因而笔者在调查对象的眼中，既是自己人又是朋友。这样笔者在叙述研究对象的情况时就不再是出卖朋友，而是对自己人提出看法和向外人介绍我们的情况，希望我们的经验对别人有所助益，同时也为自己提供反思的途径。

四、研究方法

本书研究的方法主要为人类学的参与观察，其次为个别访谈，再次为参与实践，同时还涉及一定的比较研究。资料收集主要采取调查对象口述，作笔录以及作田野日志的形式来完成；一些重要的场合附有照片记录。

图 5：传统文化保护与传承

第一章　基诺族的生态文化

基诺族分布较为集中，主要聚居在云南省西双版纳傣族自治州景洪市所辖的基诺山基诺族乡和勐旺乡的补远行政村。此外，与基诺乡和勐旺邻近的勐养镇、勐罕镇、普文镇、大渡岗乡以及勐腊县所辖的象明乡和勐仑镇也有少量分布。

第一节　基诺族分布区的生态环境

一、基诺山基诺族乡的生态环境

基诺族聚居的基诺山基诺族乡位于景洪市东部，境内国土总面积为 622.9 平方公里。整个基诺山区地理坐标为：东经 100°53′—101°14′，北纬 21°53′—22°10′，处于无量山脉末梢的丘陵地带，属北热带边缘山区。境内最高海拔 1482.5 米，最低海拔 550 米；平均海拔 1016.25 米。在 550 米至 1480 多米的海拔中，山地植物随山势呈垂直分布，海拔 1000 米以下为热带季雨林，海拔 1000 米以上为热带常绿阔叶林。

基诺山区境内的较大河流有小黑江、南星河、南本河、莱阳河、巴卡河，除小黑江、南星河外，均发源于境内。基诺山区属北亚热带高原季风气候，气温变化小，无明显四季，可划分为干、湿两个季节，每年 12 月至次年 2 月为干季，3 月至 5 月为干季与湿季交替时期，6 月至 9 月为湿季，10 月至 11 月为湿季与干季交替时期。年降雨量为 1100 毫米，年蒸发量为 1126.9 毫米，年平均日照数为 1852.14/ 小时，占年日照率的 42%，年太阳总辐射 121.76 卡 / 平方米，其中最热月均气温为 25℃，最冷月均气温为 13℃。平均年差为 9.2，平均温度在 18℃—20℃，极端最高气温 34.9℃，极端最低气温 5.8℃。基诺山有雾期约 9 个月。每年 6 月以后就逐渐有雾，11 月至次年 2 月雾最多。①

基诺山区的土壤主要有三种类型，即赤红壤、砖红壤和紫色土。② 赤红壤一般分布在海拔 800—1500 米地带；砖红壤大约分布在海拔 800 米以下的地带；紫色土分布在海拔最低的地带。基诺山区适宜种植旱稻、豆类

图 6：基诺族乡政府驻地远眺

① 朱映占、尤伟琼：《橡胶种植对基诺族生境与社会文化的影响》，《原生态民族文化学刊》2012 年第 1 期。

② 尹绍亭：《云南刀耕火种志》，云南人民出版社 1994 年版，第 101 页。

等粮食作物，以及茶叶、橡胶、砂仁、西番莲等经济作物。

基诺族山区自然资源丰富，有常用药用植物 30 多种，其中野生分布 24 种，人工种植的药用植物 8 种，珍贵林木 1000 多种，经济植物 2000 多种，野生果类和奇异花草更是种类繁多。在基诺山的原始森林和河流中，有哺乳动物 100 多种，鸟类 420 余种，两栖类 36 种，爬行类 60 多种，鱼类 100 余种。

基诺山基诺乡辖 7 个村公所 46 个自然村，2006 年全乡共 2933 户，总人口 11469 人。其中，农业人口 10361 人。基诺族占 99%，哈尼、拉祜、布朗等其他民族 1%，人口自然增长率 0.32‰。全乡包括 7 个村委会，即巴卡、洛特、新司土、迁玛、巴亚、司土、巴来。有 46 个自然村。基诺族占全乡人口的 96.4%。

二、勐旺乡基诺族聚居区的生态环境

基诺族的乌优支系所在地勐旺乡位于景洪市东北部，距离市府 130 公里，北部与思茅区接壤，东部隔小黑江与江城县为邻，西部与本市普文镇相邻，南部以小黑江为界与勐腊县相望。全乡辖勐旺、补远、大平掌、瑶家 4 个村委会，42 个自然村；勐旺村委会有 17 个村、补远村委会有 10 个村、大平掌村委会有 7 个村、瑶家村委会有 8 个村，辖区内驻有大平掌茶场、鑫盛种畜有限公司等五个企业场点。勐旺乡土地总面积为 766 平方公里，东西宽 38 公里，南北长 33.8 公里，跨东经 101°08′12″—101°30′30″、北纬 22°41′45″—22°34′30″，海拔最高点为曼又大山 1914.45 米，最低点在普文河与小黑江交汇处的石磨渡口 720 米。全乡属南亚热带气候类型，年平均气温 18.9℃—19.7℃，年平均日照在 1875 小时以上，年降雨量 1650 ㎜，干、湿季明显，干季为 11 月至翌年 4 月，5—10 月降雨集中，占全年的 85%；雾日较多，年平均雾日在 126—150 天之间。灾害性天气有干旱、霜冻、冰雹、洪涝、风灾等。已利用土地

889059亩，未利用土地259941亩；在已利用的土地中耕地面积为66684亩，园地面积14040亩，林地面积790500亩，草山草坡面积260000亩；城镇及工矿用地2610亩，交通用地面积2190亩，水域面积13035亩。该乡辖区适宜种植水稻、玉米、茶叶、咖啡、甘蔗、蔬菜、瓜果、柑桔类等粮食和经济作物。勐旺乡位于小黑江流域，境内江河小溪纵横，较大支流有补远江、踏青河和勐旺河，较小的河流有：曼列坝河、曼整田河、清水河、牛屎河、泻肚河、曼洪河、纳内河、懒碓房河等，河流水面7159.6亩，占水域面积的86.5%。森林覆盖率75%。植被多为热带雨林、常绿阔叶林和针阔叶混交林，具有多种野生动物及珍稀、药用、观赏植物。

其中，补远行政村隶属景洪市勐旺乡，地处勐旺乡南边，距乡政府所在地1.9公里，到乡政府道路为沙石和土路，交通方便，距景洪市135公

图7：基诺族分布地之一补远风景

里。东邻勐旺村委会和瑶家村委会，南与勐腊县象明乡隔小黑江相望，西邻大平掌村委会，北邻勐旺村委会。辖坝冈、坝南、科林等 10 个自然村。位于东经 101°16′30″—101°20′36″，北纬 22°23′20″—22°28′52″。全村境内多高山、河谷，极少平地，是一个典型的山区村。境内最高海拔 1260 米，平均海拔 1170 米，属亚热带山区。

勐旺乡基诺族主要分布在补远、大平掌两个村委会。全乡总人口 12859 人，其中农业人口 11963 人，占 93%。有傣族、瑶族、基诺族三种世居民族，占总人口的 70%，基中基诺族人口 3661 人，占全乡总人口的 28%。

第二节　基诺族传统生态文化及其变迁

在基诺族的社会历史发展过程中，逐渐形成了以刀耕火种为主、采集狩猎为辅的生计模式，这种生计模式一直延续至世纪之交，展现了顽强的生命力。与此生计模式相适应，基诺族在社会组织制度的设计、宗教礼仪的举行、伦理观念的倡导等方面都展现了山地民族生态文化的独特性，并且这些独特性随着时代的变迁也展现了其变化的一面。

一、生产领域生态文化

（一）刀耕火种农业中的体现

在基诺族传统社会中，典型的刀耕火种农业是以土地氏族共有和村寨共有为基础的。村民把本氏族或本村寨的土地分为 13 块，然后再在其上进行轮歇耕种。具体做法是每一块林地只耕种一年，收获后即抛荒，接下来的一年又到另外一块林地耕种，这样依次轮歇，13 年为一个周期。并且每一年刀耕火种农业要依据季节的变换依次展开备耕、选地、号地、砍

图 8：基诺族刀耕火种地

地、烧地、拣地、整地、盖窝棚、播种、围栅栏、除草、护秋、收获、运粮、归仓等工序，而在此过程中，就可以看到基诺族对环境的认知。

首先，从地块轮歇耕作来看，基诺族在与山地森林生态系统的长期互动过程中，认识到了山林对自身生存的重要性，保持一定规模和数量的山林是维持刀耕火种农业的基础。因此，在耕种时，一块地不连续耕作，这样就保证了被砍烧的山林能及时恢复。其次，在砍要耕作地块里面的树木时，留下一根根树桩，不砍尽，等地块轮歇后，树桩上很快又会发出新枝，几年之后树桩又变成了树林；而烧地时，也要提前在地的四周挖好防火道，防止烧地的火蔓延，保护山林不遭受大面积损毁。最后，刀耕火种农业耕作时依靠烧山林留下的草木灰作为肥料，不施化肥，也不用农药防虫，山地里面种植的旱稻、芋头、棉花等作物，完全凭借光合作用生长，庄稼的防护也是通过围木栅栏的方式来阻挡动物的破坏。

　　当然上述典型的刀耕火种农业，也称"一茬轮歇耕作制"①农业，需要足够大面积的山林来保证土地轮歇，然而随着人口的增多、森林的减少，这种刀耕火种农业形式的维持变得困难了，在此情景下，基诺族又创造了"轮歇轮作制"②刀耕火种农业，从而缓解了人多地少的矛盾。然而随着公路的修建、橡胶种植的增加、保护区的划定等，基诺族可用于耕作的山地在持续减少，要在从事刀耕火种农业的同时，还保持山地森林生态系统的平衡变得越来越困难。因此，退耕还林，放弃刀耕火种农业，在山地中寻找新的生计和致富方式，是 21 世纪以来基诺族维护和改善生存环境的必然选择。

　　（二）采集、狩猎中的表现

　　采集是基诺族维持生计必不可少的方式之一，在基诺族生活的山林之中，至少有上百种植物的根、茎、叶，果子和菌子可以采摘食用，耕作之余，基诺族妇女都会相约到山上采集，她们每次采集带回来的野菜、果子和菌子等一般仅为一家人一至二餐的食用量，而不囤积贮藏。然而随着市场经济的兴起，市场对野菜、野果和菌子的需求量逐渐增大，基诺人上山

图 9：基诺山的野生大红菌

---

① 参见尹绍亭：《基诺族刀耕火种的民族生态学研究》，《农业考古》1988 年第 1 期。

② 参见尹绍亭：《基诺族刀耕火种的民族生态学研究》，《农业考古》1988 年第 1 期。

采集也渐渐由自己食用变为了供应市场，当然其采集量也在逐渐增大。

过去，狩猎是刀耕火种之外基诺族男子从事的主要劳作之一。在基诺山的森林中，生活着麂子、马鹿、野猪、熊、野牛、竹鼠、果子狸、野鸡、大象、虎、豹、蟒蛇、穿山甲等飞禽走兽，猎杀这些动物而食是基诺族补充肉食和脂肪的重要途径。而在与各种动物长期互动过程中，基诺族形成了关于动物的知识体系，他们把动物分为善、恶、中性三类，而且认为每类动物都有专门的鬼在管理。因此，对于猎杀各类动物，基诺族会有相应的祭祀和禁忌活动。如基诺族认为野牛是善兽之王，不能随便猎杀，像巴卡寨的猎手一般就不敢猎杀野牛，如果猎杀了野牛，他们认为家里人会得病。即使在敢于猎杀野牛的寨子，如果猎获到野牛，也必须叫全寨的男子来祭祀后抬回，并同时要敲"七柯"和"布谷"两种竹筒音乐，而牛头骨要放在房梁上，每年祭祀；对于其他善类动物，基诺族也有相应的捕杀和食用礼仪和禁忌。而对于恶类动物，如虎、豹、蟒蛇等，基诺族对其一般敬而远之，即使捕获也在寨外分割煮食；而大象这类的属于中性的野兽，基诺族一般不猎杀。[①] 当然，随着保护区的划定，法律上上山捕猎已经不允许，随着禁枪、禁猎法规的实施，基诺族的肉食就主要靠自己养猪、养牛杀食或到市场购买。

捕鱼也是基诺族传统生计方式的组成部分，农闲之时，基诺族村民就会一家或几家相约，全体出动下河捕鱼。捕鱼时，通常在河道旁边找来一些植物，如带刺的树木"胡枯卢刺"、藤子"窝刺"、小树"刺池"、树叶"忽米扩颇"，这些植物的茎干或藤叶经敲打后流出汁液，对河中生物具有一定的毒性，基诺族就利用这些植物的毒性来让河中某一段的鱼漂起来，从而抓住这些鱼。当然，这些从植物中流出来的毒液经水流的冲洗，很快就会消失，因此这样的捕鱼方式，捕鱼的量是有限的。基诺族所用的这些植

---

① 杜玉亭：《中国各民族原始宗教资料集成·基诺族卷》，载何耀华主编：《中国各民族原始宗教资料集成：彝族卷白族卷基诺族卷》，中国社会科学出版社 1996 年版，第824—826 页。

物对人基本没有毒性，像"忽米扩颇"这种植物的叶尖还可用于治疗人体发炎。可以说，用植物捕鱼是基诺族认识自然，利用自己掌握的地方性知识谋求生存的具体表现。然而随着外来文化的影响，基诺族现在捕鱼不再用原来的"土办法"，而是用上了电捕箱。随之而来的是河里的鱼越来越少了。虽然工具先进了，但要吃到自己捕的鱼却比以前困难了。

二、生活领域中生态文化

（一）寨址的选择

基诺族传统村寨寨址的选择一般考虑以下因素：一是，寨址的海拔，基诺族一般选择海拔相对较高的地方建寨，基诺族生活的亚热带地区，海拔高的地方气温相对低一些，蚊虫也少一些，这样可以减少患疟疾、破伤风等热带疾病的可能；二是，作为寨址的半山坡或山梁旁是否有箐沟，一般而言，基诺族村寨的房屋依山坡错落，而房屋的排污系统和猪圈都在山坡靠近箐沟的一侧，从而便于污秽的排放；三是，村寨附近或上方是否有可饮用的水源，在未接通自来水管之前，基诺族生活用水一般是用竹筒背回家，因此选寨址的时候水源不能离得太远。而从 20 世纪 50 年代以后的情况看，基诺族在选择寨址时倾向于选择离集市和公路近，交通方便的地方。

（二）村寨森林生态体系的维护

基诺族村寨森林生态体系由护路林、风景林、防火林、坟山林等组成，这些林木都严禁砍伐，如果发现有人砍伐，男性青年组织"绕考"将会在长老的主持下，对砍伐人进行罚款或罚物。当然，随着传统社会组织的解体，新的社会组织的建立，今天对于砍伐上述林木的人，会在村干部的主持下，由青年民兵组织对其进行处罚。而特别对于坟山林，平时人们都不敢贸然闯入，更不敢在里面伐木。这些行为在整体上维护了基诺族村

图 10：基诺族村寨一角

寨的生态环境。

（三）生活水资源生态体系的维护

水源是基诺族日常看护的主要对象之一，传统上"绕考"组织和村寨轮流执勤组织"洛巴"都有责任看护水源林免遭人和动物的破坏，并维护水源的卫生，防止水源地受到污染。今天青年民兵组织和妇女组织接替了传统组织，在维护水源地生态环境方面发挥作用。

（四）种植和管护炭薪林

传统上基诺族生活在深山密林之中，不用专门种植炭薪林，刀耕火种轮歇地里面砍出来的木头，以及其他山林中自然枯干的树木足以满足基诺族的日常所需，然而随着人口的增加，自然保护区的划定，基诺族薪柴不足的问题也逐渐显现出来。为此,一些基诺族村寨在自留山、寨子边、轮歇地边、箐沟等处引进种植铁刀木做炭薪林。由于铁刀木生产快,越砍越长,并且可以持续砍伐数十年,因此基本解决了一些寨子薪柴不足的问题。

三、制度、礼俗中的生态文化

(一)习惯法、村规民约

传统的基诺族社会,长老在其中发挥着重要作用,他们是传统礼俗习惯的维护者和传承人,无疑他们即是与刀耕火种各道工序相伴随的农耕礼仪的主持人。从他们所念诵的对人具有约束力、对神具有敬畏之情的烧地仪式的祭词中,多少可以窥见基诺族的生态观念。烧地仪式祭词如下:"山鬼、树鬼啊,我们用四只脚的狗祭献你;风神啊,我们用两只脚的鸡祭献你,请保佑我烧地的火把山地的树木烧透,烧地的大火不要越过拦火道,大风不要让大火翻过山岭。"① 今天由长老传承的自然法逐渐被新制定的村规民约所取代,而这些村规民约中,也注意到了对生态环境的维护。如巴亚村公所的村规民约中有这样的内容:"第七条,为了造福子孙后代,村上划为集体林的,任何村民及外来人员,不得用任何借口到集体林中砍一草一木,开垦种地若需要采伐,必须办理好完备手续,如乱砍滥伐,一棵竹子罚款 10 元,一棵树罚款 50—100 元,砍伐种地的,每亩罚款 500—1000 元。第八条,为保护水源及本村环境,经林业部门和村上划定的水源林和风景林不得砍伐滥伐,若违反者,按第七条规定执行。"②

---

① 杜玉亭:《中国各民族原始宗教资料集成·基诺族卷》,载何耀华主编:《中国各民族原始宗教资料集成:彝族卷白族卷基诺族卷》,中国社会科学出版社 1996 年版,第 803 页。

② 张锡盛主编:《基诺族——景洪基诺山基诺族乡》,云南大学出版社 2001 年版,第 168—169 页。

图 11：基诺族村寨

（二）人生礼俗、禁忌中的表现

1. 生育习俗

基诺族男子在妻子怀孕期间，为了孩子的相貌着想，上山打猎忌打猴子、花羽毛的鸟、叫声难听的鸟，也不能割岩石上的蜂蜜，不能砍棕树；为了防止胎儿畸形，孕妇不能吃野兽头上的肉；为了生产时顺利，妻子怀孕期间，丈夫不能打蛇、不能爬树摘果、不能砍没尖的竹子，孕妇上山采集不能采白参、黄色菌、独朵的鸡枞，忌吃未出头的芭蕉花等；夫妇都忌吃并蒂的瓜果。① 这些生育禁忌习俗在一定程度上防止了人们过度采集和捕杀植物和动物，对本地区生态环境的平衡起到了维护作用。

---

① 刘怡、白忠明主编：《基诺族文化大观》，云南民族出版社 1999 年版，第 119 页。

2. 婚俗

婚姻的缔结是一种关系的建立，在基诺族传统社会中实行的是本民族人之间恋爱、通婚。人们之间的恋爱、婚配自由，但严禁本氏族男女之间的恋爱和婚姻。而由于父系大家庭的存在，以及对外交往的有限，基诺族在实际生活中，形成了氏族成员之间悲剧性的爱情——"巴什"①、同性爱情和婚姻、神性爱情和婚姻。②"巴什"的出现是父系大家庭为延续其存在做出的适应性选择；同性爱情和婚姻是在刀耕火种，以及采集狩猎的社会分工劳作过程中产生的；神性爱情和婚姻则是长老制或父系大家庭家长神圣性的体现。因此可以说基诺族传统的爱情文化是在长老制为主导，刀耕火种、采集狩猎为基础的文化生态背景下形成的，是基诺族社会中人与人、人与神灵关系的反映。

而随着对外交往、接触的日益增多，传统文化生态的变迁，基诺族与汉族、傣族、拉祜、哈尼等民族的通婚情况正逐渐增多。基诺族的婚恋观发生了改变，随之基诺族社会中人与人、人与神灵的关系也发生了改变。

3. 丧俗

基诺族一般实行"当天死当天埋"的丧葬方式，这是与亚热带气候相适应的，并且死

图 12：基诺族新娘头饰

----

① 即同一个父系氏族大家族中的男女青年彼此相恋，被称为"巴什"，这种恋情为社会反对，也不能结婚。

② 杜玉亭：《基诺族传统爱情文化》，云南人民出版社 2008 年版，第 184—220 页。

人埋葬后不留坟堆，仅在其上搭建一个由茅草和竹子为材组成的地棚，里面放一些生产生活用具和物品，留给死者，而这些东西摆放之后就连同地棚一起任其腐化，死者亲属也不去维护，他们在连续上三年坟后，也就不再去上坟，以后正常死亡的人，又可在原先死者的坟墓上埋葬。因此基诺族的墓地面积没有逐渐扩大的趋势，也就不会出现死人与活人争地的情况。

（三）节令习俗

在基诺族的历法当中，一年有十一个月，而每个月都有一些物候相对应，如相当于公历二月的物候是"叽叽索"知了开始鸣叫，基诺族就要举行烧山的各项活动；而相当于公历八月的物候是"阿枯幽"知了开始鸣叫，基诺族就要举行祭组、护秋等活动。在这十一月之外，还有一个月为过年月，过年月的庆祝活动人们称为"特懋克"，又称"打铁节"和"备耕节"，是基诺族村民在长老的带领下为准备来年的农耕而举行的盛大仪式。而这个仪式何时举行，由长老根据山上的"杰波"（白花）何时开而决定。这些展现了基诺族在认识自然、掌握自然节令的基础上，遵循自然规律，不违农时，适时安排节日和劳作的情况。而叫谷魂节(基诺族语称"卢苦碌")则反映的是基诺族对给予自己饭食的旱地稻谷的尊重和感激。叫谷魂时，主持仪式的家长或长老会这样叫道："谷魂啊，地里的草深了，天气转凉了，回家的时候到了！谷魂啊！你不要过 10 座山，你不要过 10 条箐，我用金色的红公鸡来叫你的魂，我用酸别果似的白银来引你的魂，我又加上了金芥花的舌权……" [①]

---

① 杜玉亭：《中国各民族原始宗教资料集成·基诺族卷》，载何耀华主编：《中国各民族原始宗教资料集成：彝族卷白族卷基诺族卷》，中国社会科学出版社 1996 年版，第 820 页。

四、神话、宗教中的呈现

（一）神话、传说中的表现

基诺族的创始神话《阿嫫腰白》说："远古时候，宇宙一片汪洋大海，阿嫫腰白第一个来到世上。…阿嫫腰白又搓搓手，搓出一坨污垢，用它做成猪、马、牛、羊、马鹿、麂子、松鼠、鱼等陆上和水中的动物，又从各种动物身上掐一点肉来，捏成大象（所以大象比什么动物都大），这样大地上就有了动物。但是老鼠太多，到处偷东西吃，阿嫫腰白又造了猫来制服老鼠……动物造出来了，但是没有吃的。阿嫫腰白抓抓头，用指头上带下来的几根头发造成了植物，动物吃的就有了……人向阿嫫腰白告状说：'阿嫫腰白，你是我们的祖先，我们是你造的，有你才有我们，现在我们的后代被大象、大头蜂、蜥子吃光了，怎么办啊？'……人告了状，动物不服气，也来告状，说人把它们杀得太惨了，吃它们得太厉害了。…人原来的腿是直的，没有膝盖骨，跑起来飞快，阿嫫腰白就在人腿上加了块膝盖骨，好叫他们走慢点，不要把动物杀得太多……"[①] 从这则神话中可以看到，基诺族认为人、动物、植物都是由一个祖先创造的，并且人与动植物还是相生相克的，而正是在这种相互制约的关系中，生态系统得到了平衡，人、动物、植物才得以生存和安定下来。

而基诺族《献树神的传说》讲：自从造物主阿嫫腰白造出人类后，基诺人就世世代代在基诺山上砍树开荒，靠刀耕火种过日子，总是东搬西迁。一次，基诺人又搬到一个新的地方建寨。人们照例上山挥刀，砍树开荒。一天工夫，各种树被砍倒一大片。但第二天，所有被砍倒的大树全都站立起来，像从未被砍过。后来才知道是树神让这些树重新站起来的。人们质问树神："你为什么要把我们砍倒的树立起来？"树神生气地说："因为它们都是我的子孙。""尊敬的老公公，我们砍倒树是为了要种

---

① 刘怡、陈平编：《基诺族民间文学集成》，云南人民出版社 1989 年版，第 23—34 页。

粮食，你不让我们砍树种谷，是不是想让我们饿死？"人们又问道。"不是的。我既不想叫你们饿死，也不想叫我们树木断子绝孙。"树神心平气和地解释说："你们想想，照你们这样砍伐，砍一片，烧一片，天长日久，不是要我们树木断子绝孙吗？得有砍有留有种呀！"人们听后，顿时醒悟，向树神保证："我们听你的，以后不乱砍伐了。"并约定每年开荒种地之前，要杀狗祭树神。① 这则传说生动地反映了这样一个历史过程：基诺族先民最先采用的是对森林乱砍滥伐的原始刀耕火种方式，致使森林减少、地力下降，不得不频繁迁徙；后来逐步认识到对森林要"有砍有留有种"，并建立起一种以垦休循环制为核心的新型刀耕火种文明。在以基诺族为代表的许多少数民族的观念中，人为了生存的需要，具有砍树种谷的权利，但同时也要承担起维护森林生存的义务，不能让森林"断子绝孙"。②

（二）神树、神林崇拜和臭水塘禁忌

1. 神树、神林崇拜

"基诺族的寨神林严禁砍伐，因为它是祖先居住的地方。为祈求祖先的保佑，每年还要定期举行祭祀活动。在禁伐的林子里，有九不准的规定：一不准伐木作材；二不准修枝砍柴；三不准开荒种地；四不准狩猎打鸟；五不准积肥铲草；六不准拾菌摘果；七不准大小便；八不准唱歌吼叫；九不准谈情说爱。基诺族除对寨神林不准砍伐外，还同时对以下五种树作了不能砍伐的规定和解释：大青树不砍，因其能寄生紫胶可以卖钱，他们认为这种树还有守护神守护，谁砍了会脚跛手疼、发肿；野果树不砍，因

① 本则传说转引自廖国强：《朴素而深邃：南方少数民族生态伦理观探析》，《广西民族学院学报（哲学社会科学版）》2006 年第 2 期，原载《基诺族民间故事》编辑组编：《基诺族民间故事》，云南人民出版社 1990 年版，第 29—30 页；也见于刘怡、陈平编：《基诺族民间文学集成》，云南人民出版社 1989 年版，第 82—83 页。

② 廖国强：《朴素而深邃：南方少数民族生态伦理观探析》，《广西民族学院学报（哲学社会科学版）》2006 年第 2 期。

图 13：长老祭祀

其可供人充饥，砍伐如杀鸡取卵，很不道德，谁犯禁，谁将断子绝孙或生病死亡；路边树不砍，因为它能为行人遮阴，为疲倦者纳凉，如砍伐将会被罚款；棕树不砍，因其有守护神；雷打树不砍，因其不吉利，砍了它将有雷劈之灾。这些禁忌被严格遵守，如有谁违犯，则要根据情节轻重或受教育或被处罚。"①

2. 臭水塘禁忌

在基诺族生活的山区，分布着一些含碱比较重的水塘，这些水塘附近经常有野兽出没饮水。而基诺人把这些水塘称为臭水塘，认为水塘及其附近是鬼怪栖息的地方，人是不能轻易闯入的，更不能到此处大小便，如果违反了禁忌轻则生病，重则有性命之忧。在现实生活中，这样的禁

① 　白兴发：《少数民族传统习惯法规法与生态保护》，《青海民族学院学报》2005 年第 1 期。

忌间接地维护了野生动物的生存环境，对整个生态环境的平衡起着重要的调节作用。

五、伦理观中的生态观

（一）人与动植物同源论

基诺族的创世神话认为，人、动物、植物都是共同的祖先——阿嫫腰白创造的，并且三者之间没有主从关系，世界在洪水之后得以安定，依靠的就是人、动物、植物之间的相互制约与平衡。动物不能谋害人，人也不能过度捕杀动物，人、植物、动物都要各安其位。

（二）取之有度、用之有度

深受大自然的恩赐和厚爱，基诺族形成了取之有度、用之有度的伦理观念。在砍地、烧地时，地里面的大树都不连根砍倒，而是留着长长的树桩，烧地时也不把其烧死；每次上山采集带回来的野菜、果子和菌子仅为一两次食用的量；基诺人也没有积财观念，吃饱穿暖人们即告满足，人们的荣誉、名望并不依凭财富的多寡而建立。当然这些观念随着时代的变迁正逐渐发生改变。

第三节　基诺族的农业文化

一、基诺族的生计文化类型

在与热带山地森林生态系统的长期互动适应过程中，基诺族形成了以刀耕火种为主采集狩猎为辅的生计方式。

（一）刀耕火种农业体系

基诺族的刀耕火种农业起源也比较早，而且延续的时间也比较长。直至 21 世纪初期还能见到。这种生计方式看似简单，事实上也是由多道工序组成的。其主要工序如下：

1. 备耕

每年农历正月前后，当附近山上"杰波"花开放，基诺族村寨就要在长老的主持下举行备耕仪式了。备耕仪式包括祭祀大鼓、修打铁房、打铁等内容。备耕仪式举行的日子被基诺族称为"特懋克"。各家各户在备耕仪式之后，还会进行制作或修理生产工具等工作。

2. 号地

备耕工作结束之后，各户的家庭成员就可以到计划好的本氏族的某几片已经达到休耕年限的林地中，做记号表明占有某块土地接下来的使用权。号占山地的方法，是在自己想要的地块四周较显眼的树上，用刀砍出楔口，然后塞入树枝或扫把花秆作物标记。当其他号地的人看到这些标记之后，就不会再选择这块已被做过标记的地块。当然，号地这项工作在不同的基诺族村寨实施过程中会有一些差异。如在巴亚寨，人们号地要尽量找到自己曾经种过的地块。亚诺寨则是尽量不选占以前曾经耕种过的地块。每年的号地，其实就是土地使用权的一次重新分配。

3. 砍地

各家各户选占好自己要耕种的地块之后，土地的分配工作也就宣告结束。接着各户就要在自己的地块之内开始砍地工作了。正式砍地之前，还要举行砍地仪式。这个仪式在"特懋克"过后的第一天由村寨长老卓巴和卓色主持举行，两位长老在这一天早上去到村寨附近的林地里面，象征性地砍倒几棵树，从而拉开全寨开始砍地的序幕。正式砍地通常是在农历一月份，各户在砍地之前，需要在林地中挂几个"达辽"，并在原有的窝棚前栽种几块姜和芋头，起到驱鬼辟邪的作用。接着就把地块之内的大部分树木和杂草都砍倒和除去，并置放于地块之内，让太阳暴晒干枯，同时留下很小的一部分林地不砍。正月底，卓巴和卓色还要举行砍地结束仪式。仪式内容主要是两位长老各自在自己家的晒台楼梯口，摆设祭品献祭祷告。这个仪式结束之后，各户再把尚未砍伐的林地全部砍掉。

4. 烧地

烧山地一般在每年农历的二至三月，正式烧地之前不仅要在砍好的地与旁边的林地之间修拦火道，拦火道宽约 10 余米，起到阻止放火烧山地时殃及其他山林作用；而且要对山鬼（神）、树鬼（神）、风鬼（神）、火鬼（神）进行献祭。另外，还要请一名证人来监督烧山地的过程。烧地正式开始后，人们点燃山地中晒干的枯枝和杂草，让其在熊熊烈火的焚烧下化为灰烬，成为天然的肥料。

5. 捡地

山地烧过后，地里面的树木和杂草会有一些没有烧尽、烧透，因此各

图 14：刀耕火种地

户还要在地里面捡拾一遍，把没有烧尽的枯枝和杂草集中在一起再次焚烧或移到地外。与此同时，把地里的草木灰分散，并平整整块地。

6.盖窝棚

三月初，烧地和捡地之后，各户要在新烧的地块旁边建盖窝棚，作为劳作之余休息、饮食的场所和守护庄稼的住所，以及稻谷收获后的临时储藏室。在盖窝棚之前，卓巴和卓色也要分别在自己家晒台楼梯口处，摆设贡品祭献，之后村民才可以到地头旁盖窝棚。

7.播种

三月底四月初，基诺族村寨要杀牛祭祀，祈求丰收，并分肉而食。同时还要在卓巴的主持下，举行播种仪式。举行仪式的那天，天刚蒙蒙亮卓巴便在自己家晒台上，手持点播棒，一边象征性地做着点播动作，一边向天祈祷。仪式结束之后，各家就开始播种了，各家还要在地里面杀鸡祭献，并且首先在窝棚前面种上姜、芋头、荆芥花和鸡冠花等，以驱鬼辟邪。接着才在地里面陆续播种陆稻、棉花、玉米、黄豆等作物。播种时，家户之间相互帮忙的情况较常见。

8.修围栏和除草

播种结束后，等陆稻开始出苗，各家各户就要在新种地的四周打上栅栏，防止野兽和家畜破坏庄稼，并随时维修围栏一直到庄稼收割完毕。五月至八月，在修建围栏的同时，地内除草也是一项必需的工作，通常采取手拔、镰刀割和芟刀砍等方式，每年通常要除草三次。

9.收割

时至七月，当早稻已经接近成熟，各家到地里采回一些稻穗，以供奉寨神和祖先，此谓吃新米仪式。仪式之后，到八九月份，早稻成熟开始收割，部分玉米、棉花也开始收获。十月，陆稻大面积成熟，开始了全面收割、脱粒工作。此时，山地里面种植的玉米、黄豆、棉花、花生、高粱、芝麻、苏子、瓜类也都进入了收获的季节。十一月，庄稼收割完毕。

图 15：山谷收获时使用的风扇

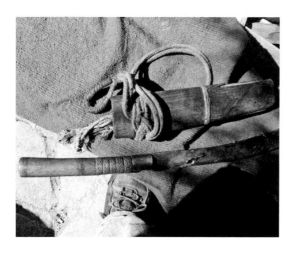

图 16：生产生活用的砍刀

10.归仓

山地里面种植的陆稻收割、脱粒后，通常要放在地里面晒干，然后再放置在地棚里面或专门建盖在地中的粮仓里面，还有一部分背回寨子，储藏在自己家的粮仓里面。稻谷入仓之后，基诺族村民还要举行叫谷魂仪式。仪式进行这天早晨，人们背着鸡、银手镯、红线、竹烟盒、金芥花、鸡冠花等物品到地里面，将它们放在地上献祭。然后，高声喊叫，请谷魂回到粮仓里去。至此一年的劳作程序宣告结束。接下来，村民们马上又要开始为新一年的农业耕作做准备了。

当然，由于海拔、土壤和耕种作物等的不同，不同村寨在刀耕火种农业生产开展的时间先后方面会有一些差异。即使是同一村寨，在不同年份，农业劳作各个环节开展的时间也不尽相同。

（二）采集

采集是基诺族维持生计必不可少的方式之一，在基诺族生活的山林之中，至少有上百种植物的根、茎、叶，果子和菌子可以采摘食用，耕作之余，基诺族妇女都会相约到山上采集。① 采集的野菜品种较为丰富，有蕨蕨菜、水芹菜、刺五加、芭蕉花、苦凉菜等 140 多种，并且每个季节都有不同的野菜可以采摘；采集的块根类植物有山药、魔芋、藤萝卜等 20 多种；采集的野果有芒果、芭蕉、荔枝、多依、酸苔等 30 多种；采集的野生菌类有鸡枞、大红菌、木耳、白参等 10 多种。另外，基诺族食用的昆虫有蜂蛹、竹节虫、蚂蚁蛋、蚂蚱、蜘蛛等。直到今天，采集仍然是基诺族妇女日常生活中的重要内容。

图 17：采集蚂蚁蛋

（三）狩猎与渔猎

在基诺族的传统经济中，狩猎是基诺族男子的主要副业，也是基诺

---

① 朱映占：《基诺族传统生态文化及其变迁》，《原生态民族文化学刊》2011 年第 1 期。

族获得肉食来源的一项重要活动，在经济生活中占有一定的地位。① 基诺山原始森林里动物繁多，基诺族人传统狩猎对象大致可分为兽、鸟、鼠三大类。兽类包括麂子、山羊、岩羊、羚羊、豺狗、狼、马鹿、熊、野猪、虎、豹、野牛、大象等；鸟类包括雀、斑鸠、黑头公、团鸡、雉鸡、白鹇、双角犀鸟、孔雀等；鼠类包括竹鼠、松鼠、地老鼠、青鼠、花脸老鼠、红肚皮老鼠、尖嘴老鼠等，基诺人认为鼠类还包括穿山甲、刺猪、黄鼠狼、破脸狗、猴子等。他们常用的狩猎工具是：外地买来的火药枪，自制的弩，用棕绳搓成的支在鸟类通过的地方的扣子，设在野兽常走的路上的弯弓，打马鹿、麂子、野猪、野牛、老熊等的毒箭和跳枪。基诺族打猎有三种形式：第一种是村社组织的集体打猎，也称围猎。第二种形式是几户联合起来狩猎，即谁家发现较大的野兽踪迹，便约几户一起去打。第三种形式是个人发现后自己去打。②

山箐、河溪中捕鱼也是基诺族传统生计方式的重要组成部分。捕鱼的方式有：河坝堵水捕鱼、植物毒鱼、鱼笼捕鱼等。山箐、河沟中可供捕捞的鱼蟹种类很多。主要有白鱼、大头鱼、红尾巴鱼、红鱼、小脖子鱼、大脖子鱼、青蛙、毛螃蟹、青螃蟹、山螃蟹等。

20 世纪 40 年代以来，基诺山的部分村寨开挖了少量水田，出现一定的水稻种植。特别是人民公社化时期，在农业学大寨运动中，部分村寨又改造了一些梯田，水田农业成为基诺族部分村民的生产方式之一。③20 世纪 80 年代以来，当地政府提出了"以林为主，在粮食自给的前提下，因

---

① 徐俊：《从互惠经济到市场经济——基诺族经济形态变迁的实质分析》，《学术探索》
　　2007 年第 6 期。

② 徐俊：《从互惠经济到市场经济——基诺族经济形态变迁的实质分析》，《学术探索》
　　2007 年第 6 期。

③ 徐俊：《从互惠经济到市场经济——基诺族经济形态变迁的实质分析》，《学术探索》
　　2007 年第 6 期。

图 18：橡胶林地

地制宜、多种经营，综合发展"[1] 的发展思路。茶叶、橡胶、砂仁、西番莲等经济作物被大量引进种植。[2] 特别是 20 世纪 90 年代以来，橡胶种植在基诺山大幅增长，逐渐成为基诺族村民的经济支柱，至 2007 年底，基诺山基诺族乡的大多数村民都有开割的橡胶，全乡种植橡胶面积达 91268 亩，开割 30508 亩，干胶产量 1876 吨。[3] 近几年来，基诺族村民每年割胶的收入，少的家庭有几万元，多的则有十几万元，甚至几十万元。

---

[1] 杜玉亭：《基诺族识别四十年回识——中国民族识别的宏观思考》，《云南社会科学》1997 年第 6 期。

[2] 徐俊：《从互惠经济到市场经济——基诺族经济形态变迁的实质分析》，《学术探索》2007 年第 6 期。

[3] 朱映占、尤伟琼：《橡胶种植对基诺族生境与社会文化的影响》，《原生态民族文化学刊》2012 年第 1 期。

二、基诺族农业祭祀礼仪及其变迁

生活在西双版纳傣族自治州的基诺族，是中国西南众多民族当中人口比较少的一个，但在其社会历史发展过程中，却也形成了具有自身特色的民族文化类型。这种民族文化类型从大的方面看，归属于农耕文化的范畴，具体来看则表现为山地刀耕火种农业文化体系。当然，这种文化体系也正好处于日本学者佐佐木高明所说的"照叶树林文化"范围之内。在这个文化体系中，种植、采集及狩猎处于核心位置。本书要探讨的即是在基诺族刀耕火种农业文化体系的各个环节都有体现的农业祭祀礼仪的生态基础、文化意涵及其变迁。

（一）基诺族农业祭祀礼仪的生态基础

作为刀耕火种农业文化体系重要组成部分的农业祭祀礼仪包括：打铁仪式、祭鼓仪式、砍地仪式、烧地仪式、盖窝棚仪式、播种仪式、祭天仪式、驱虫仪式、吃新米、叫谷魂等。这些仪式分布在农业生产的各个阶段，串联起了基诺族农业生产的全过程。当然，基诺族此种农业生产体系的维系和进行是以山地森林生态系统为基础的，是以基诺族对山林的认知为前提的。

基诺族依据海拔高低、土壤肥瘠、坡度大小等指标把山中林地划分为三种类型。一类叫"折肖"，二类叫"折交"（或"折肖折交"），三类叫"迭它"。一类地多为海拔较低、气候炎热、坡度平缓、团粒土壤结构，土层深厚、保水力强的肥沃林地。三类地是分布海拔较高的土地，一般气候较冷、坡度较大、土壤瘠薄。二类地海拔、气候、坡度、土壤大致介于一、三类地之间。在一类地中，基诺族实行较长时期的耕作制，一般可连续耕种五六年然后休闲，最好休闲期在 20 年以上；在二类地中，通常实行短期轮作休闲制，一般连续耕种二三年后休闲 15 年以上；在三类地中，严格实行砍种一年便休闲的无轮作刀耕火种，休闲时间一般为 13 年。[①] 基诺族的林地经过这样分类使用后，一方面较好地解决了基诺族的粮食问题，另一方面又保证了各类林地中的植被都能尽快恢复以维持生态平衡，因此，直至 20 世纪 50 年代初期，基诺山的森林覆盖率仍接近 70%。[②]

(二) 基诺族农业祭祀礼仪的文化表征

基诺族所从事的刀耕火种农业，依据季节的变换依次要展开备耕、选地、号地、砍地、烧地、拣地、整地、盖窝棚、播种、围栅栏、除草、护秋、收获、运粮、归仓等工序，而在此过程中，各种农业祭祀礼仪也随之上演。

首先举行备耕仪式，也称为打铁仪式，基诺语称"特懋克"。一般在农历正月举行，并且要连续举行三天。第一天，举行剽牛、修寨门、尕拉 (凑食物)、尕祝里 (辞旧迎新)、祭鼓 (跳大鼓舞) 等仪式活动；第二天，村寨长老卓巴任命铁匠，铁匠进行修铁房、象征性的打铁活动，并且杀鸡和用南瓜献祭铁匠鬼女，寨民修制工具；第三天，举行歌舞、游戏娱乐活动，晚上在村寨首席长老"卓巴"带领下举行象征性的号地、砍地等备耕仪式等。

接着举行砍地仪式。农历正月，在村寨各家各户的轮歇地已经砍了大部分，还剩余一小部分供举行此仪式。此仪式由村寨长老卓巴和卓色同时分别举行。他们在自家阳台上的楼梯口处摆设祭品祭祀鬼神。此仪式举行后的 3 天，各家各户把轮歇地里剩余未砍的部分砍完。在砍这部分地的时候，要在地中平坦的地方插两根树棍，在其上绑"达流"，并在地里种上 3 窝芋头、3 坨姜。对于已经隔了 13 年才砍的地，则还要杀狗祭祀地鬼。这些仪式举行过后再把地砍完。

---

① 尹绍亭：《森林孕育的农耕文化——云南刀耕火种志》，云南人民出版社 1994 年版，第 109—114 页。

② 尹绍亭：《基诺族刀耕火种的民族生态学研究》(续)，《农业考古》1988 年第 2 期。

图 19：庆祝特懋克

砍地仪式后举行烧地仪式，时间一般在农历二月至三月。仪式由拥有这块地的人家中年纪最大的男性主持。祭祀时要杀一只狗驱鬼，杀两只鸡祭树神和山神，并用鸡毛抹着狗血和鸡血涂在"达流"上，将"达流"插在地边，然后仪式主持人念一些祈求和祝福的祷词，念完后所有参加的人将狗肉和鸡肉煮熟共同分享之后，大家就开始忙着进行烧地。

在农历三月，地烧好后，要在地旁搭建窝棚，作为播种、看护和收获时休息的场所。盖窝棚前由卓巴、卓色先在自家地中举行仪式，然后各家根据自己的情况举行此仪式。盖窝棚立柱时，要在柱洞里面放入铁渣和竹鼠骨头，用来祛邪撵鬼，窝棚盖好后，在窝棚的竹子上绑上涂了鸡血黏了鸡毛的"达流"。

农历三月至四月（基诺历的九月），在正式播种前举行播种仪式。仪式由卓巴主持，有的寨子在播种仪式正式开始前，要杀水牛祭祀，并分享牛肉。播种仪式以家庭为单位举行，但要在诸位长老家的山地里先举行此仪式。仪式举行这天早上，卓巴带着一公鸡一母鸡、银元、姜、芋头、荆芥花和鸡冠花籽等来到地里，对着窝棚插两根树枝在其上绑上"达流"，在树枝栽一根"盐酸木"树根，把装有鸡毛和粗糠的小竹筒放在地上，在地里埋下姜和芋头。然后卓巴再把带来的各种种子撒种一点，接着杀鸡，把鸡血涂抹在"达流"和窝棚上，并在鸡血上黏上鸡毛，接着卓巴开始念祭词。祭词念诵完毕后开始进行播种。①

　　在农历的五月，要举行祭天仪式，基诺族语称"蹉跎"。祭天仪式由卓巴和柯普罗主持，要准备一头白猪、一头黑猪、一只白鸡、一只黑鸡、两个鸡蛋、两包糯米饭和两包肉、四片槟榔叶等作为祭品。祭品准备好后，柯普罗和卓巴抬着竹席和竹篾桌，背着鸡、赶着猪来到寨子打雷的地

图 20：基诺族长老祭天

---

① 砍地仪式、烧地仪式、盖窝棚仪式、播种仪式参考了尹绍亭：《基诺族的社会制度及农耕礼仪》，载《云南社会科学院研究生论文选》，云南人民出版社 1987 年版，第 31 页。

方，把一米左右长的竹竿破成十多片编成鱼篓样插入土里，并竖立起一根竹竿（有的寨子竹竿竖立在卓巴家房前而不是打雷处），在地上铺上芭蕉叶摆上各种贡品，把鸡和猪杀了后，割下猪头和鸡头吊在竖立的竹竿上。然后卓巴面朝祭品跪在竹席上，向天磕三个响头，接着一边撒米一边开始念祭词。祭词内容多为请天神保佑庄稼取得好收成，保佑人畜不遭受野兽侵袭，保佑人不被雷击，保佑下河捕鱼、上山打猎能够有好的收获，等等。

一般在农历六月，要举行驱虫仪式。氏族长老或村寨长老选择一个吉日的晚上带领村民点着火把到地里面驱虫禳灾，然后又到村寨中支起火把，全寨人围着篝火唱跳欢歌。

至每年农历九月末，各个基诺族村寨要举行吃新米仪式。谷子成熟即将收割时，选择一个吉日，各家各户到地里采集各种农作物，开花的摘花，结果的摘果，无花无果的采茶尖，并掐三种不同地里生长的谷穗各一把，用筒帕背回家后，把谷穗绕个圈圈放在饭甑里蒸熟。另外，还要杀七只整鸡放在锅里煮，分别献给铁匠、巫师莫丕、白腊胞、死去的阿爸、阿妈、男性家长和女性家长每人一只。鸡煮熟后，把竹篾桌摆放在火塘边，然后把蒸熟的谷穗、南瓜尖、冬瓜花、葵花、豆子、高粱穗、黄瓜花和一只公鸡一只母鸡摆放在蔑桌上，如果有金银、手镯也都摆放在桌上。然后由男性家长念诵祭词，请祖先、寨神和巫师们来品尝新米，并保佑稻谷丰收。①

而每年农历十月，当山地里谷子收割、脱粒，归仓之时或者归仓完毕之后，各户都要选择吉日举行叫谷魂仪式。仪式进行这天早晨，男性家长用竹篾鸡笼背着几只鸡来到山地中，采一些野花插在鸡笼上，然后拿出一个竹篾盒子，里面摆放手镯和银币，接着边摇蔑盒边念诵祭词："谷子回来哟，谷子回来哟，谷根留下，谷魂不留，谷壳留下，谷粒不留，谷杆留

---

① 郑培庭：《基诺族的新米节》，《华夏人文地理》1986 年第 3 期。

图 21：庆祝新米节

下，谷灰不留，我背的金谷象僧描果一样闪亮。我用鲜红的公鸡，用树浆
那么白的白银，用南瓜那么黄的闪光的金子，来叫你的魂。"①祭词念诵完
毕，男性家长就背着鸡笼往回走，他在路上不能回头，并且遇到岔路口，
要在岔路口放下一束插着鲜花的稻草。回家后，就杀鸡、宰猪，把鸡头、
猪头挂在谷仓前献祭谷魂。并在家中用各种新米煮好米饭，做好各种菜肴
摆放在桌上，祭献寨神、祖先及各种神灵，献祭完毕，全家人高高兴兴地
享用桌上的食物，仪式也就宣告结束了。

（三）基诺族农业祭祀礼仪的变迁探讨

随着文化生态环境和社会环境的变迁，基诺族农业祭祀礼仪也随着刀

① 郑培庭：《基诺族的"叫谷回"节》，《华夏人文地理》1988 年第 3 期。

耕火种农业形式的变化而发生了改变。人们对其认知在不同时代相应地也就有所不同。

1.农业祭祀礼仪作为生产、生活的重要组成部分

在典型的刀耕火种农业时期，刀耕火种农业祭祀礼仪是基诺人生活的重要组成部分，是农业生产得以开展和延续的重要动力来源。在此种农业形式当中，人与茂密的森林相比是渺小的，人们的食物完全依赖于森林和山地，在与自然的互动中人们需要依赖集体的力量。并且，人们相信稻谷的丰收是山神、寨神、谷魂等保佑的结果，因此生产的各个环节要献祭它们，在献祭的过程中人们强化了合作意识，坚定了在与自然互动中受神灵保佑的信念。当然农业祭祀礼仪除了精神层面的功能之外，也有其现实的作用。从农历正月到十月是基诺族农业生产最为繁忙的时节，而祭祀活动所用的牛、猪、鸡等祭品，在祭祀完毕后都由参与的人们享用，这对从事农业劳作的人而言，无疑起到了提供和补充营养的作用。

当然，农业祭祀礼仪作为一年当中不同月份的社会节点，其在整个社会结构当中的作用是多方面的。除了上面所说的其对整个村寨和村民个体的作用之外，在村民之间，或者说在整个社会关系的维系方面，也发挥纽带作用。可以说，基诺族村民正是通过农业祭祀礼仪的举行，进行着食物的再分配和礼物的交换，甚至包括劳动力的交换。如在备耕仪式当中，在村寨长老的主持下，所有村民都要参与打铁仪式、祭鼓仪式。在这两个仪式当中，长老和铁匠在接受村民礼物的同时，要设宴招待村寨各户家长。在这个过程中，村民与长老、村民与铁匠的关系得以重申。在此，长老作为基诺族大鼓（即寨神）的拥有者，铁匠作为工具的制造者，他们的角色显得独特而不可替代。而在由各户家长自己主持的仪式当中，举行仪式的家庭也要邀请亲朋来一起分享祭品，并在客人返回的时候还让他们带走一些。在这个过程中，村民之间互享祭品，相互帮工，从而促使村寨的生产劳作有效开展。

因此，可以说基诺族的农业祭祀礼仪在典型的刀耕火种农业体系当

中，是连接人与神灵或鬼怪（往往象征着自然）、村民与村民、村民与长老和铁匠的纽带，显得不可或缺。

2. 农业祭祀礼仪作为一种迷信

然而随着森林面积的减少，基诺族刀耕火种农业逐渐由一种与当地生态环境相适应的农业形式转变成了对生态环境具有破坏作用的生产方式。特别是 20 世纪 50 年代以后，由于公路修建、农业学大寨、大炼钢铁等活动的影响，加上国家级自然保护区的划定，基诺族地区山林面积大量减少。随之刀耕火种农业中的土地轮歇耕种的周期越来越短，有的地块甚至连续耕种六七年后才抛荒，这就使得刀耕火种地的生态系统很难恢复到以前的状况。而在此过程中，刀耕火种农业也被社会主流话语称为"种一山坡，收一箩筐"的落后的生产方式，因而农业科技部门也力图对其进行改造。接着就有化肥、农药上山，橡胶树的大量引种等。与此同时，传统的社会组织解体，长老退出社会前台，生产劳作的安排由村干部统一指挥进行。基诺族也不再相信神灵和鬼怪主宰着自己的命运，而是通过书本和各种宣传逐渐形成了只有科学技术才可以改变命运的观念。因此，农业祭祀礼仪也就逐渐被大家看成一种迷信而渐渐被抛弃和淡忘。

然而，在基诺族社会呈现"经济低起点高速发展"[1] 的同时，伴随而来的是生态环境的恶化，自愿失学儿童的增多，酗酒、赌博、铺张浪费等现象的产生，出现了学者所称的"族籍迷失"[2] 的情况，也就是说在社会快速转型的过程中，基诺人的文化身份认同出现了危机。于是恢复和保护基诺族文化的言论和呼声不断出现。

3. 农业祭祀礼仪作为一种文化

在对基诺社会经济快速发展所带来的问题进行反思的过程中，研究者意识到，此前，在政治色彩浓厚、社会形态分析模式占主导的背景下，对

---

[1] 吴应辉：《当代基诺社会研究》，云南大学出版社 2000 年版，第 180—207 页。

[2] 杜玉亭：《基诺族识别四十年回识——中国民族识别的宏观思考》，《云南社会科学》1997 年第 6 期。

基诺社会进行的研究存在一些武断的结论，这些结论在一定程度上成为基诺族文化被视为"原始落后"的重要依据。也就是说在 20 世纪 80 年代以前，在学者和政府合力推动下，基诺族社会从"迷信"社会开始向"科技"社会发展；而从 20 世纪 90 年代以后，基诺社会又在市场的推动下，开始由传统社会向现代社会转变。

而上述两次转变在取得经济成效的同时，并没有很好地解决基诺社会出现的各种社会问题；并且基诺族所取得的经济成就在市场经济条件下也是比较脆弱的，如在当下，基诺族以橡胶种植为主导的经济模式受橡胶的国际市场价格的影响就很明显，因此，其经济状况很容易出现波动；同时，生活宽裕的村民也往往找不到归属感。面对此类问题，社会各界把目光转向了基诺族文化。在此背景下，基诺族刀耕火种农业体系当中的各种祭祀礼仪也就作为民族文化的重要组成部分重新出现在了研究者的话语当

图 22：劳作间休息用的地棚

中，而在基诺族的节日庆祝场合，如特懋克中，农业祭祀礼仪成为节日表演的重要内容。也就是说，农业祭祀礼仪是本民族的传统文化，而不是迷信，又成为了人们的共识。

总体而言，基诺族农业祭祀礼仪在不同时期的命运，可以说是中国社会从传统农业社会向现代市场经济社会转变过程中，边疆民族文化与国家意识形态、社会主流文化在不同时期互动的结果。可以看出，在这个过程中互动双方彼此的了解从概化逐渐具体化，相互的认知也在逐渐深化，当然这个认识深化的过程也是基诺族文化快速变异的过程。因此，在生产方式转变的同时，引导民族文化的变迁，需要三思而后行。

三、橡胶种植对基诺族社会及生境的影响

基诺族，一个聚集在云南省西双版纳傣族自治州的人口较少民族，即使是中国人多数对其也还缺乏了解。橡胶树，一种原来仅生长在南美洲亚马逊热带雨林的特有物种。显然，基诺族与橡胶树原产地相隔万里，似乎彼此间没有什么关系。然而随着经济全球化的推进，工业生产的扩张，基诺族在市场经济的大潮中渐渐成为了依靠橡胶种植而谋生、致富的胶农。

（一）基诺族橡胶种植简史

橡胶树为落叶乔木，原生长在南美洲亚马逊的热带雨林中，适于年平均温度 26—27℃而且没有 15℃以下绝对最低温度的地区，橡胶树不耐寒，在温度 5℃以下即受冻害；种植橡胶树的地区要求年降雨量 2500 毫米以上，且分布均匀；年平均相对湿度 80%以上；土层深 1 米以上，表层 20—30 厘米含有机质 3%以上，土壤 pH5—6，土壤质地以壤质土最好，地下水位 1.5—2 米以上；海拔高度一般 300 米以下，且无大风。而且橡胶树一般生长在北纬 20℃以南的热带地区。

人工培育的橡胶树幼苗种植 6—8 年后即可开割，收获胶水，一般可

连续开割 10—20 年，正常情况下每年的 3 月至 11 月为割胶期。橡胶树的经济寿命期为 30—40 年，生长寿命可长达 80 年。

随着新大陆的发现和工业革命的兴起，橡胶的特性被逐渐认识和利用，橡胶树也从原产地南美洲走向了印度、新加坡、东南亚、中国等国家和地区。橡胶树所产的天然橡胶现在被广泛用于汽车、国防、制鞋、交通、医药等领域，成为各个国家日常生产、生活中必不可少的东西。中国随着工业化进程的不断推进，对橡胶的需求也越来越大。

在中国，橡胶的主要种植区为海南和云南的西双版纳。西双版纳自 19 世纪三四十年代引进橡胶以来，在经历了短暂沉寂之后，橡胶种植随即以国营农场的形式出现，而随着市场经济的到来，天然橡胶的需求量逐渐扩大，价格不断攀升，个体家庭承包的山地、林地也逐渐大量种植橡胶。

地处西双版纳的基诺山，1963 年，在云南热作所和国营景洪农场的帮助下，试种橡胶成功。1980 年开始，基诺山逐步实施"以林为主、多种经营、因地制宜、综合发展"的方针，在缩减刀耕火种地的基础上，确定了以砂仁、茶叶、橡胶作为三大支柱产业的战略。

1980 年种植橡胶 221 亩。

1988 年种植橡胶 12415.7 亩。

1990 年种植橡胶 20086 亩。

1995 年橡胶种植面积为 23577 亩，占全乡共有经济林的 46.35%，人均 2.38 亩。

1998 年，基诺族乡种植橡胶 35839 亩，产干胶 567 吨。

1999 年，种植橡胶 35914 亩。

2007 年底，基诺山基诺族乡的大多数村民都有开割的橡胶，全乡种植橡胶面积达 91268 亩，开割 30508 亩，干胶产量 1876 吨。

20 世纪 90 年代初，胶水价格仅 2—3 元一公斤，2004 年胶水价格已达 11 元一公斤，最近几年，胶水价格继续上涨，2009 年价格高时曾达到 18 元一公斤。2010 年胶水价格上升至每公斤 27 元左右。很明显，随着胶水价格的上升，基诺山橡胶种植面积也在不断扩大。在西双版纳橡胶种植的海拔高度上限是 900 米，目前在基诺山海拔 900 米以下的地方基本上都种上了橡胶，甚至在 900 米以上不宜种植的一些地方也种植了橡胶树，全山区橡胶宜植地约 26000 亩，而当前全乡的橡胶总面积已经远远超出了这个数字。一般农户家里少则有几百株，多则几千株橡胶。橡胶带来的年收入，少的家庭几万元，多的则有十几万元，甚至几十万元。

无疑橡胶种植给基诺山的基诺族带来了巨大的经济收益，使得许多家庭都拥有了很强支付能力和消费能力，许多家庭纷纷购买了彩电、冰箱、手机，安装了太阳能热水器，翻修或重建了家屋，购买了摩托车，甚至有部分家庭还购买了皮卡车和小轿车。在良好的经济效益的掩盖下，橡胶种植所带来的社会效应和生态效应却往往被忽略了。其实橡胶树在没有被带出南美热带雨林之前，它只是众多热带物种中的一种，与其他物种相比并

图 23：橡胶林

没有什么优势，然而当它的产品成为工业生产不可或缺的原料后，其被人工栽培广泛种植，橡胶逐渐成为了一种优势物种，改变了热带雨林地区的生态环境，也改变了人们的生活方式。

（二）橡胶种植对基诺山生态环境的影响

如今进入西双版纳的基诺山，放眼望去尽是橡胶林，一到秋冬季节，橡胶树叶落，山上一片片枯黄，就像是一块块伤疤镶嵌在绿色的宝石上。而橡胶林也被一些研究人员形象地称为"绿色沙漠"。可以说橡胶树的大面积种植给基诺山，乃至整个西双版纳带来了巨大的生态效应，不断给当地的气候及环境带来消极影响。

1.随着橡胶种植面积的不断扩大，基诺山的生物多样性正在减少

基诺山的轮歇地、退耕还林地能够种橡胶的目前都已种上了橡胶，乃至部分林地上面的森林被砍伐后，也种上了橡胶树。20世纪60年代以来，在橡胶树引进种植的同时，在基诺山的一些寨子还探索发展了混农林业，即在橡胶幼苗地中套种旱稻、玉米等农作物，或者橡胶林中套种菠萝、茶叶等经济作物，但经过这些年的实践村民发现，橡胶树开割后树下其他作物会出现与橡胶树争肥、争水的情况，影响胶水的产量；另外橡胶树长大后，也不利于其下其他作物的生长，也就是说长期套种既会影响橡胶树的生长，也会影响其他作物的生长。因此，为了保证橡胶的正常出胶和增加经济收入，村民放弃了橡胶树套种的农业实践模式，在山地仅仅保留了橡胶树。轮歇耕种时期的"百宝地"也就不复存在了，基诺山区独有的旱稻品种基本消失；并且作为基诺山三大经济支柱之一的砂仁也随着橡胶的扩张而逐渐减少，乃至消失。

2.随着橡胶林的扩大，基诺山区和整个西双版纳干旱天气和干旱现象逐渐增多，有雾日减少

橡胶树吸水性较强，其所产的胶水70%以上的含量为水，都是通过树的根系从地表中吸收而来的，因此有人说"一棵橡胶树就是一台小型抽

水机"。

而在基诺族的传统知识中，把村寨周围的水道分为"勒刺"（小箐）、"阿科罗"（中箐）、"勒莫"（大箐）、"呢喔"（大河），而随着橡胶树种得越来越多，这些水道里面的水越来越少了，大河变成了箐沟，大箐变成了小箐，小箐里面的水几乎干枯。如巴卡小寨附近的"窝罗"河中曾建有一个小水电厂，然而随着河水流量的减少，2000 年以后，这个小水电厂已经被废弃。并且随着橡胶林面积的扩大，地表蒸发的加强，基诺山乃至整个西双版纳干热天气不断增多。比如 2003 年 11 月至 2004 年 3 月，景洪市降雨总量仅 9.8 毫米，比历史同期偏少 101.6 毫米，仅为多年值的 9%。而 2009 年 10 月以来，云南植胶区降水日数显著减少，少雨、高温、干燥天气持续，形成秋、东、春连旱，降水量偏少了 60% 左右。"另据西双版纳州气象局的长年监测表明：在过去 50 年间，四季温差加大，相对湿度下降，州政府所在地景洪市 1954 年雾日为 184 天，但到了 2005 年仅有 22 天。"[①]

3. 随着橡胶林的扩大，基诺山区的水土保持形势更加严峻

基诺山区随着森林面积的减少，水土流失严重，而橡胶树大面积种植取代其他农作物和天然林后，非但没有缓解基诺山水土流失严重的局面，还使水土流失情况更加严重。研究表明"橡胶树林林冠木质部分潜在持水量小，吸水、风干需要的时间较长，而叶潜在持水量较大，不易风干，林冠整体的持水性能欠佳，不能很好地发挥截留降雨的作用"[②]。橡胶林的水流失量是同面积天然热带雨林的 3 倍，土流失量则是同面积热带雨林的 53 倍。

4. 橡胶树的种植方式，导致胶林区物种单一化，并导致外来物种入侵

橡胶种植前，需要清除地块里的所有植物，因此土壤必须深挖翻耕，

[①] 戴波：《经济发展与生态保护的思考——橡胶种植与热带雨林》，《生态经济》2008 年第 8 期。

[②] 王馨、张一平：《西双版纳热带季节雨林与橡胶林林冠的持水能力》，《应用生态学报》2006 年第 10 期。

各种植物的根系都被清除，橡胶地成了纯粹单一种植的典型，村民很直接的感受是，基诺山区出产量很大的扫把花，近几年明显减少了；而在种植时橡胶林要求株距2—3米，行距8—9米，地块内大量的地表裸露在外，无疑橡胶林地地表的蒸发量与其他林地或耕作地块相比较大；种植后，橡胶地每年至少要施肥和除草两次，以此保证橡胶树的旺盛生长。而随着橡胶树的大量种植，胶林面积的扩大，化肥和农药的使用量也在不断增加。过磷酸钙、硫酸铵、氯化钾等化肥，年复一年被不断使用，草甘膦、硫磺粉、0.2%粉锈宁、10%脱叶亚磷油剂、0.3%乙烯利油剂、福美双胶悬剂等农药也被广泛使用。然而，农药的大量使用使得胶林区动植物物种减少，成为"上不飞鹰，下不走蛇"的特殊林地的同时，并没有能够很好地防止橡胶树病虫害的发生，白粉病、蚧壳虫病、螨虫病、红蜘蛛、根烂病等屡治不绝。并且，化肥、农药的使用对水资源污染的结果也在逐渐显现。如巴卡小寨日常生活用水的水源原来在寨子后面的山上，但随着橡胶种植的扩大，化肥、农药的大量使用，水土流失等原因，巴卡小寨的饮用水质不断恶化，得结石病的村民不断增多，因此，在2008年，经过勘测后，巴卡小寨放弃了原来的水源，而从寨子对面的国家级自然保护区中引水入寨来满足村民的日常生活用水。

5.橡胶树的大量种植，将改变区域空间的大气排放格局，并最终影响人的生存条件

"中国科学院西双版纳热带植物园研究员李庆军等与英国、西班牙科学家合作研究结果表明：橡胶具有强烈的挥发性有机化合物（VOC）的排放能力，并预测这种大气（WOC）排放格局的改变，将对区域乃至全球气候变化产生巨大影响。"[1] 调查发现，一个空间中VOC浓度低于3毫克/立方米时，处在该空间的人一般没有明显的不舒服感觉，超过这个浓度时，处于该空间中的人将会出现头痛、头昏、眼胀和上呼吸道刺激等不适

---

① 刑民：《天然橡胶面临生态环境保护的挑战》，《世界热带农业信息》2009年第10期。

图 24：凝结成块的橡胶水

症状。虽然橡胶林区的 VOC 浓度没有达到使人有明显感觉的程度，但其对胶农身体的潜在影响是持续而缓慢的。

（三）橡胶种植对基诺族社会文化的影响

橡胶树的大量种植在带来诸多生态环境问题的同时，也给基诺山基诺族的社会文化带来了诸多影响。

1. 宰杀或卖出了所有黄牛、水牛，不再养牛

由于橡胶树叶牛比较喜欢食用，基诺族各个村寨原来无专人看管放养的牛群成为橡胶树的一大威胁，为了发展橡胶，目前整个基诺山已没有村民养牛，村民过"特懋克"、上新房、结婚等场合需要牛肉时，就必须到基诺山以外的地方购买，甚至最近这几年在西双版纳境内已很难买到，而要到思茅购买，并且牛的价格不断上升。

2.加速了农业祭祀礼仪的消失

引进种植橡胶树之前，基诺山的基诺族主要从事刀耕火种轮歇农业，与此种农业相伴有着丰富的农业祭祀礼仪。前些年为减少刀耕火种农业，退耕还林是政府林业部门的工作重点和难点，政府工作人员的动员往往很难奏效，刀耕火种农业和农业祭祀礼仪展现了顽强的生命力。然而，橡胶经济的兴起，胶水带来的巨大经济收入，却让各个寨子的村民主动放弃了轮歇耕种农业，在轮歇地、退耕还林地中都种上了橡胶，主动成为市场主宰下的胶农。基诺族传统农业和农业祭祀礼仪真正彻底消失。

3.改变了劳动中互助合作的方式

传统基诺族社会中，村民耕种轮歇地时，几户人家在一起组成互助合作组，逐一完成各家的作物种植是比较普遍的，而在此过程中，村民加强了联系和交流，增强了凝聚力。而随着橡胶的种植和开割，各家各户的劳作时间变得标准化、统一化，各家很难错开时间进行互助合作。村民在劳动中相互交流沟通的时间减少了。并且，由于一些家庭橡胶面积太大，一家人的劳动力不能满足每天的割胶任务，于是雇佣其他尚未有开割橡胶的村民或外地劳动力，就成为必需的事情。可见，村民之间的互惠关系也因橡胶经济的到来正在发生改变。

4.改变了村民的日常生活方式

随着橡胶经济的兴起，村民变成了橡胶市场中的胶农，人们的消费方式改变了。以往基诺族到市场上主要是出售自己种植的旱稻、黄瓜、冬瓜、芋头，以及采摘的各种野菜，而当前在出售天然胶水的同时，基诺族村民更多的是以市场上的消费者身份出现，旱稻没人种之后，日常食用的大米就必须从市场上购买；各种蔬菜和野菜，在没有时间精力种植和采摘的情况下，也大部分从市场购买。与此同时，各种家用电器设备、通信设备和交通工具也成为了村民日常生活中必不可少的部分。

橡胶经济的发展也改变了村民的日常作息时间和身体状况。橡胶树的种植与管理要经过地块的翻挖、平整、挖塘、定植、修枝、施肥、除草、喷洒农药、割胶、收胶等工序。特别是割胶，是要求在一个比较潮湿的环境中进行，因此，一般胶农割胶都在凌晨 3 点左右起床，头顶矿灯在胶林中进行割胶至太阳出来之前。据村民讲，一个家庭如果只有 2 个劳动力，却有 500 株橡胶开割，就会忙得几乎不能睡觉。橡胶开割后，由于长期在夜间劳作，许多村民的视力都有不同程度的下降。而且，村民在割胶季节基本上就是夜间劳作，白天睡觉休息，使得青壮年劳动力的生物钟出现紊乱。这些状况从长期来看，无疑将影响到村民的身体状况。

5. 大量土地被外来资本承租种植橡胶，引发诸多社会、生态效应

橡胶价格的攀升，使得一些掌握资本的人不断进入基诺山，承包了大量山地种植橡胶树。2000 年前后几年，每亩山地每年 10 元，连续出租 25 年；近些年每亩山地每年 30 元，连续出租 30 年。据不完全统计，整个基诺山约有 1 万亩山地被外来老板承租种植橡胶树，一些家庭由于没有足够的资金来购买橡胶苗和开支开割前的管理费用，不得不出租一些土地来筹措资金，少则几亩、多则十几亩山地出租出去；另外，外来老板与当地政府的少数官员合作在基诺山租种山地，滋生权钱交易的腐败现象，基诺山乡的一位副乡长就因此被免职判刑。并且，外来资本和老板到来，要么雇用当地村民为其管理橡胶，要么从外地雇用民工为其管理，一方面改变了当地的劳资关系；另一方面这些老板的目的就是割胶赚钱，只要村民肯租，不管是轮歇地、水源林、自留山，他们都愿意租，村民在收到一次性付清的租金后，也就不太关心被出租出去的山地的命运。外来老板们则雇人，把地里面的植物清除干净后，迅速种上橡胶树，进行严格的施肥、除草、打农药等工序。二三十年过去之后，这些土地都将寸草不生，只能在里面接着种橡胶树。

（四）橡胶种植、经济发展与基诺族生态文化变迁之间关系的讨论

1. 干旱天气的增多，橡胶林的扩大虽然不是其唯一原因，但是是重要原因

目前种上橡胶树的土地，大部分是退耕还林地和天然林地，这些土地

上本应该种植和生长着多种热带林木，而现在却被橡胶树林所代替。如前所述，由于橡胶林不利水土的保持，林区蒸发量大，因此，在区域或全国森林覆盖率没有减少，甚至略有上升的情况下[①]，干旱天气却增加了，可以说橡胶林是其中的重要原因。

2. 短期的经济效益与长期的生态效益相互协调是难点

短期来看，橡胶的确给村民带来了巨大的经济收入，不仅解决了温饱问题，而且人们因此逐渐迈向了富裕生活，但这却是以动物物种、植物物种为代价而取得的。研究表明："天然林每减少1万亩，就会使一个物种消失，这种损失无法进行经济估算。而且，单一经济林发生大面积森林病虫害的隐患难以防范。"[②] 当形成以橡胶为单一经济来源的经济结构之后，村民抵抗风险的能力下降，其生活水平受市场波动影响明显；并且单一的橡胶经济面对自然灾害的侵袭时，也很脆弱，如2009至2010年的干旱天气就使得橡胶抽叶物候期受到影响，开割时间普遍推迟，橡胶树定植时间推迟，蚧壳虫和六点始叶螨的危害加重，正常产胶受到影响。云南橡胶产区直接经济损失达3亿元。

但就目前橡胶种植区的基诺山，乃至整个西双版纳而言，种植橡胶仍然是村民发展经济、提高生活质量和水平的不二选择。因此，如果要对目前仍在扩大的橡胶林进行遏制，并逐步减少橡胶林，就必须在橡胶经济之外，为橡胶种植区域的人们找到合适的替代生计模式。

3. 橡胶带来了单一的文化变迁与适应模式

在橡胶经济的带动下，基诺山基诺族和西双版纳的其他民族正逐步从事着相同的生产方式，实践着大致相同的生活方式。在单一经济模式下，

①　根据第七次全国森林资源清查的结果，2004年至2008年间，全国森林面积净增2054.30万公顷，全国森林覆盖率由18.21%提高到20.36%，上升了2.15个百分点，提前两年实现了2010年森林覆盖率达到20%的奋斗目标。

②　储皖中、王晓斌：《云南西双版纳热带雨林在哭泣》，《法制日报·视点》2008年6月27日。

图 25：冬天远远望去枯黄的橡胶林

形成了单一的文化变迁和适应方式。也就是说在生物多样性逐渐减少的同时，文化多样性也正在逐步减少。

吊诡的是，在一些研究人员对橡胶树大面积种植带来的危害进行揭露和批评的同时，一些经济发展部门的人员也对橡胶所取得的跨越发展大加赞扬。橡胶一方面是致富法宝，另一方面是生态环境破坏的罪魁祸首，橡胶种植区的人们该如何选择与发展，是需要不同部门进一步共同研究的问题。

第四节　基诺族传统火文化及其变迁

基诺族作为亚热带山地刀耕火种民族，火不仅是其日常生活中必需之物，而且在其生产中的作用也十分突出。可以说，在基诺族传统社会中，对火的有效使用和管理，是关系到基诺族生存与发展的大事。正因为如此，基诺族在对火的使用和管理过程中，形成了独具特色的火文化。

然而，目前关于基诺族火文化的研究成果却比较少，相关的文献主要有尹绍亭著《远去的山火——人类学视野中的刀耕火种》《人与森林——生态人类学视野中的刀耕火种》《一个充满争议的文化生态体系——云南刀耕火种研究》《基诺族刀耕火种的民族生态学研究》等，上述文献在研究基诺族的刀耕火种农业的同时，还就此种农业生产中火的使用和管理进行了研究，但是对基诺族日常生活中的火文化涉及不多。此外在杜玉亭著《和而不同的中国民族学探索——杜玉亭基诺族研究文论》、陈平编著《基诺族风俗志》、张锡盛主编《基诺族——景洪基诺山基诺族乡》等文献中对基诺族生产或生活中火的使用和管理有所涉及，但是不成体系，也没有深入。截至目前，直接且单独以基诺族传统火文化为主题进行研究的成果，仅见郑晓云撰写的《基诺族火文化与现代消防》一文，该文就基诺族对火的认知、基诺族生活环境与火文化、基诺族的火塘文化、刀耕火种、宗教祭祀中的火、传统的消防管理制度，以及传统火文化对现代消防的启示等进行了分析。但是该篇论文在具体内容上还显得简略，并且一些关于基诺族火文化的内容依然还没有涉及，也没有深入探讨基诺族传统火文化变迁与其生态环境和社会环境变迁的关系等问题。可见，对于基诺族传统火文化还有进一步研究的必要。在此，即是在上述已有研究成果基础上继续深入研究的一次尝试。

一、基诺族对火的使用

人类的发展历史已经证明，人类最早使用的火是自然之火，即一代火，基诺族的先民也不例外。正是在与自然界的长期互动及对火的使用过程中，基诺族对火的认知和使用的知识逐渐丰富起来。基诺族与自然之火和人工火的联系，或在基诺族的神话、传说等历史记忆中被反映出来，或在其生产生活的多个方面得到体现。

（一）火种的来源

在基诺族的观念当中，最早的火来自太阳，据创世神话《阿嫫腰白》称，世界上曾有七个太阳，发出炙热的光芒，烧焦了世间万物，遂有创世女神阿嫫腰白发大水淹没了世界，与人类一起赶走了七个太阳，但是没有太阳，天地间一片漆黑，万物不能生长。于是人们祈求："太阳，请你还是出来照亮大地吧，没有你的光亮，我们就不能种庄稼、打野兽，就不能生活啦！"[①]最终在阿嫫腰白的指导下，人们请出了一个太阳，照亮了大地，人类得以重生。

在人类重生的同时，基诺族认为火也有自己的生日，基诺语称"米初"，其为基诺族十二日为一轮的历法中的最后一日。火在基诺族发展历程中的地位和作用，由此可见一斑。

火的生日的出现，也就标志着人们已经懂得了人工生火。基诺族早期的人工生火方式有两种，即钻木取火和钻燧石取火。在其社会发展的早期，火一旦点燃，就不轻易熄灭，由于人口稀少，而森林茂密，人们能够在大自然中找到足够的延续火种的燃料，与此同时并不破坏森林。家屋出现之后，随着火塘的出现，基诺族的用火方式、火种的延续又有了新的发展。

（二）生活中的火文化

在日常生活中，以火塘为中心，基诺族的火文化体现在衣食住行等各个方面，展现了火在基诺族社会中的重要作用。当然，在对火的使用实践过程中，基诺族既有许多美好的经历，也有一些痛苦的记忆。

基诺族的火塘比较简单，就是用沙土和石块砌好后，再安放上锅庄石，即可使用。随着铁器的传入，火塘上面用铁制三脚架代替了锅庄石。基诺族的火塘通常安置在干栏式建筑的二楼堂屋正中央的位置，这里是人们生

---

① 刘怡、陈平编：《基诺族民间文学集成》，云南人民出版社 1989 年版，第 26 页。

图26：基诺族火塘

活起居的中心，也是会客的场所。在其传统家屋建筑大长房中，除了有一个大火塘之外，还有许多小火塘，这些小火塘对应着大长房中的各个小家庭。有多少个小家庭就有多少个小火塘。也就是说，火塘是每个家庭的标志。随着大家庭的解体，一座家屋容纳一个小家庭成为一种普遍情况，而火塘依然是每个家庭的中心之地。

基诺族家屋建盖完成之后，通常要举行上新房仪式，而此种仪式最初阶段，就是请新房主人所属氏族的最年长的妇女点着火把第一个登上新房，把象征火塘的锅庄石支好，然后点燃火塘中的柴火，之后新房的家长才带着家人上楼住进新房。可见，家屋火塘里火的燃烧，是一个新家庭生活开始的重要标志。

无疑，火塘最重要的功能是满足家庭成员的日常饮食，每天正餐食用的米饭、蔬菜、肉食、野菜的制作，或煮、或炒、或包烧、或烧烤等离不开火塘。并且在火塘上面还挂有竹篾编制或木头制作的架子，可以把一些肉食或蔬菜放在上面熏烤并随时食用。此外，基诺族种植的茶叶，采摘后也在家中火塘上用铁锅杀青搓揉之后，或用竹编簸箕在火塘上烘烤之后，再放到室外晾干。可见，火塘也是基诺族主要经济来源之一的茶叶的加工之所。

夜幕降临后，基诺族男女青年之间的爱情，也在他们共同选择的"尼高卓"（"坐玩房"）的火塘边开始了。虽然基诺族沿袭的是自由恋爱的传统，但是这种传统也有受到干扰的时候。传说基诺族女子戴的尖尖帽上的黑色条纹，就是为了纪念追求自由爱情的基诺族姑娘布鲁蕾甘愿受火塘中燃烧着的柴火击打留下的痕迹。

传统上，基诺族孩子的诞生也与火塘密切相关。如在基诺山巴亚寨，"产妇分娩后要住在'可克老'，即火塘下方家长居室一方的近火塘的最高柱子下面，直到婴儿肚脐上的疤落后才进自己房间住宿。"[①] 从妻子分娩的当天晚上开始，丈夫也要睡在火塘边的竹凳子上，直到满月之后。

特别值得一提的是，基诺族聚居地区属于潮热的亚热带，一年四季蚊虫和蚂蚁繁多，而火塘中产生的烟雾一定程度上具有驱赶和防范蚊虫的功效，并还有一定的防止蚂蚁等昆虫蚕食家屋上的梁柱的作用。

正是由于火塘在生活中的不可替代性，基诺族进而认为火塘具有超自然的力量。于是在基诺山有的寨子要献祭火塘神灵，并用火塘中的火进行占卜。巴亚寨的父系大家庭在每年的吃新米仪式中，"人们把火烧得很旺，预示着明年人们的生活像火一样热烈。并根据火烟冒出的方向预测明年的吉凶。饭熟后，由家长把新米饭先撒一把在卓勒的火塘中，口中念着感谢火塘神保佑的祭词，随后又将一把把新米饭依次撒入各小家庭的甑子里，边撒边念：撒了新米的火塘都是一家人，愿大火塘神灵，保佑每一个火塘都像大火塘一样火红。保佑各家火塘人丁兴旺、无病无灾。粮满仓，畜满厩"[②]。此外，基诺族还用火塘中的火对来访的客人进行预测，在火塘烧火时，火苗发出呼呼的声响，并指向火塘外，是有客人来的征兆。如果发出响声的火苗是从长的柴火上升起的，表明要么是客人从远方来，要么客人

---

① 杜玉亭：《中国各民族原始宗教资料集成·基诺族卷》，中国社会科学出版社 1996 年版，第 884 页。

② 刘怡、白忠明：《基诺族文化大观》，云南民族出版社 1999 年版，第 96—97 页。

很晚才会到；如果发出响声的火苗是从短的柴火上升起的，就表明要么客人是从近的地方来，或者客人很快就会到来。

除了固定在家屋的火塘中使用火之外，基诺族由于农业生产或采集狩猎的需要，也时常在野外用火。野外用火通常在地棚内、箐沟边、小河边等易于控制火的安全区域。由于耕种的山地往往离家都比较远，在农忙季节，人们要住在山地旁的地棚中一段时间从事劳作，故而在山间地棚中一般都有锅庄石，用于生火放置饮食器具制作食物、取暖和防止野兽等。特别是在夜间，如果人住在地棚，里面的火堆要一直燃烧着，这样可以防止各种野兽和昆虫的侵袭和骚扰，人们也才能安然入睡。人们上山狩猎和下河捕鱼时，则通常选择在河边或箐沟边这些相对潮湿且枯枝败叶稀少的地方生火。

火不仅用于制作饮食、取暖、防止野兽和蚊虫，基诺族夜间的照明也依赖于火，在电灯、电筒等外来照明设备引进之前，在家屋中，火塘中的火即是照明的光源。如果有事须夜间出行，基诺族就点着用干柴扎的火把来往。碰到秋冬季节，在夜间集会，人们会搬来柴火，在晒场上或寨中宽阔的空地上燃起篝火，以起到取暖和照明的作用。

（三）生产中的火文化

作为刀耕火种民族，火在基诺族生产中的作用就显得更为突出和重要。首先，在生产工具的制作方面，铁器传入之后，生产工具的制作离不开火。大多数基诺族寨子都建有铁匠房，供寨中铁匠为村民打造砍刀、芟刀、镰刀等生产工具。由于铁匠能把火的威力转化到铁制生产工具上，极大地促进了基诺族的生产，故而铁匠在基诺族社会中被赋予一定的超自然特性，能够在辞旧迎新之际为村寨预测来年的生产运势，受人尊敬和崇拜。

其次，基诺族烧山地离不开火。在基诺族传统的刀耕火种农业中，随着季节的变换，要依次进行备耕、选地、号地、砍地、烧地、拣地、整

图 27：火烧地

地、盖窝棚、播种、围栅栏、除草、护秋、收获、运粮归仓等工序。烧地是其中重要而必不可少的一环，关系到前期备耕、砍地等环节产生的树枝、杂草能否有效转化为灰土和肥料，以及后期的播种能否顺利进行。烧山地一般在每年农历的二至三月，正式烧地之前要对山鬼（神）、树鬼（神）、风鬼（神）、火鬼（神）进行献祭，并且还要请一名证人来监督烧山地的过程。烧地正式开始后，人们点燃山地中晒干的枯枝和杂草，让其在熊熊烈火的焚烧下化为灰烬，成为天然的肥料，此时在山地中稍作平整，即可播种。可见，火是基诺族传统农业中必不可少的生产手段。

二、基诺族对火的控制

"山地民族既不可能不利用火，又处于火的益害瞬息万变之间，其生存之道确实不容易。然而也正因为深知火的习性，所以山地民族大抵都具有较强的防火观念，这种观念体现在他们生活的各个方面。"[1]

（一）基诺族对火灾的认知

在基诺语中，火称"米"，还有专门的词语"普米"来指称火烧寨，今天在基诺族聚居的基诺山，仍然还有个寨子的寨名就叫"普米"，其意思即为火烧寨。可见，基诺族对火的威力有着深刻的认识。

"凡发生火灾，基诺族都认为是火神作祟，当天就要举行驱火鬼仪式。其办法是用蔑扎成一乘轿子，四周围上芭蕉树皮，将火灾中烧剩的木头放几截在轿里，杀猪、鸡各一只，用猪血把轿子周围染红，贴上猪毛、鸡毛。四个人抬着轿子，其余的人围成一圈由'卓巴'念经。祭火鬼后，把轿子抬到寨外的东南方，人们大喊大叫，表示把火鬼驱赶出寨。基诺族禁止遭受火灾村寨的人当天到外村寨去，怕他们将火鬼带去，若去了则要受到外寨的罚款。"[2]

（二）基诺族村寨内外的防火措施

1. 村寨中的防火

在基诺族传统社会中，各个村寨的寨民根据村寨大小或3或5户或9户编为一组，组成村社公共事务的轮值服务组织"洛巴"，此种洛巴轮值组织成员最主要的任务之一便是防火。

在基诺族村寨中，各家各户的房屋基本上都为竹木结构的干栏式建筑，而且家屋中又设有火塘，稍有不慎就会发生火灾。因此，村寨和家屋内对火的控制显得非常重要。"所以每天早饭后大家出工时，值勤人员手执木刻，站在公房晒台上，向全村社所有人员提出警告：'请各家各户注

---

[1] 尹绍亭：《一个充满争议的文化生态体系——云南刀耕火种研究》，云南人民出版社1991年版，第73页。

[2] 陈平：《基诺族风俗志》，中央民族学院出版社1993年版，第20页。

意，现在各家已经吃完早饭准备出工，为了保证全寨的安全，请各家各户把火塘里的火熄灭掉，以免发生火灾，烧了房子！'反复喊三遍。中午收工时，又向全寨喊三遍'请各家各户注意，为了保证安全，避免发生火灾！'下午收工后，值勤人员还要喊三遍：'现在各家各户回家生火煮饭了，请大家注意安全，不要烧了房子。'各家各户提高警惕性，严格执行，若麻痹大意引起火灾，烧了房子，则要受到严厉处罚。"[①] 除了洛巴组织成员轮值防火之外，一些基诺族村寨还由男性青年组织——"绕考玛"成员和少年儿童组成"巡逻队"，每到干季的傍晚在村中来回巡逻，敲打着竹筒或铓锣，同时高喊注意防火之类的话，提醒村民小心用火。

更有甚者，有的村寨在冬春干燥风急的季节，规定各家各户不准在家做饭，要到村外溪河边野炊。如果有人家有客人远道来访，必须事先报告村寨头人，获准之后才能在家生火做饭，招待客人。

2. 村寨之外的防火

首先，保护具有防火功能的山林。基诺族聚居地区，"原始森林一般是两片山之间的箐沟，宽者百余米，呼曰'米果'，作用是挡防山火，蓄积木材，确保水源，所以严禁破坏"。[②]

其次，在耕作时候采取严格的防火措施。"作为刀耕火种森林防火的重要措施，基诺族有独特的'隔火道'制度。隔火道也可称为防火林，即在两块地之间留出一条宽八九米甚至十几米的林带，其间多高大树木，形成一道'风火挡墙'。烧地之前，须集体出动'芟火路'，即把隔火道中的草全部铲尽搬到地中，再以树枝为扫帚清除残渣余枝，把地面打扫得干净溜光，使火绝无蔓延的可能。烧地之前，必须由年长者巡察隔火道，认可之后方能点火，由于措施严格，基诺族烧地极少引起森林火灾。"[③]

此外，基诺族还借助超自然的力量来进行防火。"山鬼、树鬼啊，我

---

① 陈平：《基诺族风俗志》，中央民族学院出版社 1993 年版，第 130 页。

② 赵树恂：《龙帕寨的基诺族》，《民族研究》1980 年第 4 期。

③ 尹绍亭：《基诺族刀耕火种的民族生态学研究》，《农业考古》1988 年第 1 期。

们用四只脚的狗献祭你；风神啊，我们用两只脚的鸡祭献你，请保佑我烧地的火把山地的树木烧透，烧地的大火不要越过拦火道，大风不要让大火翻过山岭。"[1]

三、基诺族传统火文化的变迁

通过上述分析，可以看到基诺族在对火的认知、使用实践过程中创造了独特的火文化。然而，今天来看，基诺族的火文化从整体上已经发生了较大的变迁。

首先，取火方式发生了变迁。钻木取火、钻燧取火早已被火柴、一次性打火机等现代点火工具所取代。也就是说基诺族所用的火也像其他民族一样，从自然之火、农业之火向工业之火过渡，这就使火与人及生态环境之间的关系发生改变。[2] 对基诺族而言，最显而易见的一点是，点燃燃料变得越来越容易了，但与此同时，火种已经不在人们的掌控之中，火灾的隐患反而增加了。

其次，火的使用方式发生了巨大变迁。在家庭中火塘正逐渐被兴起的天然气灶、沼气灶、电磁炉、电饭锅等所取代；火塘的照明功能也早已被电灯代替。一家人围着火塘讲故事的场景转换成了一家人坐在电视机前看电视剧，随之火塘作为民族文化传承的空间而存在的功能消失了。

再次，烧火用的燃料发生了变化，随着周围森林的大面积减少，自然保护区的建立，以及天然林保护、退耕还林等政策的实施，基诺族从森林中直接获取用于燃料的树木逐渐减少，为此，基诺族发展了炭薪林作为日常烧火用的薪柴的来源。与此同时，电能、太阳能、沼气、天然气、柴油

---

[1] 张锡盛：《云南民族村寨调查：基诺族——景洪市基诺山基诺族乡》，云南大学出版社2001年版，第160页。

[2] 斯蒂芬·J.派因：《火之简史》，梅雪芹、牛瑞华译，生活·读书·新知三联书店2006年版，第155—171页。

等新能源开始被广泛使用，从而出现了为了安置这些新能源的灶房、洗澡间等新的家屋空间，取代了火塘的部分功能。并且随着电池广泛使用，夜间外出，电筒也逐渐取代了火把。

还有，火的控制方式的变迁。村寨实现了由村民自发组织的防火方式，向政府自上而下的动员式的防火方式转变。如前所述，在传统社会，每个基诺族村寨都有轮值组织和青年组织负责村寨的防火任务，而今天这些民间组织已经消失，各个村寨的防火主要依靠的是政府部门发布的森林防火戒严令，以及村干部的动员。

最后，关于火的知识体系及传承方式发生了改变。随着刀耕火种传统生产方式的消失，烧山地已经很少见，与此相关的防火措施、祭祀仪式也就不再举行，传统的生产用火和防火的知识失去存在空间，关于火的传承实践的过程也随之消失了。同样，在日常生活中，人们已不再以火塘为中心，加之火种的易得，使得火及火塘的神圣性逐渐消失，并且随着现代消防知识、消防器材的传入，传统的防火知识也已很少再使用和传承。

通过分析可以看到，基诺族传统火文化的变迁对基诺族社会而言既有积极的影响，也有消极的作用。就积极方面而言，专门的炭薪林的出现，使得基诺族在燃料方面，不再单向地依赖大自然，特别是在森林面积减少、人口增加的情况下，防止了人们为了取得燃料而毁林破坏生态环境的情况的出现；电灯照明的普及，使得家屋空间采光不足的缺陷得以弥补，也使得夜间活动能够在充足的光线下进行，有利于保护人们的视力；随着太阳能的广泛使用，家庭厕所和洗浴间的出现，提高了基诺族家庭的卫生和个人卫生水平。从消极方面来看，火种的易得，增加了村社消防安全的隐患。"在历史上基诺族的村子很少发生火灾，但在 20 世纪七八十年代的基诺山区就发生两起严重的火灾，致使两个村子被全部烧毁。"[①] 火神

---

① 郑晓云：《基诺族火文化与现代消防》，载王子岗主编：《2007·中国云南：消防改革与发展论坛》，人民出版社 2008 年版，第 256 页。

图 28：薪柴

（鬼）祭祀仪式的消失，使得火的神圣性也随之消失，消解了人们对火的敬畏感，进而减弱了人们对大自然的尊重心理，不利于人们对生态环境的维护。当然，基诺族火文化变迁是其民族文化整体变迁的大背景下同时发生的，对于如何才能传承其火文化的积极内容，必须从民族文化整体结构进行思考。并且，还要结合整个人类社会用火方式的转变的历史进程来探讨。而对此，希望本书能起到抛砖引玉的作用。

第二章 基诺族的历史与社会

第一节 基诺族的历史

一、基诺族古代的历史

(一) 神话传说时代

追溯基诺族的历史，首先要从神话传说开始。因为，神话传说是历史发展过程的曲折反映。特别是对于没有本民族文字的基诺族而言，在汉文文献和傣文文献记载其历史之前，其流传的口传资料，更是今天研究其早期历史的重要依据。因此，人们通过基诺族流传至今的神话和传说来探究其早期的社会历史状况，是一种必然选择。

在基诺族的创世神话中，认为起初的时候，宇宙间一片洪荒，不知经过多少时间，"阿嫫腰白"第一个来到了世间。她是一个力大无比的巨人，凭一己之力合拢了天地，安排了日月星辰，造就了高山、深谷、湖泊和平坝，用自己身上的污垢创造了自然界中的各种动物和植物，最后她还创造了人。然而世间万物和人类创造出来之后，世界却一片混乱没有秩序。于是阿嫫腰白又造了七个太阳，准备把一切都晒死，然后重新安排。七个太阳出来后，晒死了所有的植物，因此人类和动物都没了吃的，从此相互之间争斗而食，世界更加混乱。见此情景，阿嫫腰白决定发大水把剩余的生物全部淹死，只留下人种。为了保留人种，阿嫫腰白就做了一个大鼓，把一对双胞胎兄妹（哥哥叫"玛黑"，妹妹叫"玛妞"）放在大鼓里面躲起来，

图 29：起源神话相关雕塑

并且在大鼓里面还放上了两团糯米饭，一对铜铃，一把带鞘的小刀，一对贝壳。阿嫫腰白安排好玛黑和玛妞兄妹之后，叫来了螃蟹和大虾，让它们把大地上的落水洞堵了起来，然后呼风唤雨，大雨整整下了七天七夜，大地一片汪洋，世间的生物都被淹死了。只有玛黑和玛妞在大鼓里面随着洪水飘移，等洪水退后，大鼓落在了地上，大鼓里的铜铃响了起来，玛黑和玛妞用小刀把大鼓划开，走出了大鼓，来到叫"司杰卓米"的地方定居下来。后来，阿嫫腰白又把繁衍出来的人类召集在一起，给大家重新分天分地，然而基诺族由于住得远，没有来参加。阿嫫腰白想着基诺族没有分天分地，以后生活会艰苦，就给基诺族留下了茶籽，从此基诺族就在基诺山开始种茶了。分完天地，阿嫫腰白又给大家分工具，基诺族拿了背箩和背板。这些工具在基诺族以后的生产和生活中发挥了重要作用。阿嫫腰白还为各种动物指定了生活区域和方式。做完这一切后，阿嫫腰白还派汉人去帮基诺族造字，汉人把字写在牛皮上，交给了基诺族。但是基诺族拿着牛皮过河的时候，不小心把牛皮弄湿了，于是就把牛皮拿着到火上烤，烤着烤着，牛皮被烤煳了，上面的字也看不清了，基诺族就灵机一动，想着，要是把牛皮吃到肚子里面去，那不就是把字也吃到肚子里面，记在心里面了吗？

于是就把烤煳的牛皮吃到了肚子里面，但是牛皮吃下去之后，基诺族发现自己一个字也记不住，所以至今基诺族都没有本民族的文字。始祖玛黑玛妞兄妹在"司杰卓米"定居下来之后，阿嫫腰白给了玛黑和玛妞九颗葫芦籽，并叫他们分三窝种下，葫芦成活了一窝。这一窝当中有两颗籽长出了芽苗，其中一株只开花不结果，而另一株爬过了七座山、七条箐，开了花并结了一个大葫芦，葫芦成熟后，在玛黑的拉动下，滚落在地上，裂成三块，它们分别变成了草木、野兽和鸟虫。在"司杰卓米"玛黑玛妞也在一天天长大，到了婚嫁的年龄，这时世界上只有兄妹二人，为了繁衍人类，玛黑玛妞兄妹不得已结为夫妻，并在阿嫫腰白的帮助下，战胜了各种困难。婚后玛黑玛妞生了七个子女，由于不知如何抚养孩子，他们的第一个孩子没有受到很好的照顾，就被蜂吃掉了。后来，玛黑玛妞在阿嫫腰白变成的老奶奶的指导下，学会了许多生产和生活知识。此后，玛黑玛妞又陆续生了六个子女，其中三个儿子，三个女儿。在玛黑玛妞的精心照顾下，他们都成活了，并且长大以后，他们又互相婚配。老大一对和他们的子女称为"乌尤"；老二一对和他们的子女称为"阿哈"；老三一对和他们的子女称为"阿西"。玛黑玛妞三对子女繁衍的后代，逐渐就形成今天基诺族的三个支系。"乌尤"意思为"头头""树尖"，"阿哈"意思为"树杈"，"阿西"（或"阿细""阿希"）意思为"树枝"。

图 30：创世女神阿嫫腰白塑像

（二）被"丢落"的历史

当然，基诺族在史书当中通常被称为"攸乐"，有一种说法认为是"丢落"的音变，故基诺人也被称为"丢落人"。传说，三国时蜀国丞相诸葛亮率大军南征到普洱、思茅一带。在一次行军途中，有几个士兵贪睡，就被"丢落"在路旁，等这几个"丢落"的士兵醒来时，发现丞相率领军队已经走远了。他们日夜兼程追赶大军，最后在西双版纳的小黑江边赶上了队伍，但是军队已经过了江。诸葛孔明为了严肃军纪就不再收留他们，只是给他们留下了茶籽和棉籽，叫他们就在此种茶植棉为生。于是这些人就在基诺山一带开始定居生活。孔明临走的时候，还丢下了自己的帽子，命他们按照自己的帽子的式样建盖竹楼居住。后来基诺山的这些"丢落人"渐渐变成了"攸乐人"。

另外，在西双版纳傣族的传说和记述中，也有基诺族被"丢落"的故事。据说基诺族是傣族首领叭比沙怒领到西双版纳来的士兵，在军

图 31：孔明与基诺族雕塑

队行军经过基诺山在此过夜的时候，由于基诺族战士起床比较晚，起床后找不到叭比沙怒，于是就被丢落在了基诺山，因此他们就叫基诺族了。据历史学家考证，孔明南征的军队并没有到达过西双版纳一带，显然也就不可能把士兵丢落在此地。基诺族被"丢落"之说是一种历史的误会。傣族首领叭比沙怒把基诺族丢落在基诺山之说，则更显牵强。一方面基诺族没人知晓叭比沙怒是何许人；另外一方面基诺族与傣族相邻而居，却在体质特征和文化形态上差异都比较大；并且基诺族与傣族各自的民族认同也是不一样的。之所以会出现基诺族是傣族"丢落"之说，是古代居于统治地位的民族对其统治合法性的一种解释。

（三）传说与正史的对照

基诺族与傣族虽然文化上有许多差异，但彼此相邻而居，相互交往的历史是比较早的，在两个民族交往的历史上，最让后人称道的是基诺族姑娘与傣族召片领的爱情与婚姻故事。据西双版纳傣族《泐史》记载："有一老族女子，得一宝曰三尾螺，怀往景兰市场，适刀坎往游于市，见老族女子，非常中意，遂娶为后，喜极。久之，后犹无所出，乃谓刀坎曰：'我主！大概因吾父母山居之故，致不有子。拟请制一摇篮，全部包以黄金，交干爹往招子魂'。刀坎依嘱即制一摇篮，并全部包以黄金，交其抡至岳父母所在之蛮雷祈子，无何，后果生一子，丽极，因名之曰刀暹答。一日，后偶至阳台，出三尾螺，忽失手坠楼下，适有一花颏猪走过，竟将三尾螺吞食之，自此刀坎对后遂觉厌恶，将他送往蛮雷岳父母处安置，命村人善为照顾其子，种山地为生，免村人贡礼杂差等，但不许出山，至刀暹答年有五岁时，其父方带回一同居住。刀坎共有三子，长即刀暹答，作王储，次子刀公满，食采于那闷竜，公满弟彪斐法，食采于景兰那先。……刀暹答于祖腾七五三年辛未，继承父位。"20世纪80年代，傣族学者考证认为《泐史》所记载的老族女子，即为攸乐族（基诺族）姑娘。因此在他们编写的《车里宣慰世系简史》把《泐史》中提到的老族女子直接称为攸乐姑娘。这就说明这个故事得到了两个民族的共同认可，是两个民族历史上友好往来的重要例证。

（四）历史文献中的基诺族

20世纪50年代以前，在中国浩如烟海的历史典籍中，涉及基诺族的文献并不多见，而且仅有的一些记载也往往是辗转抄录的，实质的内容并不多。即便如此，通过对这些历史文献记载的梳理，我们还是能逐渐走近与特定时空相联系的基诺。目前，汉文文献中与基诺族相关的可考记载，最早见于雍正《云南通志》卷五《疆域·普洱府》，其中记载了基诺族聚居的基诺山即"攸乐"山的地界与范围："府南六百里五十里为攸乐，东至南掌界七百五十里，西至孟琏界六百里，南至车里界九十里，北至思茅界四百四十里。"卷二十六《古迹·普洱府·攸乐》还对基诺山区的孔明山上的祭风台进行了介绍："祭风台：在城南六茶山之中，登其上，可俯视诸山，相传武侯于此祭风。又呼为孔明山。"而在此志书附录的《形势》中还对基诺山的地形进行了描述："攸乐：地衍平川，天开旷野，芟除荆棘可比成赋中邦。"上述记载主要介绍了作为特定地理空间的"攸乐"，尚未涉及此地生活的人的情况。当然依此，我们可以推知"攸乐"作为一个地名至少在雍正王朝之前已存在。此后，道光《云南通志》对基诺族相关的记载比以前的文献又有所增加。卷二十三《地理志》三之十三载：六茶山《旧云南通志》一曰攸乐，在同知治所。卷三十四《建置志》一之四《普洱府》载：雍正七年裁元江通判，以所属普洱等处六茶山及橄榄坝江内六版纳地，设普洱府，又设攸乐同知分驻攸乐，通判分驻思茅，其江外六版纳仍属宣慰司，岁纳粮银于攸乐。卷一百三十六《秩官志》七之六《普洱府》载：思茅厅攸乐土目《案册》管村寨三十二东至蛮海一百二十里；南至思通六十里；西至蛮撒三十里；北至孙牛四十里。雍正十年裁撤普安营，汛兵公举叭龙横管理附近村寨，传至刀直乃，乾隆四十五年袭。思茅厅攸乐山朴蛮土目《案册》管理蛮费、蛮谦、蛮秀、蛮控、蛮鸢、空格六寨。雍正十年喇乍匾充土目死，小头目先阿袭。卷一百八十七《南蛮志·种人》六之十《三撮毛》载：《宁洱县采访》三撮毛即猡黑派，其俗与摆夷、僰人不甚相远，思茅有之，男穿麻布短衣裤，女穿麻布短衣桶裙。男以红黑藤篾缠腰及手足。发留中左右三撮。以武侯曾至其地，中为武侯留，左为阿爹留，右为阿媸留。又有谓左为爹媸留，右为本命留者。以捕猎野物为食，男勤耕作妇女任力。《伯麟图说》种茶好猎雉发作三髻，中以戴天朝，左右以怀父母，普洱府属思茅有之。通过道光《云南通志》的记载，后人不仅可以知道作为出产茶叶的攸乐山；而且可以看到，至清朝中后期，中央王朝为了加强对六大茶山之一的"攸乐山"的茶叶贸易的管理，推动了改土归流政策在此的实施，故有攸乐同知的设立。随着攸乐同知的设立，作为一个行政单位的"攸乐"的范围逐渐清晰，它从一个概化的地域范围到管理村寨三十二个，并且其管辖的村寨名称有的一直沿用至今，如蛮秀即今日之曼秀或巴秀。与此同时，居住在攸乐山的"三撮毛"的生产、生活习俗也逐渐清晰起来。有清一代，还有多部云南的地方志书也记载了基诺族的一些情况。道光年间王崧撰《云南志钞》的《边裔志》记录了茶山土民的情况，其中就包括攸乐山。道光年间李熙龄修《普洱府志》卷十七记载了攸乐山（基诺山）的漫夺（巴朵）、漫坡（巴坡）等寨；卷十八《土司》附《种人》对基诺族的族称、生产和生活等进行了简要介绍；卷十九《七言律》中几首律诗提及孔明及攸乐古城；卷二十《古迹》提及祭风台；《思茅厅》提及攸乐古城。檀萃辑《滇海虞衡志》卷十一《志草木》记载了作为六茶山之一的"攸乐"。刘慰三撰《滇南志略》卷三之《普洱府》下记载了"三撮毛"的分布、风俗等情况。嘉庆年间师范纂《滇系》较为详细地记述了雍正五年（1727年）官军至"攸乐茶山"一带追捕麻布朋等人，受当地居民围困的事情。倪蜕撰《云南事略》对"攸乐"的行政区划演变有较多记载。其他相关史料还有《清世宗实录》、尹继善《筹办思元新善后事宜疏》、《清史稿》卷七十四、道光《云南志·武备志》、《续云南通志稿》卷五十四等。在单纯的文字文献记载之外，还有一些绘有图画并配以文字解说的文献，也记载了基诺族的情况。如李诂撰《滇南夷情汇编》（下）载有"三撮毛"即基诺族的图文解说。佚名辑绘《云南种人图说》同样载有"三撮毛"的图文解说。此类文献为后人考证基诺族族称的演变提供了直观的证据。时至民国，研究和记载基诺族的文献并没有增加多少，仅有少量著作关注到了基诺族。其中李拂一的专著《车里》里面专门介绍了基诺族的族称、居住区域、风俗习惯等情况。而李拂一著《十二版纳纪年》则对曾经在基诺山地区设置的攸乐同知的沿革和基诺族起义等作了详述。特别是对1941年至1943年基诺族起义一事，作者从屈轶著《江洪琐谈》、杨友松撰《性天集》等历史文献中引用大量材料进行详细记述。在《十二版纳纪年》一书附录的《民族表》中载有攸乐人的分布及其占所在地区人口的比例的统计。此外，李拂一编译的傣族史料《泐史》中《刀坎》条目之下记载的传说大致与基诺族的传说《扫基与召片领》相应证。姚荷生著《水摆夷风土记》一书中有《上攸乐山》和《漫谈攸乐人》两篇文章记录基诺族的情况。总体而言，20世纪50年代以前的历史文献对基诺族或基诺族文化的记载都比较简略和零星，仅通过这些文献人们对基诺族还不能有一个清晰完整的认识。当然，这些文献关于基诺族的族称、居住地、行政归属、生产生活和风俗习惯等的记载，为后来人们认识和研究基诺族提供了线

图32：基诺族相关史料碑刻

索，因此显得十分珍贵。真正对基诺族开展研究是 20 世纪 50 年代以来的事。特别是 1979 年基诺族被识别为单一民族之后，关于基诺族研究的著作更是不断涌现。

二、民主改革前后的基诺族社会

（一）20 世纪 50 年代以前的基诺族社会

基诺族在被识别为单一民族之前，一般自称和他称为攸乐人。主要聚居于西双版纳傣族自治州景洪的基诺山和勐旺的补远村，另外在景洪的勐养、普文，勐腊的勐仑、象明等地也有少量分布。基诺族被认为是从原始社会末期，跨越了几种社会形态，直接过渡到社会主义社会的民族。而在这种跨越或过渡前后，基诺族社会是什么样，其对当下基诺族社会的发展演进有着什么样的意义和影响等，都是值得深入研究的问题。

历史上基诺族曾有三撮毛、攸乐、卡诺等称谓，民国之前在这些称谓之下，关于基诺族的文献很少见。而到 1941 年 11 月，长久以来不为他者所知的基诺族，终于在"我攸乐"的统号下，发动了一场反对官商勾结对其横征暴敛、明抚暗剿的武装抗争运动。运动以巴卡为起点，几乎动员了基诺山的所有寨子，并与阿卡（僾尼）、瑶、布朗等山地民族的抗争运动相呼应。此次运动的发起者巴卡寨的操腰借助谶谣宣传运动，并把自己与汉族的神仙、圣人联系在一起，来凸显自己的身份，取得民众的支持。这说明基诺族在对外交往中，对外面的世界、异文化已经有相当的了解，转而形成"足不出山，食不求重味，衣不求被体。鸡鸣而起，日入而息，不为贼为盗，不为窃为偷"的独特生活方式。

据李拂一的研究，1923 年车里攸乐人为 2318 人，1933 年普文有攸乐人 198 人，1938 年车里攸乐人为 2881 人。而 1941 年至 1943 年，基诺族起义期间，基诺山约有 800 户。

在生产资料占有方面，1950 年以前，基诺山各个寨子的土地占有形式有三种类型，即村寨共有、氏族共有、个体私有。20 世纪 50 年代以前，基诺族在傣族地方政权的统治之下，民国之初柯树勋出任普思沿边行政总局长，制定治边十二条陈，主张在西双版纳推行设流不改土的政策，这些政策得到了民国云南省政府的同意，一直延续至 20 世纪 50 年代初期。因此，在民国与中华人民共和国交接的这个时段，基诺族村寨的社会组织形式主要有三种：其一，即是在傣族土司之下各个寨子设叭、鲊、先；其二，村寨有或三个或五个或七个数量不等的长老，他们负责村寨的各种仪式、祭祀；其三，在民国后期，在基诺族地区又增设了保长、甲长，但这些头衔往往都加在原来的长老或土官身上，对基诺族原有的社会组织形式影响不大。

（二）20 世纪 50 年代初期的基诺族社会

1950 年 2 月 17 日，中国人民解放军解放了西双版纳全境，基诺山的基诺族也一道进入了中华人民共和国的政权当中，起初隶属勐养区政府管辖。然而，在边疆民族地区推进社会制度改革，建立和巩固政权并不是一件容易的事情。为此，1950 年 6 月中央人民政府决定派遣中央访问团，访问国内的各少数民族。中央访问团访问的目的有二：其一，宣传新生政权的民族政策；其二，了解和摸清各地少数民族的情况。在此背景下，1951 年三四月，中央访问团的西南访问团的二分团到了基诺山的巴亚寨访问。接着在 1951 年年初，中央访问团西南访问团二分团对基诺族进行了初步调查，调查所得资料由胡鸿章整理为《车里攸乐人（基诺族）》一文，收录在 1983 年 5 月出版的《傣族社会历史调查》（西双版纳之一）一书当中。依据《车里攸乐人（基诺族）》，20 世纪 50 年代初，攸乐人大约有 3000 多人。在车里县（今景洪市）境内共有 28 个寨子，在思茅（今普洱市）境内有 3 个寨子：曼通、曼瓦、曼武，共 46 户，250 人左右。此次调查并没有对基诺族的族属问题进行讨论。

而在 1951 年，云南省人民政府民族事务委员会制印的《云南省兄弟民族人口分布初步统计》（内部参考资料）记载："民族：攸乐——有的地

图 33：基诺族民居

区称'本人'；人口：约四千四百余人；分布地区：云南省，聚居于车里、镇越的攸乐山及思茅边境；建政情况：普洱专区已成立民族民主联合政府；经济情况：农业经济。农耕技术简陋，作物以苞谷、棉花为主。土地属于全寨公有。在攸乐山者二十八寨。在本寨范围内，每家可以自由选择耕种；仅蛮雅一寨因接近汉族土地有私有权；文化情况：有自己的语言。语言风俗习惯近似卡佤。崇信多神及孔明；备考：有谓系卡佤的一支。"可见，当时对于攸乐人的社会历史并没有一个定论性的认识。

此后，在 1954 年云南省民族工作队组建山区民族工作队，派遣 15 分队共 24 人到基诺山开展民族工作。由何贵（当时的文件也写为和贵）担任分队长，杨崇担任副分队长。队部设在巴亚寨。分队下设两个组，第一组组长宋忠林，第二组组长马二、副组长何菊生。第一组负责蹲点工作，第二组负责跑面。工作队的主要任务是摸清基诺山有多少寨子，地理位置，有多少民族、男女人口、农民头人等。在头人、群众中广泛宣传党中央的民族政策，通过上层，联系教育群众，做好事，交朋友。工作队还学会了一般的医疗常识，每到一个寨子，群众有病就给看病、开药，帮助群众打扫卫生、背水、砍柴等。[①] 据扎吕寨的卓色大白腊先（2010 年 74 岁）回忆，他先后在云南民族学院、云南民族党校、云南民族团校进修后，在1954 年参加了第一批民族工作队，在工作队中当通讯员，负责通讯工作。据他讲，工作队员每人配一匹马、一支步枪、一支小枪。工作队分别在司土、巴卡、曼海（巴来）、巴亚设点，每个点有 3—4 个队员。工作队主要负责宣传共产党的政策，比较"新旧社会"。到 1958 年，他自己离开工作队回家务农。民族工作队的工作点也随着区政府的建立而撤销了。而据基诺山知名长老沙车讲，民族工作队设的四个点分别是司土、巴卡、巴来、洛特，后来基诺山区政府建立后，四个点即为基诺区最早的四个乡（相当于今天的行政村）。

（三）20 世纪 50 年代初期有关基诺族的档案文献

1.《批复建立攸乐山生产文化站由》

批复建立攸乐山生产文化站由

（57）会政字第 3 号

攸乐山生产文化站：

　　根据 56 年 12 月 28 日攸乐山生产文化站筹备委员会关于筹备建立攸乐山生产文化站的报告，经我会研究向上级人民委员会请示，决定为了促进各族人民之间团结，实现民族当家作主权利，发展山区的政治经济文教事业，准予于本年二月二十三日正式成立攸乐山生产文化

---

① 景洪市政协文史资料委员会编：《基诺族》，成都科技大学出版社 1994 年版，第 51—52 页。

站。今后希你站认真总结上报我会为要。

> 云南省西双版纳傣族自治区人民政府
>
> 1957 年 2 月 16 日

报思茅署

抄送西边工委、勐养人民政府

2.《批准攸乐山生产文化站改名为基诺洛克生产文化站》

批准攸乐山生产文化站改名为基诺洛克生产文化站

基诺洛克生产文化站：

> （57）民政字第 11 号

你站于二月廿三日报告经族代会讨论决定将攸乐山生产文化站改名为基诺洛克生产文化站，经我会研究，为了照顾民族特点和民族习惯，同意你站改名为：基诺洛克生产文化站。除上报外，准予备案。此复。

> 云南省西双版纳傣族自治区人民政府
>
> 一九五七年二月

抄送西边工委

3.《复版纳之勐旺曼凹、曼武、机关山三寨划归攸乐山生产文化站由》

复版纳之勐旺曼凹、曼武、机关山三寨划归攸乐山生产文化站由

> （57）会民字第 5 号

攸乐山生产文化站：

二月二日，你站报告勐旺之曼凹、曼武、机关山等三寨，共有四十七户二百八十九人，大部分是攸乐族，少部分有几户是汉族，并接近于攸乐山，历来他们的经济生活、婚姻等都与攸乐山往来，群众也迫切要求划归攸乐山。我会经与西边工委研究同意，决定将曼凹、

曼武、机关山三寨划归攸乐山生产文化站领导。除通知版纳勐旺知照外，希你站接管，并将接管情形上报我会。

云南省西双版纳傣族自治区人民政府
一九五七年二月十七日

抄送：西边工委

4.《为颁发公章由》

为颁发公章由

（57）州秘字第 46 号

基诺洛克生产文化站：

现颁发你站公章一枚，全文"西双版纳傣族自治州基诺洛克生产文化站"。希你站收到后报我会启用日期备案，并给各版纳政和当地为要。

附印台公章一枚（由快递小包寄出）。

云南省西双版纳傣族自治区人民政府
1957 年 4 月 24 日

5.任命干部职务由

任命干部职务由

（57）西人干字第 64 号

攸乐山生产文化站：

经领导研究批准，任命：

和贵为攸乐山生产文化站站务委员会主任。

老四为攸乐山生产文化站站务委员会副主任。

褚有本为攸乐山生产文化站站务委员会副主任。

白腊腰为攸乐山生产文化站站务委员会副主任。

借木拉为攸乐山生产文化站站务委员会副主任。

白腊扭为攸乐山生产文化站站务委员会委员。

者则为攸乐山生产文化站站务委员会委员。

白木拉为攸乐山生产文化站站务委员会委员。

白腊约为攸乐山生产文化站站务委员会委员。

王二为攸乐山生产文化站站务委员会委员。

包百勒为攸乐山生产文化站站务委员会委员。

唐自明为攸乐山生产文化站站务委员会委员。

沙色为攸乐山生产文化站站务委员会委员。

木腊兹为攸乐山生产文化站站务委员会委员。

云南省西双版纳傣族自治区人民政府

1957 年 2 月 18 日

6.《通知干部职务》

通知干部职务

（57）西人干字第 103 号

攸乐山文化站：

经领导研究，确定下列同志职务，希通知本人到职为务：

何菊生　攸乐山文化站秘书；

李德　攸乐山文化站生产股长；

先车　攸乐山文化站民政股长；

小车　攸乐山文化站生产干事；

周再　攸乐山文化站材料助理。

云南省西双版纳傣族自治区人民政府

1957 年 4 月 18 日

中共西双版纳傣族自治州第一次人民代表大会决定对阶级分化不明显的基诺山等 6 个山区及其边沿山区不实行和平协商土地改革，而是在进行一些民主改革的基础上，直接地、逐步地过渡到社会主义。1957 年 2 月 23 日，基诺山建立"攸乐山生产文化站"，后改名为基诺洛克生产文化站。1958 年 2 月基诺洛克生产文化站划归景洪县，基诺洛克生产文化站改名为基诺洛克区，下辖巴亚等 5 个乡。1958 年，基诺山区逐渐开展了"大跃进""人民公社""民主补课"等运动。1958 年 10 月，基诺山区建立了基诺洛克人民公社，实现了农业合作化。1969 年 3 月，基诺山组建了人民公社、大队、生产队三级组织。1981 年 3 月，基诺洛克人民公社革命委员会改名为基诺洛克公社管理委员会。1983 年冬，撤销基诺洛克公社管理委员会，设立基诺山区公所，下辖 7 个乡人民政府。1988 年，基诺洛克区改为基诺山基诺族乡，仍隶属于景洪县。1993 年 12 月景洪县撤销改设景洪市，基诺山基诺族乡隶属于景洪市至今。

第二节　基诺族的长老制社会

在基诺族传统社会中，社会组织主要包括氏族组织、宗教组织、青年组织、妇女组织、儿童组织和家户轮值组织。这些组织都是以村寨为单位而建立起来的，是保障村寨的生产、生活正常运转的社会建设，而在其中以村寨长老制为具体体现的氏族组织又起到核心作用。

一、基诺族长老制产生及存在的背景

基诺族村寨长老制的产生及存在，与基诺族从事刀耕火种农业，并以采集和狩猎为主要辅助手段的生计模式密切相关。由于刀耕火种农业依赖于大自然的恩赐与眷顾，因而对自然的认知、对自身生存环境知识的多寡是个人和群体能否生存的关键。刀耕火种农业需要生产者对森林生态有一个完备的知识体系，这个知识体系的形成是在人与山林长期互动过程中不断积累的。也就是说，随年龄增长而积累的生产、生活知识是基诺族传统社会权威产生的基本依据。基诺族村寨的建立，往往都是以氏族为单位聚拢而来，共同建寨的人的凝聚力的形成是大家共同应付自然的压迫力量和社会压迫力量的保证，而这种凝聚力的形成依靠的是父子联名的世代血缘关系的追溯，因此氏族长者们成为村寨认同纽带和基础。正是如此，一个家庭和一个氏族的长者成为人们依赖的对象，也就使得老年人在社会中发挥着主导作用。

二、基诺族长老制的结构分析

基诺族传统社会是以村寨为单位而相互联系在一起的，在每个村寨中，主要存在着两种管理组织，一是以氏族组织为基础的村寨长老制；二是傣族土司建立的叭、鲊、先制度，而傣族的土司制也往往与村寨长老制相结合，村寨长老一般也代理叭、鲊、先之职。而在此之外的"米考组织"（妇女组织）、"绕考组织"（男性青年组织）、"诺则绕考"（儿童组织）、"洛巴组织"（轮值组织）等则都是长老制的附属组织。另外，民国时期还在基诺族生活的部分村寨推行过保甲制，但有傣族土司制度的存在，保甲制的影响不大。

而长老制作为从基诺族传统社会中创生出来的原生性组织，其由以下这些要素构成：长老、首席长老的住所——卓巴房、长老的神器——大鼓等，其共同组成了"司吐—卓巴文化"。

（一）长老

基诺族的长老用基诺语分别被称为：卓巴（首席长老）、巴努（首席长老继承人）、卓色（次席长老）、色努（次席长老继承人）、达斋（第三氏族长老）、乃厄（第四氏族长老）、柯普洛（第五氏族长老）。

1.长老的产生机制

长老权威的取得是长老制存在的基础。一般而言，一个寨子的长老有三个、五个或七个。每个长老都是一个氏族有威望的长者，他们的产生，传统上有以下一些原则和条件。一是最早建寨的氏族为首席长老产生的氏族，尔后依据各个氏族进入寨子的先后依次确定各氏族长老的顺序；二是长老必须是一个氏族的男性长者；三是长老本人必须已建立了家庭；四是在本氏族中长老的年龄为最长或第二大。依据以上原则，各个村寨的各个氏族在共同的生产、生活中形成了长老制。

2.长老的功能发挥

长老在基诺族社会中的作用，主要通过安排生产，主持各种仪式和调解、仲裁纠纷来体现。刀耕火种农业的基础是土地氏族公有或村寨公有，

图 34：基诺族长老

而此种农业的维系首要的问题是土地的分配使用，而长老作为一个氏族或村寨的最年长者，其对土地的使用和分配无疑最具发言权；并且依据季节的变换依次开展的备耕、选地、号地、砍地、烧地、拣地、整地、盖窝棚、播种、围栅栏、除草、护秋、收获、运粮、归仓等工序也是长老根据物候而做出的时间上的安排。与此同时，与刀耕火种农业各个生产环境相伴随的农业祭祀礼仪的举行，也多由长老来主持，此时长老成为人与神鬼之间的中介，负责向神鬼献祭贡品，向神鬼表达人的祈盼与希望，成为寨神的象征。

由于集体的力量投射在长老的身上，使得长老的身上也承载了神性，这就进一步使得他能够在世俗生活中也扮演着重要的角色。一般村寨之间的纠纷必须由有威望的长老出面才能解决；而村寨之内的家庭纠纷、财产纠纷等也要请长老前去调解和仲裁。

以上是从整体上来看长老群体在基诺族社会中的作用，而具体到村寨层面，村寨中的几位长老在具体的社会职能发挥方面也存在着一些差别。如村寨的神器大鼓，只由卓巴和卓色保管，各种祭祀仪式的主持者一般而言也是由卓巴和卓色担任；而达斋主要负责村寨事务的监督工作；乃厄主要负责保管全寨的记事木刻和各种公共财物；柯普洛主要承担接待村寨外来客人的任务。当然达斋、乃厄、柯普洛在祭祀场合也要协助卓巴、卓色的工作。

3. 长老的传承机制

一般而言，长老都是上了年纪的男性，因而自一老年男性占有长老席位之后，也就面临着选择后继者的问题。对于卓巴氏族和卓色氏族，首先卓巴与巴努、卓色与色努之间存在传承关系，其次是巴努和色努也要随时准备选出继承人；而如果寨子当中还有达斋、乃厄和柯普洛氏族，这几个氏族的长老同样要做好后继有人的准备。传统上一个氏族的男性之间辈分、年龄的长幼关系，村民都清楚，长老的传承也依照人口的自然继替而进行着。而长老席位在这种自然传承的过程中，遵循以下两个原则：第一，氏族之内传承。也就是说卓巴氏族的长老席位只能由卓巴氏族的男性传承，而卓色氏族的席位只能由卓色氏族传承，其他氏族长老的传承也如此。第二，父系传承。长老席位只在老年氏族男性之间传承，而不在女性之间传承。

（二）卓巴房

卓巴房作为卓巴居住的房屋，基诺语称"洛"，此房屋有一间专门用于放置村寨的神器——大鼓。除此之外，此房屋在外观上与其他村民的房屋没有太大的区别。但卓巴房屋之内的空间却具有其他房屋所不具有的神圣性，这种神圣性特别体现在房屋的五棵柱子上，这五棵柱子分别是：寨神柱、兽神柱、生命柱、父亲柱（也有基诺族长老认为应称"黄牛柱"）、母亲柱（有长老认为应称"水牛柱"）。

上了楼梯，进入卓巴房，在楼口一旁是专门放置大鼓的房间，而大鼓紧靠的柱子为"寨神柱"，基诺语称"左米色巴唉科"。寨神柱既是大鼓的象征，也是长老的象征。

"寨神柱"对面为"兽神柱"，基诺语称"勺科"。在"兽神柱"的横梁上悬挂马鹿、野牛等野兽的头骨，以表示人们对兽神的尊敬和感谢，并祈求兽神保佑猎手获得更多的猎物。兽神柱的崇拜者是进行了成年礼能够参加狩猎的男子。他们在出猎前或捕获大的猎物后都会到此祭拜或过夜。兽神柱是男性的象征。

"生命柱"基诺语称"克科"，是整个大房子的中柱，柱子上不悬挂任何东西，本氏族的妇女生下孩子后要到"生命柱"下住一个月后才返回自己的居室。"生命柱"是女性的象征。

"父亲柱"也称"家神柱"或"黄牛柱"，基诺族称"面纽朋克"，此柱上设有上新房时安放的家神位，还放有黄牛的头骨。"父亲柱"是家长"卓勒"的象征，一般只有家长才能主持祭祀"父亲柱"。

"母亲柱"也称"神女柱"或"水牛柱"，基诺语称"包那朋克"，此柱下的空间是家长"卓勒"的住房，柱子的横梁上放置巫师制作的供奉神女的小木房；并且在"母亲柱"下还放有一个竹箩，里面装着铁匠的打铁工具；另外神女柱上还悬挂水牛的头骨。"母亲柱"的崇拜者主要是巫师和铁匠。巫师和铁匠上任前后都要向"母亲柱"献祭。

（三）大鼓

大鼓承载着基诺族起源的神话，是村寨长老的神器，在基诺语中称"司吐"。在传统社会中，基诺山的多数寨子都有一大一小两个鼓，通常大的鼓称为母鼓，安放在卓巴家，这个鼓代表寨鬼，不能随便触动；小的鼓称为公鼓或父鼓，安放在卓色家（也有基诺族长老认为两个大鼓应该分别称为正鼓和负鼓，而不应称为公鼓、母鼓）。当然，有的寨子如么卓、巴飘、巴坡只有一个鼓，在这样的寨子，几个氏族使用一个鼓，难免出现争

图 35：卓巴房内景

着用的局面，后来演变成具有表演性质的"抢鼓"仪式。[①] 在长老的主持下，基诺族大鼓一般只在三个场合使用，一是村寨过"特懋克"时，二是在祭祀家神"铁罗模模"时，三是在修建卓巴房时。

通过对长老制结构进行分析，可以意识到，无论是长老、卓巴房，还是大鼓，其不仅具有世俗功能，还与村民生活的精神层面密切相关，是基诺族社会生活的基本构成要素。

三、基诺族长老制的过程分析

虽然基诺族长老制是在一个较封闭的环境中产生的，但是自产生形成以后，其就逐渐受到傣族土司制、中央王朝的地方管理体系的影响，因而并不是一成不变的，而是随着时代的变迁在形式和内容方面都不断发生着变化。而通过其变迁的过程的分析，可以探讨推动长老制变迁的各个主体之间是如何互动的。

依据基诺族长老制的变迁特点，可以把其发展过程分为以下几个时期。

（一）典型长老制时期

这个时期起于何时，没有文献明确记录，而其终止时间最早可上溯至公元 1180 年，车里宣慰使第一世始祖叭真入主勐泐（即十二版纳）。在这个时期，基诺族先民在与自然环境及周边民族群体互动过程中，逐渐形成了长老主导下的刀耕火种农业生产体系，也就是说形成了如上所述的典型的"司吐·卓巴"文化。

---

① 朱映占：《基诺族特懋克》，云南人民出版社 2009 年版，第 25 页。

（二）傣族土司统治时期

公元 1180 年叭真入主勐泐，之后在其继承者的经营下，建立和形成了对傣族和其他民族分别进行统治的"十二版纳"和"十二火西"的地域和单位。而基诺族所在的基诺山即是傣族土司统治的"十二火西"之一。傣族地方政权在允许基诺族原有的村寨长老制存在的同时，在大部分村寨设置了叭、鲊、先基层统治人员。这些人员是傣族土司的代理人，其主要职责是负责征收各种赋税，接待外来人员等；与此同时并没有取代长老在日常生产、生活中的作用，而往往是傣族土司的基层统治人员与长老合一。因此，傣族土司统治时期对基诺族长老制的存在及演变影响不大。傣族土司的统治于 1950 年结束，中央王朝的间接统治时期也就宣告结束了。

（三）过渡时期

1950 年 2 月至 1958 年 9 月，是基诺族从传统社会过渡到现代民族国家社会的时期。在这个时段傣族土司统治的基层组织消失，国家基层政权在基诺山通过基诺族上层人士即长老而得以建立。但是为了破除陈规陋习，基诺山新建立的基层政府即"基诺洛克生产文化站"仍然需要依靠和发挥各个村寨长老的作用[①]。

（四）中断时期

1958 年 9 月，基诺族聚居的基诺山开始"民主补课"运动，各个村寨随之进行了阶级划分，村寨长老大都被划成了高阶级，他们在基诺族社会中发挥的各种功能被取消。同时，社—队制下的村干部取代了长老在生产、生活方面的功能发挥。长老逐渐退隐出了生产、生活的前台。

---

① 杜玉亭：《中国各民族原始宗教资料集成·基诺族卷》，载何耀华等主编：《中国各民族原始宗教资料集成：彝族卷　白族卷　基诺族卷》，中国社会科学出版社 1996 年版，第 980 页。

（五）恢复时期及重建时期

1979 年 6 月 6 日，经过学者的识别，基诺族被国家正式确认为单一民族，而在基诺族的识别报告中，村社长老制作为一种社会政治组织是基诺族被识别为单一民族的重要依据之一。① 因此，以长老为核心的基诺族"卓巴文化"的恢复工作也提上了议事日程。在基诺族的呼吁下，1988 年 1 月 28 日，西双版纳傣族自治州人大常委会做出决定，把村寨长老在其中扮演主角的基诺族节日"特懋克"规定为基诺族的法定节日，以此来展示基诺族的文化。

20 世纪 90 年代初，随着基诺族"特懋克"庆祝活动的恢复，基诺族长老制的恢复也提上了日程。然而长老制的恢复，却也面临着诸多困难和问题。如长老在村寨中的作用如何定位，其功能发挥如何与村干部相协调等；并且一些氏族的长者不愿担任长老之职；还有，担任长老在基诺族看来，其承担着与神鬼打交道的任务，如果处理不当会对自己或自己的家庭产生不利的影响；另外，担任长老在一些节庆场合需要出义务工，也是一些人不愿担当此职的原因之一。

虽然面临着这些问题和困难，但是在 20 世纪 90 年代，在基诺山乡文化站和几个著名长老的推动下，基诺山的许多寨子都确认了本寨子的长老，并且还在一些寨子恢复建盖了卓巴房。

表 2—1　20 世纪 90 年代以来基诺山部分村寨卓巴文化恢复情况

村寨名称	卓巴房情况	长老情况	庆祝特懋克情况
巴亚中寨	在基诺山首先恢复	有长老	庆祝
巴漂	有卓巴房	有长老	庆祝
普西	有卓巴房	有长老	不庆祝

① 杜玉亭：《民族田野五十年——中国特色民族学的足迹》，云南教育出版社 2009 年版，第 99—100 页。

续表

村寨名称	卓巴房情况	长老情况	庆祝特懋克情况
么卓	无卓巴房	有长老	庆祝
茶地	有卓巴房	有长老	曾经庆祝过 1 年
扎吕	有卓巴房	有长老	2010 年之前每年庆祝
巴朵	无卓巴房	有长老	庆祝
巴坡	无卓巴房	长老不明确	偶尔庆祝
巴卡（包括老寨、新寨、小寨）	无卓巴房	有长老	与春节同时庆祝

通过以上分析可以看到，以长老为核心的"卓巴文化"曾受傣族土司统治的影响，但这种影响是通过其在基诺山的代理人间接发生的，因而"卓巴文化"的基本形貌没有发生实质性改变；而国民政府统治时期，也

图 36：基诺族大房子

因战争频繁，政府无暇顾及地方建制的实质运作，因而基诺山仍然延续着旧有的村社政治与文化结构；然而从 1958 年开始，村社干部取代了长老成为村寨管理的中心。在长老退出生活前台的同时，卓巴房也消失了，与长老身份和角色互为一体的基诺族大鼓，也失去了原有的意义和功能，今天其更多的是作为一种仪式表演的道具和娱乐性的乐器而被人认知。

总体而言，长老在社会中的作用由实质性转变为象征性。然而不可否认的是，基诺族长老在许多村寨至今仍然发挥着其他人不可替代的作用，特别是在婚丧嫁娶的场合，长老的在场是事情开展的合法性的保证，也是当事人产生集体归属感的基础。当然长老作为民族传统的象征，随着时代的变迁其身上所承载的文化底蕴也发生了变化。可以说在知识日新月异的今天，长老的知识已经不足以让自己树立公众权威，但历史积淀下来的生活方式和集体情感纽带，在集体无意识中让基诺族还需要长者权威的存在。因此，保证基诺族社会的正常运转、维系基诺族社会的秩序，仍需要适当发挥村寨长老的作用。特别是在现代化不断推进、市场经济影响不断加强的情况下，适当发挥长老的作用是保证基诺族社会和谐发展的重要内容之一。

第三章　基诺族文化认知与建设的实践

第一节　基诺山边缘地带的巴卡小寨

巴卡①小寨，又称"曼卡三队"或"55"（因小腊公路 55 公里的里程碑在寨脚而得名），是一个基诺族居住的山寨，隶属于西双版纳景洪市基诺族乡巴卡村公所，地处基诺山的东南边缘，与勐腊县的曼仑傣族村寨相接壤，距基诺族乡政府驻地基诺洛克 35 公里，距勐腊县的重要集镇勐仑②6 公里，距景洪市府所在地允景洪约 80 公里。

巴卡小寨现有 64 户村民，共 260 人，男 125 人，女 135 人，其中未满 18 岁的男 34 人，女 38 人，受过初中以上教育的 85 人，傣族 1 人（男），拉祜族 1 人（女），哈尼族 1 人（女）汉族 2 人（男），其余皆为基诺族。巴卡小寨基诺族属基诺族的阿哈支系，操基诺语的攸乐方言。

一、村寨的基本情况

（一）村寨的历史沿革

巴卡小寨的先辈原与巴卡老寨、巴卡新寨的先辈同为一个寨子即巴卡

---

① 一说巴卡古名为"毕斗车纽"，"车纽"为一位妇女的名字，参见于希谦：《基诺族文化史》，云南民族出版社 2000 年版，第 19 页；另一说巴卡以古老的氏族为名，参见杜玉亭调查整理：《基诺族社会历史综合调查》，载《基诺族普米族社会历史综合调查》，民族出版社 1990 年版，第 30 页。

② 在镇上有著名的研究机构和旅游景点即西双版纳热带植物园。

寨的村民，巴卡寨为基诺族在基诺山较早建立的寨子之一，据50年代的民族调查统计，当时巴卡寨有98户，450人 [①]。后来随着人口的增加，用水条件、生产环境等的改变，到60年代末，原来的寨子逐渐一分为二，形成了巴卡老寨和巴卡新寨，同时原来的村寨地址被放弃，而到60年代末，在巴卡新寨经历了一次毁灭性的火灾之后，一部分村民在1970年搬迁到了今天巴卡小寨所在地居住。第一批搬迁的村民有13户，他们分别是：李从保家、白腊资家、杨德红家、李云华家、大腰波家、资木拉家、张二家、张三家、婆姿家、杨继东家、友顺家、白兰先家、杨文兴家，这13家奠定了今天巴卡小寨的村寨基础。在此之后，"有人谣传这边地少，下来吃都不够吃，所以1971年、1972年、1973年、1974年都没

图37：巴卡小寨远景

---

① 参见《傣族社会历史调查》（西双版纳之一），云南民族出版社1983年版，第42页。

有人搬来"。然而随着巴卡小寨海拔低、靠近公路、与集市接近等特点逐渐被人们认识，1974 年以后逐渐又有人家从老寨、新寨搬迁而来，加上 1985 年从保护区的卡内寨迁来的 5 户，他们分别为小波且家、大波且家、周所家、张秋乐家、阿陪家，以及石场搬来的张东家，基本形成了小寨的村落格局，到 1985 年巴卡小寨已有 50 户人家 255 人[①]，到 2003 年 4 月发展为 64 户 260 人的村寨规模。至 2018 年，全寨有 79 户278 人，劳动力 234 人。

（二）村寨的生态环境

1. 小寨的自然地理、气候

小寨为基诺族乡海拔最低的寨子，其所属的地域海拔在 550 米—1200米之间，地貌特征为高山河谷形态，属北亚热带（热带）区。年平均气温 >21.3℃，最冷月平均气温 >15.3℃，极端最低气温在 0℃以上，多年平均值 >4.1℃，最热月平均气温 >25.1℃，极端最高气温在 39℃以上，年降水量 1196.9—1446.1 毫米，年内分布不均，5—10 月降水量占全年降水量的83%—85%，10 月至次年 2 月多雾，年平均雾月 127.3—131.7 天。[②]

2. 小寨的村落格局

小寨的家户以一条箐沟为界分为左右两部分，村民的家屋即是以箐沟为起点，分别向两旁的平地展开，错落于山坡上。朝向勐仑镇一方有31 户向东与纳济河相接，朝向基诺乡一边有 33 户，向西北过一条箐沟约 500 米为村寨墓地。在现有村寨范围内，由于从寨脚而上至村寨顶点中海拔低而平的地块已基本有人居住，因而新建的家屋一般向海拔高的地方移动。

---

① 参见尹绍亭：《基诺族刀耕火种的民族生态学研究》，载《农业考古》1988 年第 1、2 期。
② 参见景洪县地方志编纂委员会编：《景洪县志》，云南人民出版社 2000 年版，第 40—41 页。

3. 村寨的土地 [①]

(1)村民的土地分类：①净土（基诺语称"米卡"或"米定"）；②沙土（基诺语称"么石得"）；③石头多地（基诺语称"卢莫得"）；④坡地（基诺语称"阿普勒勒"）。(2)小寨山地状况。小寨人均 8 亩山地，主要分为四大片 [②]，第一片为：阿牟，人均 1.5 亩；第二片为：小腊公路 54 公里里程碑之上的山坡，人称"54"，人均 1.5 亩；第三片为：苏普勒，人均 6 分 6；第四片为：普拉者，人均 3 亩多。(3)小寨的水田。小寨有水田两片：第一片位于寨脚纳济河和窝罗河交汇后的河畔，人均 2 分；第二片是梯田，小寨人称台地，位于卢库库，原人均 1.3 分，后减少为人均 6 厘。

4. 小寨的水

小寨水资源丰富，用水方便，20 世纪 80 年代已经接通自来水管。小寨两旁分别有窝罗河和纳济河流经，并且在山寨周围和每块山地的旁边都有箐沟，里面四季皆有山泉流淌。由于村民生产中基本不用化肥，除草剂也少量使用，因而水污染少，水质较好，除一些含碱太重的水不能饮用外，其他箐沟、河流中的水均可饮用、沐浴。

5. 小寨的动植物

(1)野生植物。巴卡小寨附近植被类型为：石灰山季雨林、季节性雨林、热性竹林。珍贵树种主要有龙血树、翅子树、四数木、版纳藤黄、隐翼木、油朴、云南肉豆蔻等。[③] 小寨是研究野生药物栽培、开展科研、科普教育的理想场地。(2)栽培和驯养的植物。[④] ①粮食作物。第一类为旱

---

① 基诺族土地类型的整体情况可参见尹绍亭：《人与森林——生态人类学视野中的刀耕火种》，云南教育出版社 2000 年版，第 159—166 页。

② 1980 年代巴卡小寨的土地情况可参考尹绍亭：《基诺族刀耕火种的民族生态学研究》，载《农业考古》1998 年第 1、2 期。

③ 参见勐仑国家级自然保护区简介碑牌。

④ 详细情况可参考曾益群：《生态人类学视野中的热带山区混农林——以西双版纳为例》，载古川永久、尹绍亭主编：《民族生态——从金沙江到红河》，云南教育出版社 2003 年版，第 323—377 页。

稻，现种植的品种有：勐旺、黑结巴、罗勒、七星标洒、新红、黑本、小红谷、蓝谷、曼亚谷、镰刀谷、白谷、花谷（又称"切些"）、糯谷、大白糯等。小寨现在主要种植新红谷，收获后主要用于自食，少量出售；第二类为包谷，种子自留，产出主要用于喂猪或出售；第三类为水稻，稻种一般向傣族购买，产出用于自食或出售；第四类为山地内种植的芋头、红薯等，用于自食或出售。②经济作物。主要包括：橡胶树、砂仁、西番莲、茶叶、竹笋（包括甜竹和酸竹），花生、苏木、柚木、昙花树等。③蔬菜和水果。(3)野菜、野果、菌子情况详见尹绍亭：《基诺族刀耕火种的民族生态学研究》，载《农业考古》1988年第1、2期。(4)薪柴。小寨有薪炭林，林木为黑心树又称铁刀木，村民一般在冬季上山砍柴储备作为日常燃料。(5)野生动物。在小寨附近的高山河谷中，现在仍有熊、麂子、野猪、猴子、破脸狗、竹鼠、小飞鼠、野牛等兽类活动，并且还有各种鸟类、昆

图38：家屋前的木瓜树

虫生存其中，它们中大多数都可以成为人们的盘中餐，但是在国家林业部门禁猎后，村民已很少进山打猎。但同时野兽增多后，对山地作物造成了一定破坏，在一定程度上影响到村民的收成。

（三）村寨的经济变迁

传统上，巴卡基诺族村民的经济生产是以刀耕火种的山地农业为主，采集狩猎为辅的生计经济形式。后来受傣族影响，到 20 世纪 40 年代已开始开挖小块的水田，出现一定的水稻种植。特别是到人民公社化时期，农业学大寨，巴卡又改造了一些梯田，开挖了一部分水田，水田农业成为人们生产的一部分。与此同时，水田改造破坏了大量森林，而传统的生产方式在人们的生产中仍占主导地位。巴卡小寨自建寨之日起，继承而来的经济生产方式为：村寨集体所有下的刀耕火种山地农业，同时以水田种植、采集、狩猎为辅。这种生产形式基本解决了村民的温饱问题。1982 年和1983 年基诺山分别实施"林业三定"① 和"两山一地"② 政策，巴卡小寨土地集体所有制被打破，山地、林地、水田等逐渐承包到户。同时当地政府提出了"以林为主，在粮食自给的前提下，因地制宜、多种经营，综合发展"③ 的发展思路，茶叶、橡胶、砂仁、西番莲等经济作物被大量引进和种植，因而山地面积变得越来越小，传统的轮歇耕作形式变得越来越难以为继。特别是 20 世纪 90 年代初期以来的一段时间，上述作物价格可观时，村民更是大量种植，一部分村民甚至不再种山地，以种植经济作物为生，并且在此时部分村民购买了电视机、摩托车和农用拖拉机等生活、生产用具，然而到 20 世纪 90 年代后期以来，随着上述经济作物价格的普遍下跌，村民的经济收入也随之下滑，放弃山地劳作的村民又开始耕种山地。至

---

① "林业三定"即划定山林权属、划定社员自留地、确定林业生产责任制。
② "两山一地"即责任山、自留山和轮歇地划分到户。
③ 杜玉亭：《基诺族识别四十年回识——中国民族识别的宏观思考》，《云南社会科学》1997 年第 6 期。

2018 年，巴卡小寨有耕地面积 518 亩，其中水田 153 亩；橡胶地 3176 亩，产量 180 吨；茶叶 45 亩，产量 3.5 吨；粮豆 280 亩，产量 79.2 吨，人均有粮 297 千克；人均年收入 7161 元。

（四）村寨的文化传统

巴卡小寨作为基诺族定居基诺山以来的古老村寨之一，其服饰、建筑、"巴什"情歌、风俗歌谣、仪式活动等都有着丰富的内容，体现着本民族文化的精髓，但同

图 39：村民炒茶

时，由于其地处基诺山的边缘地带，与汉族、傣族、集市交往频繁，因而其文化又有明显的异文化因子。尤其是 20 世纪 40 年代爆发的基诺族起义①，其领袖为巴卡人，并且起义以巴卡为起点，从那时起，巴卡寨的传统文化受各种因素的影响发生了巨大变化。后又屡经政治运动、社会运动的冲击，巴卡基诺族的传统文化变化更为迅速。

巴卡小寨在 20 世纪 70 年代建寨，在建寨过程中，继承的村寨管理形式是社、队，而传统的信仰形式则被排除了村民的日常生活，民族歌舞被加以改造，节日庆典逐渐向全国看齐。总体而言，小寨继承的生产方式是传统形式的再造；社会制度是从外部引入的国家机构；学校教育成为村民社会化的重要部分；村民由单一的村寨或民族认同产生出了地区认同、国

① 参见杜玉亭：《基诺族简史》，云南人民出版社 1985 年版，第 55—76 页。

家认同等多重的身份认同；村民能运用汉语，部分老年还能使用傣语，但同时村民更主要使用的是本民族语言。

第二节　传统与现代的并置：巴卡小寨的民族志叙述

一、日常生活的新与旧

日常生活是由各种文化要素综合而成的，其包含语言、宗教、政治、社会等各方面，并通过具体的形式如服饰、饮食、建筑与家屋、交通与通信、劳作、游戏与娱乐等体现出来。因而，在此为使我们对基诺族文化现状有一个明晰的认识，本书将对上述内容进行逐个分析、解释，来展现基诺族当下日常生活中的文化状况。

日常生活中活生生的文化实践，处处体现着参与实践者的理想以及其为之付出的努力，展现着参与者的文化认知，交织着参与实践的各方的冲突、协作、共谋等关系，更重要的是，其是过去、现在与未来联系性与断裂性最为集中的过程，借着日常生活中活生生的文化建设，我们可以找出已经看不到的文化事相的替代物，同时也可以为现行的文化事相做出历史性分析，勾画出文化事相演化的逻辑。

（一）服饰

据清代汉文献记载，基诺族的服饰为"男穿麻布短衣裤，女穿麻布短衣桶裙，男以红黑藤篾缠腰及手足，发留左中右三撮，以武侯曾至其地，中为武侯留，左为阿爹留，右为阿嬷留，又有谓左为爹嬷留，右为本命留者"。① 而到 20 世纪 50 年代，据当时的民族调查资料介绍，基诺人的

---

① 道光《普洱府志》，卷十八《土司·附种人》。

服饰状况为："攸乐人男女衣服的颜色、花纹一样。男人上身穿对襟小褂，白色，没有纽扣，在前襟两边有几根红色、蓝色的花条，胸部也绕着大约有两寸宽的花条，背上正中有一块六寸半见方的用各色线条绣成的花纹图，有的像太阳，有的像野兽，他们称之为'孔明印'，一寨与一寨的式样不同。下身穿白色短裤，腿上裹着白绑腿。蓝色布包头，赤脚。女的服装：她们在胸前围一块三角形的花布，称之为'围腰'，外面罩着对襟蓝色、红黄花条小褂。一般都是自己织染的，下身围一块白布，长齐膝盖，两端交结在腹前，穿起来很不方便；腿上打蓝色绑腿。头上的装束，未生小孩前都是戴尖尖帽子，生过小孩的头上斜顶一块平平的'篾笆'，帽尖倒下来；但在漫孔山有几寨不分婚否，妇女都戴尖帽子。"① 而今天，从基诺山巴卡小寨村民的服饰来看，可分为日常服饰和节日服饰两类。在村民的日常服饰方面，从内容上看，男子一般不穿戴如上所述的传统服饰，而是穿着形式多样的从市场购买的流行服饰，在衣裤方面有：西服、T恤衫、衬衫、运动服、夹克、牛仔裤等，值得注意的是，在各类服饰中，印有太阳图案或类似太阳图案的款式，深受村民喜爱；在装饰物方面，小寨现仅有 3 个 60 岁以上的老人穿耳，部分老人头戴老式军帽，也有的戴鸭舌帽，无人缠包头，而年轻人流行染发、留长发，在手腕上刺汉字如："爱""忍"等，现无人有头留"三撮"头发的装饰。女子一般中年以上，无论居家、下地，还是外出赶集，都要头戴一顶尖尖帽，而上衣则多为集市上买的青布衣，下穿傣式桶裙，腿上打黑色绑腿；中年则不戴尖尖帽，多披头或扎马尾辫于脑后，也有的用市场购买的头巾裹头，上衣为市场购买来的花色、款式多样的衣服，下穿傣式桶裙或长裤。青少年则无定式，牛仔装、连衣裙、超短裙、短衣短裤都有穿戴，与现行社会风尚十分接近。另外，中老年无论男女，外出都喜挎基诺族挎包，而青少年在上山时挎，外出时则很少挎；不论男女，老年人在家和寨中，多赤脚，上山一般穿解放鞋，

---

① 参见《傣族社会历史调查》（西双版纳之一），云南民族出版社 1983 年版，第 64 页。

中年则居家穿拖鞋，上山穿解放鞋，外出穿皮鞋或拖鞋；小孩在寨中、家中多赤脚，外出则穿市场购买的各式鞋子。在村民的节日服饰方面则以传统的民族服饰为主，同时又有所创新，成年男子头缠黑布包头，对襟无纽短衣，打自制或定做的绣有太阳花的各式领带，下穿棉布短裤或各式长裤，双腿裹绣花黑布绑腿，赤脚或穿拖鞋、凉鞋，青少年则很少缠包头和打绑腿；女子，老幼皆头戴尖尖帽，上穿传统棉布上衣，下穿基诺族传统桶裙。

通过对几个时期基诺族服饰描述的比较，我们可以看出，基诺族服饰内容，从头到脚，从古到今，一直处在变化之中，而最明显的事实是，以前天天穿的服饰今天变成了节日的盛装。而与此同时，基诺族服饰的质料也发生了改变，据文献记载，清代以前基诺人的衣服是用麻制的；而据巴卡小寨的老人讲，在未种植棉花前，基诺人穿的衣服是用一种称为"努浆树"的里皮捣软、晒干后制成的，今天在庆祝"特懋克"时，还穿此种衣服；而当棉花种植和纺织技术出现后，基诺人的衣服是用棉花纺线、织布后缝制而成的；然而，今天随着基诺山不再种棉，传统式样的服饰制作一般用市场购买的毛线（有棉的、混纺的，质料不一）自己染色后，织布缝制而成。另外基诺族拎包的制作，以前用自纺的纯棉布缝制而成；今天则多用市场购买的白布裁剪后与自绣的刺绣布块连缀缝制而成；而上山装带物品的拎包，多用饲料包装袋等塑料编织袋裁剪缝制而成。根据上述，我们可以看出基诺族服饰变化的特点有：第一，基诺族服饰不论从质料，还是从款式、内容上看，都变得越来越依赖于市场；第二，基诺族服饰内容、质料的变化与基诺族的生产密切相关，种植作物的改变带来的是基诺族服饰质料的改变，生产方式的改变决定着基诺族服饰的功能发挥；第三，年龄不同、性别不同，其对传统服饰采取的态度既有相同的一面（如对太阳花的青睐），又有不同的一面（如，对拎包的态度）；第四，服饰变化的趋势，不论男女，先变下衣，再变上衣，男子头衣基本改变，而女子则相对保留。

在基诺族村民服饰变化的背后是村民价值观、审美意识及经济、生态和社会环境等的变化。传统服饰是与高山、密林、刀耕火种、采集狩猎的生态环境和生产方式相适应的。以往，由于山地劳作、林中追逐野兽、采集野菜和野果，基诺人大部分时间都在山林中活动，山林中高大的树木遮天蔽日，加上多雨湿润，人们穿着棉布衣服才觉得暖和，并且其白天用作衣服，晚上还可用作被子。然而随着水田开

图40：村民织布

挖，森林面积的减少，地表的裸露，太阳直接照射在大地上、也照在人的身上。基诺山的森林面积急剧缩减，大树被大量砍伐，森林变得稀薄了，同时人们居住的地点也逐渐从高海拔向低海拔迁移，采集、狩猎时间相对减少了，人们村居的时间相对增加，这些影响了村民传统服饰的功能发挥，传统服饰穿在身上变得越来越热了。另外，随着土地制度的改变，一家一户的劳作和村民由只求一饱转向求富，使得村民闲暇时间减少，因为刀耕火种是一种增人不增产、减人不减力的生产方式，大家庭或集体时，一定的劳动力从事山地生产，另外的人即可纺织制衣，即使制作一套传统服饰要用几个月的时间，村民还是能够保证的，而现在无论男女，四时都在山地劳作不息，因而制作传统服饰只能抽空时断时续地进行，这样传统的服饰也就慢慢减少了。加上村民的生活方式由足不出山而走向市场，市场为村民提供了廉价而形式多样的替代品。与此同时，村民的审美意识也

受市场和影视媒介等的影响，产生了变化。原来认为美的，在与外界的对比中，变得不再那么美，原来没有接触过的，村民可能会追随别人觉得很美，因而对村民而言，美的东西现在变得多样了，而不仅仅限于传统的东西了。

当然，在基诺族传统服饰的变化过程中，我们也可以看到传统文化因子继承和保留的现象。首先，传统服饰作为民族身份的标示之一，在各种对外场合和节日、庆典当中，都得到了强调。其次，市场的到来，也为基诺族的传统服饰带来了一定的外来消费群体，村民愿意为这些顾客提供价格昂贵的服装。再次，传统服饰如尖尖帽、太阳花等承载着本民族对往昔的集体记忆，沉淀着民族认同的心理意识，因而体现在村民的审美趋向上，我们可以看到，无论是现代的领带还是 T 恤衫上，都有太阳花的修饰。最后，与服饰相关的词语，如裤子（基诺语为"老组"）、衣服（基

图 41：巴卡服饰

诺语为"辔头")、鞋子(基诺语为"壳"或"开开")等,并没有因款式、质料的改变而称谓不同。综上所述,我们可以说,基诺族传统服饰现在并没有消失,短期内也不可能消失,或者可以说传统服饰本来就没有消失的问题,村民是在继承传统的基础上来重构自己的服饰文化的;并且在使用时间、使用地点及功能发挥上有了新的创造。

(二) 饮食 ①

"吃什么,怎么吃"不仅仅是"食色性也"的本性问题,而且也是文化问题。不同民族和同一民族在不同时期,饮食内容、饮食制度以及口味等上面的变化都多多少少反映了其背后文化的变迁。

基诺族的先民"以捕猎野物为食,男勤耕作,妇女任力"。② 加上很早以来,基诺山即为产普洱茶的六大茶山之一。据此我们可以推测,早先基诺族的食物主要靠耕作和狩猎获得,而饮品则为茶。而到 20 世纪 50 年代则有这样的记述:"攸乐人吃的是旱谷,多是作饭,没有米时吃包谷当饭,蔬菜就只有冬瓜一种。每天早晨天不亮就做饭,白天就不做了。吃饭很简单,竹筒一破二半为碗,把饭盛在半片竹碗里,一边放些辣子、盐巴,还有半片竹碗盛些冬瓜汤,以竹片叶折叠一下当作勺用,左手抓饭放进嘴,右手就舀口汤喝。一天在家吃早晚两餐,中午不回家时,就用竹叶包点冷饭去吃。"③ 如今,在巴卡小寨,村民一日三餐,早饭一般在上午 7 点左右吃,或在家或用芭蕉叶包着在路上边走边吃;午饭一般在中午 1 点至下午 3 点这段时间内食用,地点多在劳作的山林中或山地的地棚内,饭一般是早上就煮好的用芭蕉叶带着的冷饭,而下饭菜有的是早上做好的冷菜,有的是一点腌菜,有的则是村民带铜锣锅、盐巴到山上,午饭时现找

---

① 基诺族饮食的整体情况参见郑晓云:《基诺族的饮食》,《云南少数民族社会历史调查资料汇编》(五),云南人民出版社 1991 年版,第 236—240 页。

② 道光《普洱府志》,卷十八《土司·附种人》。

③ 参见《傣族社会历史调查》(西双版纳之一),云南民族出版社 1983 年版,第 45 页。

竹笋、瓜尖等煮或炒吃；晚饭一般在晚七八点在家食用。

1. 巴卡小寨饮食内容

（1）巴卡小寨主要饮食

巴卡小寨的日常饮品主要有：酒类，包括啤酒、米酒、包谷酒、糯米酒等，少量自己酿造，大部分为购买所得。茶类，多为绿茶，大都为自己种植、采摘、制作得来。

巴卡小寨的日常食品主要有：肉类，包括酸鱼、烤鱼、牛肉、猪肉、鸡肉等，鱼肉都为购买所得，鸡肉多为自养所得，而猪肉和牛肉，则日常食用从市场购买，节日、上新房、婚庆等为自家屠杀。瓜果和蔬菜类，包括黄瓜、冬瓜、面瓜、甜瓜、地瓜、木瓜、各类瓜尖、青菜、白菜、番茄、茄子、芋头、树山腰、红薯、竹笋等，大部分为自己种植，少部分为市场购买。野菜类，包括刺菜、

图42：糯米粑粑

黄把菜、苦凉菜、象耳朵叶、芭蕉花、水香菜、咖喱罗、各类菌子等，一年四季不同时节从山上采摘。谷物类，包括旱谷、旱糯谷、大米等，均为自己种植所得，四时食用。

（2）巴卡小寨部分自种蔬菜和辅助性食用植物

巴卡小寨种植的蔬菜和辅助性食物主要有：黄瓜、冬瓜、面瓜、地瓜、姜、茄子、辣椒、青豆、魔芋、小青菜、萝卜、荆芥、烟草等。这些蔬菜或瓜类大都种植于山地或水田中，一些种植于园圃中，少量种植于家屋附近。主要用于村民日常食用，少量用于市场出售。

（3）主要水果种植、使用情况

巴卡小寨种植的水果主要有：甜木瓜、芭蕉、香蕉、酸角和甜角、柚子、芒果、菠萝蜜、西番莲等。这些水果都种植于山地地角或者家屋附近的空地中，果实多用于出售，少量也用于自食。

（4）巴卡小寨食用的野菜、果子、蘑菇[①]

巴卡小寨的食品制作方法有：煮、蒸、炒、烧烤、腌、舂、凉拌、油炸等，其中以煮、炒、舂为主，其次肉食喜用火烧烤而吃或制作干巴。巴卡小寨基诺族主要饮食器具主要有：竹杯、竹筷、竹桌、木勺、竹勺、铜锣锅、铁锅、木甑、瓷碗、茶壶、芭蕉叶等。其中竹、木制品和芭蕉叶均为就地取材，自己制作，铜、铁、瓷等金属或烧制器具则多为市场购买。

2. 饮食制作和食用制度

巴卡小寨的饮食制作，一般由妇女完成，但是男子也时常生火催爨，特别是在妇女上山采集时。进食时，如果一家三代同堂，那么老人另坐而不入儿孙的饭席，

图 43：甑子蒸饭

但对所食用的食物，家庭成员不分男女老幼都是每人一份，如果进食时有家庭成员不在家，则为其留一份。村民除与家庭成员一同用餐外，还经常搭伙出去捕鱼、打野兽回来聚餐，但一般女性不参加。村民喜酸、辣、苦等口味，食物中少油腻、多盐咸。对于所拥有的食物，村民一般一次性消费完。在主食方面，村民仍喜食自己耕种的旱谷，而不喜食大米，他们觉得旱谷香，吃了有力气，而大米没有味道，且不经饿；村民喜饮买来的米酒，外出劳作或办事时，有的村民都要用塑料瓶随身携带一些酒，有时几

[①]　参见尹绍亭：《基诺族刀耕火种民族生态学研究》（续），《农业考古》1988 年第 1、2 期。

人同席共饮，即兴而歌，通宵达旦；村民还喜抽自种的草烟，男子老少皆抽，还有部分妇女也抽。为此，有村民有这样的说法："我们攸乐人，酒第一，茶第二，烟第三，睡觉第四，饭才是第五。"

今天，巴卡小寨村民的饮食已不再是只求温饱，饮食种类总体而言变得更为丰富多彩，但与此同时，由于野兽的减少，国家的禁猎，以前的一些野兽，如野猪、麂子、破脸狗、竹鼠、熊等肉食逐渐淡出了人们的日常生活，并且由于森林的减少，一些可以捕食的鸟类、昆虫也减少了，村民也很少再能吃到了。"天上飞的都是肉，地上长的都是菜"的日子离村民已渐渐远去。但是，现在村民在市场上既能买到以前有的饮食，还能买到各种自己以前没有的食物，如豆腐、凉粉、青笋、土豆、烧罗非鱼等。当然村民饮食依靠山林、山地的实质仍然没有改变，市场上买的饮食，一般是用山林中采集的野菜、野果，或山地里种的谷物、瓜果

图44：烤竹筒菜

出售后，所得现金购买而来的。另外，在村民的餐桌上一年四季几乎天天可见野菜，而自己田地内却很少种植蔬菜。当然这是村民与山林长期互动建立起来的利用模式。今天村民的饮食习俗或习惯是由今天小寨的生态状况所决定的，同时在饮食内容、口味喜好、食物制作等方面，也受传统饮食习俗的影响。而在饮酒、抽烟、饮食器具等方面，外来影响也很明显，但外来的东西经基诺人的手，无论是表面效仿，还是吸收消化，都已是基诺人的东西。而这无论从主位看，还是从客位看，都有些本有和外来难辨的感觉。因此，从客位看，许多看似消失的东西，可能事实上并没消失，而这就需要我们去发现。

（三）家屋和建筑

据巴卡小寨的老人讲，早先基诺人住的是茅草盖顶，用竹笆围墙的地房，后来出现了干栏式竹楼或木楼，随后又出现了土坯房和砖房。而20世纪50年代的调查资料则有如下记述："攸乐山上都是草房，式样和傣族一样，分上下两层，下层装柴或养猪、养牛，上层住人。房子有前后两个门，前门外有一个平台，用竹片编成，很干净，后门不走，只走前门，一进门就隔起一道篾笆，外面有个火塘，旁边铺着一张席子，这是为客人准备的。没有客人时，火塘作煮猪食用。篾笆里面也有个火塘，是自己家用的。整间房子很大，长宽约有3丈，是方形的，全家劳动一天回来都在火塘边煮饭吃。在大房子的两侧有很多小房间，可睡三四个人，这就是卧室，外人不能进去。"① 以巴卡小寨的情况看，村民还在新寨时住的是茅草房，曾经发生的火灾就是由小孩玩火点燃了房顶的茅草所致。而到了小寨，1986年以前村民建盖和居住的都还是茅草房，此后，随着四川等地改板、拉线锯的人的到来，以及村民经济条件的好转，一些家户开始建盖傣式瓦顶、干栏式木楼，也有的村民用泥土筑墙、盖土房，后来在老村长

---

① 参见《傣族社会历史调查》（西双版纳之一），云南民族出版社1983年版，第46页。

的倡议和带领下，小寨村民基本上都建盖了干栏式、挂瓦顶、木楼。截止到 2000 年，全寨仅有 1 户是茅草地房。到 2003 年有 3 家在建新房或翻修旧房时，用白色石棉瓦替换了传统的挂瓦作屋顶。另外，还有 1 户新分出来的家庭，因经济困难，建盖了茅草顶、竹笆墙地房。2000 年以来，随着基诺族乡政府在全乡范围内实施消除茅草房的政府工程，以及随后的安居工程、危房改造工程等的实施，包括巴卡小寨在内的基诺族村寨有茅草房的情况已经成为历史。

　　显然，基诺族住房由古及今，发生了多次变化，这既是基诺人与其所居处的环境相适应的结果，同时也是受傣族、汉族等异民族影响的结果，特别是近年来，基诺族住房也深受大众文化、城市风尚、材料市场的影响。然而基诺族住屋形式屡变的事实说明，我们需要用变化的眼光来看待基诺族的传统文化。从前，基诺人无论是住茅草地房，还是茅草竹楼，

图 45：传统建筑

一方面是因为自己尚未掌握改板和建盖干栏式木楼的技术；另一方面是茅草、竹片取材方便，比起木楼来省事、省钱。而建盖干栏式木楼两间，在20世纪80年代通常要五六千块钱，但干栏式木楼在热带河谷地区的优点也是明显的，因而随着村民因种植各种经济作物、林木，经济收入提高后，他们也纷纷建盖了挂瓦顶的干栏式木楼。而现在村民却发现，烧制挂瓦的地方越来越少了，挂瓦变得越来越难买到，并且价格也比以前高了，同时改板用的木材也越来越难找，建盖挂瓦顶干栏式木楼的价格已和建盖砖房的价格接近，当村民发现市场上有价格并不贵的大块的石棉瓦出售后，为图省事、省钱，开始采用它来取代传统的挂瓦，而经济条件不好者只有采用不用花钱的茅草、竹笆来建盖自己的家屋，回复到传统当中去。虽然村民认为："砖房在农村不方便，装东西的地方也没有。"但是其隔热、采光方面的优点，使得砖房在基诺山的许多村寨出现了。因而当我们去寻找基诺族住屋的传统样式时，传统已然改变，最早基诺人住什么我们并不能确知，明天他们会住什么样的房子，我们也不能准确预测，但住房的多样化将是基诺山的事实，而传统与现代已不好辨别。

（四）交通和通信

基诺人生活在深山密林之中，往昔足不出山即能走完人生的历程，人们上山种轮歇地短则要走几十分钟，长则要走一两个小时的山路；上山砍柴由妇女背回家，砍木料则用藤条缠着拖回来，地平之处双肩担负，下坡处则拖着或推滚而下，这样直至寨中；山地中收获的谷物，则用竹篓或基诺挎包一趟一趟地背回家；人们串寨子、走亲戚则顺着自己熟悉的山路来往。

然而，今天老人们所知的世界正趋向终结。各个村寨修建了通往外面世界的汽车道，拖拉机、摩托车也走进了人们的日常生活。只要拖拉机能到的山地，村民不再愿意步行去背地内的产物，外出赶集、串寨子，拖拉机和摩托车成了人们的代步工具。当然，基诺人的山地大多处在坡度较大

图 46：在拖拉机上玩耍的青年

的深山之中，因而修通通向所有山地的车道是不可能的，所以村民的通常
做法是把车开到离山地最近的地方，然后再从地里把产出的物品装到车内
拉回家，上山砍柴也采用这种方法，但是数量少时则仍由妇女用藤条捆着
背回家；今天村民到集市一般是花 2 块钱坐寨子中的拖拉机去，返回则要
么坐拖拉机，要么打电摩托，而自己有摩托车的村民则骑着摩托车来往
驰骋。

可见村民生产、生活中，正用现代的交通运输工具改造着传统，或使
传统方式注入新的内容，拖拉机、摩托车变成了人们生产、生活的一部
分，当几个村寨的村民聚会时，一辆辆拖拉机满载穿着民族服装的村民纷
纷到来，我们会深深地体会到新的工具已变成了基诺人日常生活的一部
分。拖拉机就像公交车是城市的一部分一样，成为了基诺山的一部分，也
许再过多年后，基诺人不再用拖拉机了，到那时，人们又会怎样来看待基
诺人今天所用的拖拉机呢？

（五）生产劳作

为便于叙述和分析，本书在此把基诺族的生产劳作划分为：家户内劳作和家户外劳作。

家户内劳作包括：纺织、刺绣、准备饭食、碾米（或舂米）、洗衣服、喂家禽、制作腌菜、野菜的简单加工、制作烤肉或猪肉干巴，等等。

表3—1　家户内劳作部分内容的时间安排及人员分工

劳作内容	时间安排	人员分工	劳作内容	时间安排	人员分工
制作烤肉、猪肉干巴	获得鲜肉时，少量制作	一般由妇女完成，数量多时男子也加入	纺织、刺绣、制衣	一年四季空闲之时，如午休时、下雨天等	妇女
准备饭食	一日三餐	多由女性进行	洗衣服	中午或傍晚洗澡之后	一般由妇女完成，有时男子也从事
碾米、簸米、拣米	碾好的米用完之前	妇女从事	喂家禽、家畜（鸡、猪、狗等）	早上起床之后和晚上晚饭之前	妇女或小孩，有时男子也从事
制作腌菜	多在冬季	妇女从事	野菜加工	晚上	妇女
修谷仓	多在雨天或农闲的冬季	男子从事	拣扫把花	晚上	男女家主

家户外劳作包括公活和私活两类。公活有修路、修水渠、维护自来水管、准备节庆活动等，私活有山地劳作、采集、狩猎、捕鱼、水田劳作、林间劳作、外出打工等。

表3—2　公活情况

公活名称	劳作地点	时间安排	从事人员
修路	本村公所内或本寨内	下雨路被冲坏后	妇女或年轻人
修水渠	本村内	水田种植前	一般为男子
维护自来水管	自来水管沿线	每天值班	各家自行安排
准备节庆活动	本村内	婚、丧、全寨共庆的节日	男女都参加且有具体分工

表 3—3　私活情况

私活名称	劳作地点	人员安排	时间安排
山地劳作	轮歇地	成年男女	一年四季
采集	山林中	成年妇女	一年四季
狩猎	山林中	成年男子	一年四季
捕鱼	山间河道内	全家人或几名男子	隔三差五
水田劳作	水田内	成年男女	收获之前
林间劳作	林地内	成年男女	一年四季
外出打工	勐仑、景洪、昆明等	多为年轻女子	一般在初中毕业之后
集市交易	附近集镇	野菜多为女子，谷物则由男女共同完成	一般在早晨 10 点以前
承包工程	附近其他寨子	寨中成年男子	冬季农闲时节

根据上面的情况，我们可以看出基诺族的劳作时间非常长，投入的劳动量也非常大，可以称为劳动密集型劳作方式，而且基诺人的劳作现今仍集中于山地、林地和山林当中，这与传统相比变化不大。近些年来，基诺人也开始出现外出打工的情况，并且多为年轻的女性，她们外出后一般外嫁他乡，不再返回，因而对山区的劳作形式不能构成决定性的影响，但是对村寨性别结构影响较大。另外，受外来包工形式的影响，基诺村民也开始尝试在农闲时节，组织起村寨中的青壮劳力，在懂技术、办事沉稳的老年人带领下，外出承包盖房。而在此过程中，技术员兼包工头，与大家一起平分工钱，自己不多分，这显然是基诺人传统的财产观念在起作用。

虽然今天基诺人的劳作组织形式，主要是以个体家庭为单位进行，但是劳作中换工、帮工的形式还十分常见。换工，如挖地时，五六家相约，一起出工，一家一家地轮流挖，而轮到哪家，哪家供一顿午饭，或午饭都各自带着到地里，大家共同劳动，这样在有说有笑中，很快就把几家的地挖完。而帮工的形式则更为常见，在盖房、婚丧等活动中体现得尤为明显。可以说基诺人机械团结[①]的社会性质并未改变。当然，今天基诺人劳

____

① 参见埃米尔·涂尔干：《社会分工论》，三联书店 2000 年版，第 33—72 页。

作内容有了许多新形式，如种植砂仁、西番莲等都是传统上没有的；劳作时使用的工具也比以前丰富了，如拖拉机不仅用来运输，有的还用来耕水田。碾米机出现了，并与舂碓和杵棍并存。然而，西番莲仍然种植在轮歇地内，碾米机碾的还是自己种的旱谷。显然，基诺人是在原有的劳作内容基础上，学会用工具来延续和扩充着自己的潜能。基诺人只要还生活在基诺山这片土地上，就目前来看，为了生存，传统的劳作知识是他们必须依赖的，而外来的、新进的劳动组织形式、劳动工具等经基诺人之手内在化为基诺族生产、生活一部分时，只是相对减少了基诺人在山地的劳动量投入，如原来需 10 多次，甚至 20 多次来回背的谷子，现在用拖拉机只要 1—2 次就可以运送好。但同时，人们把节省出来的时间，用来上山采集、管理橡胶、砂仁、西番莲等。并且即使山地内没有活计，村民也很少待在寨子里。一方面，为了生计，为了使生活更好，他们要采集各种野

图 47：村民耕种的山地

菜、野果和菌子等自食或到市场出售；另一方面，从小就在山林中长大的村民，一日不上山，就感觉不自在。因而白天进基诺族寨子，很少见到成年人在家，他们有事无事都在山上活动。可见基诺人不会也不可能完全丢弃他们的传统，只要他们仍然生活在山林中，就会以山林为生存之源、生存之本。

（六）游戏、娱乐

每一个民族都自己的游戏、娱乐内容，尤其是像萨林斯所说的，那些处在原初丰裕社会①的民族，游戏、娱乐在他们生活中占有很重要位置，是他们社会特色，除了劳作之外，众多的仪式、庆典在漫长的闲暇时间中上演，而这其中就包括许多游戏和娱乐形式。基诺族很久以来以刀耕火种、采集狩猎立于世，因而在外人看来，瘴疠之区的人们过的是清苦而风雨飘摇的日子，游戏、娱乐似乎对他们而言是奢侈的；而事实正好相反，基诺人寓娱乐、游戏于生产、生活的各种场合，有着丰富多彩的内容。

表3—4　基诺族传统的游戏、娱乐内容

游戏、娱乐名称	涉及人员范围	举行地点	举行时间	主要功能	现今状况
竹竿舞	青年男女	家屋内或楼下	各种节日、庆典场合	娱乐、表达爱情等情感	仍有保留
巴什情歌	巴什情人	不定	不定	表达相互的情感	部分老年人还会唱
年节歌	长老	卓巴房	庆祝特懋克	强调村寨规范	有一定的保留
上新房歌	全寨的人	新建盖的房屋之内	上新房的当晚	强调村寨规范	有一定的保留
敲七柯	男子	山林中或路上	打到猎物时	庆祝、报信	有保留但时间、地点、功能有变

---

① 参见塞林斯（即马歇尔·萨林斯）：《原初丰裕社会》，载许宝强、汪晖选编：《发展的幻象》，中央编译出版社2001年版，第56—77页。

游戏、娱乐名称	涉及人员范围	举行地点	举行时间	主要功能	现今状况
大鼓舞	长老和村寨的成年男女	村寨内	庆祝特懋克、祭献特罗模模、修建卓巴房时	娱神、娱人、社会化	有保留但时间、地点、功能有变
成年礼	青年男女	饶考、米考泥高卓	不定	对男女青年作为成年的身份的确认和社会化	基本无保留
泼情人	青年男子	阳台、楼梯	情人结婚当日	与情人告别	无保留
打陀螺	青年、少年男女	楼房下、村内平场	农闲的冬季，特别是庆祝"特懋克"	锻炼身体	仍有保留

表3—5 巴卡小寨基诺族引进或创新的游戏、娱乐形式

游戏、游乐名称	类型	涉及人员范围	举行地点	举行时间	主要功能
玩扑克	引进	除老年和幼儿以外的所有男女	家户内、阳台、楼下	午休、晚上、各种节庆、聚会时	消磨时间
打麻将	引进	中青年男女	村民家	晚上，甚至通宵	消遣、赌博
下象棋	引进	中青年男子	聚会场合	不一定	消磨时间、娱乐
打篮球	引进	男女老少	村内球场	早上或傍晚	锻炼身体、消遣、聚会
唱卡拉OK	引进	青年男女	家内或集镇	不定	娱乐
跳迪高	引进	多为年轻男子	集镇迪高厅	夜晚	娱乐
跳橡皮筋	引进	儿童	村民楼下、学校	课间、周末、寒暑假	游戏
弹玻璃珠	引进	在校孩童	村寨内、学校	课间、假期	游戏
打纸角	引进	在校孩童	村寨内、学校	课间、假期	游戏
捉迷藏	引进	孩童	学校、村寨内	课间、假期	游戏
开晚会	引进	所有村民	村寨内	庆祝节日的当晚	娱乐
看电视	引进	所有村民	各家	每天空闲时	消磨时间
看露天电影	勐仑保护所送来	大部分村民	村寨广场	每年年终	聚会、怀旧

从上面的表中可以看出，基诺族传统的游戏、娱乐方式功能多样，兼具娱人、娱神、仪式整合、社会化等功效。而到今天，随着举行时间、地点的转变，以及与之相关的生产、生活内容的消失或改变，传统游戏、娱乐形式也发生了缩减或变异。如传统上，"基诺族跳大鼓舞有三种情况：首先是过年时（初春）在卓巴和卓畲家举行，时间是三天，（先在卓巴家，后在卓畲家）；第二是为献祭特罗模模，地点在被她爱上的情人家楼梯口举行，时间是百花盛开的三月，时间一般是一天；第三是在村外放置大鼓的棚子里举行，时间根据修建卓巴或卓畲家屋的进度快慢而定。除了以上情况，大鼓是不能随便敲响的。"①可见其具有娱人、娱神、敬神、祈盼丰

图48：打陀螺

① 杨荣：《基诺族大鼓浅析》，载西双版纳民族艺术创作研究室编：《西双版纳民族艺术研究》第一辑，西双版纳傣族自治州艺术创作研究室，内部出版1988年，第56页。

收等功能，而今天大鼓舞变成了一种纯粹的娱乐形式，同时大鼓也变成了基诺族对内认同对外划分的一个符号。另外，像竹筒乐器七柯，以往是在狩猎时，打到猎物时，猎手欢庆和报信时敲的，现在狩猎活动已经被禁止、因而敲七柯已不在山林，也不再限于男性猎手，女子也敲了起来。而老人敲起它时，只能用回忆来代替现实，小伙子学敲时，总感觉很隔膜，他们用自己的理解方式去敲，七柯也变成了一种节庆时的助兴之乐。

而从引进的游戏、娱乐形式来看，如篮球，村民用木板自己支球架、钉篮板，安篮筐，改造球场，买来篮球，自娱自乐。村民，特别是年轻小伙，一有空闲，就抱着篮球到场地上玩，逐渐就会有小孩来围观或加入，然后是中老年人，接着有妇女，老人和不参加的村民或坐或立于球场四周观看。村民的玩法主要有三种：一种是正式比赛，一种是"投老三"，还有一种是投分比赛。正式比赛有：男青年 VS 男青年，男青年 VS 男性中老年，男青年 VS 妇女，男性中老年 VS 妇女，以及男女混合比赛等多种形式，比赛中经常出现父子对阵、夫妻对阵、母子对阵的情况。在球场上年龄和性别的区分已然消失，每个人都会认真对待比赛，同时从球场内不断爆发出来的笑声，说明比赛仅仅是游戏而已。比赛时大家基本上就穿着平时穿的衣服，赤着脚满场飞奔，没有计时，没有裁判，即使有也往往显得多余，胜负的决出不是用时段来决定，而是赛前规定打几个球，先达到规定球数的一方胜出。比赛期间，换人自由，参加比赛的人经常跑出场地大口大口地喝冷水、洗脸。比赛的场地没有界线，当然比赛中争执是难免的，却从未有人为此而动手，比赛结束，虽然满身灰土，但是拧开水龙头一冲，马上又可以加入到下一场比赛中。而在投分或"投老三"的玩法中，参加者一般为青年男子和男童，参加者一般不分年龄大小，按同一规则比赛，而且人们参加、退出比赛都比较自由，投进、投不进，投得多少分，都没有奖惩。而在此过程中，大家相互逗乐、嬉戏才是人们所看重的。现在其与玩扑克牌、看电视等并列成为村民重要的消遣形式。

同样篮球这样一种现代社会的游戏，经村民的改造也变成了他们生活的一部分。像我这样一个多少懂得一些通行的篮球比赛规则的人，曾试图把我所知的东西传播给他们，但几次努力之后，我放弃了，一方面他们学得心不在焉；另一方面太多烦琐的规则使得比赛缺乏游戏、娱乐的味道，这与他们玩篮球的目的相违。后来，我反而渐渐接受了他们的规则，不再受太多的规则限制，沉浸在大家你争我夺、相互配合的集体活动的快乐中。在此过程中，不论技术水平如何，只要愿意，每个人都有上场表演的机会。篮球变成了村民向往集体活动、体现平等精神的媒介。

虽然从外引入的东西，不一定都是积极的，如麻将，村民把它引进来的同时，也把赌博的玩法带了进来。但是村民具有的判断力和改造力也是不可否认的。麻将只是少数人的娱乐内容，参与赌博的人就更少；而且村民普遍对其做出负面的评价，参与赌博的人，很多时候是无钱可赌的；而篮球这种既可锻炼身体，又可延续集体情感的活动形式，很快就超过打麻将、打扑克，成为男女老幼都参与的活动。而且篮球比赛也开始作为节日活动中的一个重要项目来上演。篮球不复为外部传来的异物。可见传统的游戏、娱乐形式有的还在上演，而外来的东西村民都力求用自己的认知去理解和再造，村民虽然继承了老人传下来的方式，但是当老人们的方式不足以应对现实中的一切时，就会改造旧有的传统或形成新的传统。

二、社会组织变迁中的传统文化

社会组织制度反映着社会底层的物质文化状况，同时又影响着人们的物质文化创造和精神文化的内容。很明显，今天基诺人的组织制度与传统的形式相比发生了很大变化。通过新旧组织制度的比较，我们可以从中发现村民对传统组织制度的态度，以及对新组织制度的认知和应用状况，新旧制度差异如何等，从而探讨在组织制度变迁过程中，传统与现代之间的关系。在此，本书将以巴卡小寨的村寨管理系统和家庭结构两方面的内容来进行分析。

（一）村寨的管理系统

根据前人研究，①基诺族村寨管理系统曾经有以下三种：一是本民族特有的村寨长老制，管理人员的产生是根据年龄自然更替的，其在20世纪50年代以前是基诺族村社重要的管理形式；二是地方傣族政权下的叭、咋、先，20世纪50年代以前在基诺族的阿哈、阿西两个支系的村寨中占主导地位；三是国民政府时期设立的保甲制，主要实行于讲汉语的乌尤（即本人）支系居住的村寨。而自1957年以后，基诺族村寨管理系统历经社—队、区—乡—村、乡—村委会—组等形式。今天每个村寨都是一个小组，每个小组都有三名管理人员即组长（或叫村长）、会计、保管。而巴卡小寨在行政管理体系中被称为巴卡三组。从名称上看，这与全国广大农村地区普遍实行的管理形式没有什么区别。然而在村民眼中，却有着自己的独特之处。

虽然小寨自建寨之日起，继承而来的是社—队管理形式，到今天为乡—村—组体系所取代，实行的都是国家基层管理体系。在村民看来以前的队长（或村长）、会计、保管和现在的组长（或村长）、会计、保管负责传达上面的精神，接待外来人员，上传民情等。而在生产、节庆的组织安排上，如上公粮、买牛、杀牛、分肉等活动中，他们与村寨长老有相通之处，过去长老号召村民是以大鼓为媒介的，而现在村长则用高音大喇叭。村干部实在无多少权力或权威可言，他们也不敢用自己的身份去决定一项全寨的事，全寨事务都要召开村民大会来解决，只要有一个村民反对，决定一般都不会做出。加上现在村干部实行村民直接选举，村干部也担心对村民太过专断，下一次村民就可能不再选自己，因而在巴卡小寨，外人看不到显著的权威存在。因为在基诺人的传统观念当中，不管男女老幼，人与人是没有级别或等级划分的，也没有高低贵贱之分。因此当社会为这种

① 杜玉亭：《基诺族简史》，云南人民出版社1985版，第87—90页；刘怡、白忠明主编：《基诺族文化大观》，云南民族出版社1999年版，第13—18页。在本书中并没有把宗教组织系统看作村寨管理系统的一种正式形式，故在书中没有涉及。

图 49：村民会议

观念提供土壤后，村干部只有在尊重传统的基础上行使自己的职权，以平等的身份，去说服而不是去强迫，这才会赢得村民的尊重。

村—组制中经社—队、区—乡—村取代长老制，叭、咋、先或保甲制成为今日整个基诺山区的村寨管理系统，一方面强调了与国家保持一致的一面，因而在名称和形式上与国家大部分乡村的管理系统形成了统一；另一方面又具有基诺族村寨管理的自身特色，45 个寨子无论大小都有自己的三大员（组长、会计和保管），并且各不统属，这在其他地方是不多见的，这在一定程度上继承了过去基诺山各个村寨之间相互关系及管理的现实。并且今天村民对乡村干部的服务意识要求强烈，而村干部却力图在传统角色与现代身份之间保持平衡，对村民而言他们代表国家，同时他们面对的是从无等级分层社会过渡到现实科层化社会制度的基诺人。村民割舍不掉自身社会历史在心理上的积淀，而村干部自己也绕不开先民留下来的遗产，因而基诺人的村寨管理系统自有其运行规则，是基诺人与国家、自身传统等相互协调的产物。

（二）家庭结构

20 世纪 50 年代以前的基诺社会的父系氏族大家庭独具特色，其有两种形式："一种是子女几代人在一个男性家长领导下，集体劳动共同消费，家长有支配家庭的权力，另一种是同一父系氏族数代人居住在一幢大竹楼，由最年长的男性家长领导各个小家庭。各小家庭经济独立，子女长大结婚后可独立门户，但仍与父母保持密切关系。"① 然而，事实上，20 世纪 50 年代以前很长一段时间以来，基诺山的大部分寨子，正如巴卡新寨 73 岁的老人腰些所说："解放前就是各家各户"，个体家庭已成为主要的家庭形式。

今天，以巴卡小寨的情况来看，在全寨 64 户人家中，扩大家庭有 1 户，主干家庭有 14 户，核心家庭有 45 户，单身家庭有 4 户。很明显核心家庭已经成为巴卡小寨的主要家庭形式，同时也成为了村寨的主要生产单位和社会交往的基本单位。

与家庭规模相适应，家庭的内部陈设与以往相比也发生了一些变化。以核心家庭为例，现今主要包括：一个火塘或省柴灶、橱柜、父母卧室与子女卧室、木箱、衣柜、客厅、电视等；家庭外部设施主要包括：阳台、谷仓；附属设施包括：猪圈、园圃等。火塘或省柴灶一般位于靠近阳台的地方，在其旁边设有一张木桌或竹桌，等饭食准备好后，全家就在此用餐，另外木制橱柜也放置于此，碗、筷和食物等存放其内。每年 12 月到次年 3 月，村民还经常于此生火取暖，虽然此一时段，在外人看来其是基诺山最舒适的时候，既不冷也不热。以往的氏族大家庭，父母、子女的卧室有严格的空间划分，而今天的核心家庭则无统一的规则。一般来说，父

---

① 《景洪县志》卷四《民族》，第 145—146 页。

母的卧室与子女的卧室分别设置于家屋的长两侧，卧具为高脚木床，被褥、床单从市场购买。卧室同时也是收放衣物的地方，收藏贵重物品的木箱一般也置于里面。客厅为家屋正中央的区域，但与火塘之间没有相隔物，客厅的标志是电视、木凳、木椅子、竹椅、沙发等设备，村民日常家居、待客一般在此，特别是看电视、聊天多集中于此。除家屋为地房的家户外，其他每个家庭都有一个阳台，一般附设于楼房的楼梯口旁，其上有自来水管，晾晒衣物的铁丝。村民洗衣服、洗澡、洗菜、晒谷子、簸米、制腌菜、野菜加工等活动在此进行。同时阳台也是人们休息、聊天的主要场所。谷仓多建于楼下，用木板拼接而成一间，一般上顶卧室的楼板，下接地面，在一侧留一开口。每年收获的旱谷用塑料袋装成袋后，贮藏其内，然后把门封死。为防老鼠，还要在四周和顶上有缝隙的地方加钉木板或铁皮。也有的家庭楼下没有谷仓，楼上专门有一个堆放谷物的房间，但这样做则鼠功能较差。猪圈一般建于楼房易于排污的一侧，若家屋所处位置较平且四周无箐沟，那么猪圈则单独建于离家较近的坡头或箐沟旁，这样猪所制造的污秽，就很容易被雨水冲走，不需人去打扫，而一些家庭猪圈还具有厕所的功能。以上是一个完整的基诺族个体家庭基本上所必备的设施、设备及其功能。而从中我们可以看到，电视的引入，使得基诺人家出现了客厅，代替了以前由火塘发挥的部分功能；自来水管的接通，使得阳台的功能更为丰富，也使得传统的背水竹桶成了多余。但同时我们可以看到火塘、阳台、谷仓等陈设一直就是基诺人生活的重要组成部分，今天仍在发挥重要作用，虽然时间变换了，但相同的需要使得前后相继的人们保持了家庭内部和外部陈设、设施的一贯性。当然，空间的神圣性及划分不再是以传统的黄牛柱、水牛柱、大鼓柱、兽神柱、生命柱的格局来进行。

家庭是社会的基本单元，发挥着经济、教育、婚姻、生育等社会功能，当然基诺人的家庭也不例外。每个基诺家庭都是一个独立核算的经济单位，在家庭中一般男性家长掌握着经济大权，但同时每个家庭成员多少

图 50：村民家中的火塘

都有点自己的收入。橡胶、西番莲、砂仁、旱谷等大宗收入由男性家长掌管，并由其决定如何使用和消费；而一些零碎的收入，如卖野菜、卖蝴蝶、卖废铁、卖废瓶等的收入则由各人自行支配。在教育或社会化方面，基诺家庭对孩子采取比较宽厚的方式进行说教，很少有家长打骂小孩，并且只要父母口吻稍重，大多小孩即会哇哇大哭，对不听话的孩子，家长除了说教还是说教，在外人看来，基诺族的父母对孩子是比较娇惯和纵容的。而在婚姻方面，基诺人是自由恋爱而结为夫妻，因而在婚姻方面不易出现紧张关系，村民对婚姻中的问题并不讳莫如深，但也不会滔滔不绝说个没完没了，并且人们对离婚现象也看得很开。在生育方面，过去父母对子女的态度比较公平，但是都希望有个儿子来延续家庭，因而我们可以看到连生四五个女儿的家庭，迫于生计才没有接着生育。但现在结婚的夫妻一般只想生两胎，而在他们看来，所生的两个孩子最理想的组合是一男一女。另外，家庭也是对外交流的基本单位，在巴卡小寨每个家庭都与附近曼仑、勐仑等地的傣族家庭结为老根①，在过节和家庭庆典时相互来往，互送礼物。而家庭之上的氏族划分，由于村内通婚频繁，各个氏族交叉紧密，氏族与氏族之间的界限已变得不明显。当然血亲和姻亲仍然是人们互相帮助的首选对象，无论在盖房、婚礼、丧葬的活动中，还是在食物分享、耕种收获方面，都是如此。

毫无疑问，今天基诺人的家庭正向核心家庭过渡，家庭规模比以前小了，然而村民的集体意识却仍很浓，村寨中，一家有事，不用去请，全寨的人都自动会来帮忙。还有孤儿寡母的家庭可以返回娘家与父母家并在一起生活。这些都说明虽然家庭变小了，但是并没有彻底改变村民的社会纽带。可见，家庭作为社会的细胞，其结构的相似性却因其所处社会的不同而作用各异，基诺人的核心家庭与城市中的核心家庭、与其他地区乡村的核心家庭是不相同的，这是由上述家庭陈设、家庭功能等文化嗣业所决定的。

社会组织的变迁，虽然不完全由基诺人自己来完成，但在基诺人参与的地方和参与的过程中，无论其采取的是积极迎合，还是消极适应的态度，社会制度、社会组织形式的运转、功能的发挥，只能是基诺人自己去具体操作。虽然新旧组织的联系与断裂在形式上是界线分明的，但是在实质内容上如何，只有基诺人自己知道。

三、节日庆典中的传统与现代

"什么地方人类的精神得到自由，人们就要庆祝。所有文化都纪念那些在他们眼里使之与众不同、使之富有意义的事件。在每年一定的日子，人们心中的人性会周期性地抛开日常社会的烦恼，沉浸在节日的喜庆之

---

① 有时候也记为"老庚"，即通过彼此友好往来结成的类似兄弟、干亲的关系。

中，有时甚至连文化压迫和经济贫困也统统抛在脑后。"① 基诺族也不例外，长久以来基诺族有着丰富多样的节庆、仪式活动。

表3—6　基诺族的传统节庆 ②

节庆、仪式分类	节庆、仪式名称	节庆、仪式分类	节庆、仪式名称
岁时类	特懋克（特毛且）	岁时类	
农事类	茶树祭、砍地祭、烧地祭、搭窝棚祭、播种祭、青苗祭	农事类	杀狗祭、祭山神地鬼、祭雷神、祭谷魂、尝新米、叫谷魂
交游集会类	成年礼	交游集会类	
宗教祭祀类	祭水塘、送瘟神、罗比卡巴、祭寨神、楼牟祭祭、洛毛洛、狩猎祭	宗教祭祀类	猎获马鹿祭、猎获野牛祭、赶恶鬼、求雨祭、祭剽牛神、祭铁匠神、上新房

表3—7　巴卡小寨基诺族现今举行的节庆、仪式类型

节庆、仪式分类	节庆、仪式名称
传统形式	上新房、特懋克、婚庆、丧礼
再创和引进形式	元旦、春节、妇女节、青年节、清明、中秋、泼水节（到傣族村寨与自己的老根一同庆祝）、庆祝生日、开晚会

从上表我们可以看出，基诺族的节庆和仪式活动是以农事和万物有灵信仰为主的，而这与基诺族的刀耕火种，采集狩猎的生产、生活方式是分不开的。然而到今天，当传统的生产方式因生态环境、政治运动、经济发展、社会变迁等的共同作用而发生改变时，新的适应方式，新的节庆、仪式相应被创造出来了，那么新与旧的区别与联系究竟如何呢？它们仅仅是名称上的不同，还是传统已无可复归？新的节庆、仪式已经以新的内涵，

---

① ［英］维克多·特纳编：《庆典》，上海文艺出版社1993年版，第1页。

② 主要参考郭净等主编：《云南少数民族概览》附表之《云南少数民族年节祭会表》，云南人民出版社1999年版，第916页。

图 51：祭祀仪式用品

表述着基诺人当下的文化再建设。接下来本书将通过基诺族传统节庆"特懋克"、上新房等传统形式和新引进的节日，如春节以及人生礼仪如庆祝生日、婚礼、丧礼等来对上述问题做出具体的分析和解答。

（一）人生礼仪

每个人从出生到死亡的生命历程中，每到一定的阶段，在其所属的文化中，都会或隆重或简朴地采取一些活动来表达自己的情感和获得社会对自己的承认。在基诺人一生中，通常要举行的礼仪活动包括：出生礼仪、成年礼仪、婚礼、丧礼等，今天在这些礼仪上演的同时，人们又引进了庆祝生日等活动。

1. 庆祝生日

以往，基诺人是不过生日的，而今天当人们从影视剧中看到别处大人小孩都在庆祝生日，特别是年轻人从城镇居民那里体会到过生日的乐趣后，慢慢地，他们把这种集会庆祝形式移植到自己的生活当中，并得到了父母的认可和参与，庆祝生日渐渐地成了人人都搞的活动。无论过生日的是小孩、青年，还是老人，一家人都共同庆祝，即使父母对子女的一些做法看不惯，他们也会容忍子女的行为。每到村民过生日，他（她）们会提前一天到集市上买来猪肉、牛肉、啤酒、白酒、饮料和各种蔬菜，通知自己的亲朋来一同庆祝。生日宴会一般在生日的当天晚上举行，少则摆一二桌，多则三四桌，席间大家轮流给过生日的人敬酒，有的还唱敬酒歌，这样一直闹到深夜。

从基诺人庆祝生日这一事实，我们体会到，新引进的文化内容，在基诺人这里很少受到质疑和抗拒，一方面由于村民没有强烈的历史意识，他们的历史已随着老人的去世而变得支离破碎了；另一方面基诺人对外来的东西缺乏批判的眼光，本着先拿来用，效果如何是其次的想法来行事。

2. 婚礼①

基诺人一次完整的婚礼，并不仅仅包括结婚当日举行的活动，还包括婚前大量的准备活动和婚后的一些仪式。从当下举行的婚礼中，我们可以看到传统的继承和再解释，同时还会看到大量从前未有的内容，下面就以2003年1月巴卡小寨的一次婚礼为例来进行分析。

（1）婚礼前的准备

2003年1月初，小寨各家各户陆续收到了两张请柬，一张是小寨杨XX②家发的，他们是筹备婚礼的男方；另一张是由小寨的周XX家发的，他们是筹备婚礼的女方。请柬上写明了恭请的人员、婚礼举行的时间、设宴的地点、结婚的男女。这些在形式上与当下流行的婚礼请柬都没什么差

---

① 一次完整的婚礼步骤可参见杜玉亭：《基诺族社会历史综合调查》，《基诺族普米族社会历史综合调查》，民族出版社1990年版，第68—71页；郑晓云调查整理：《基诺族婚姻调查》，载《云南少数民族社会历史调查资料汇编》（五），云南人民出版社1991年版，第221—224页。

② 为尊重调查对象的隐私故将真名隐去。

图 52：广场上的新式婚礼

异。请柬发出后，男女双方都开始为定在 2003 年 1 月 12 日的婚礼而忙碌。他（她）们到市场上买来了白酒（米酒）、啤酒、饮料等，同时对家屋进行清扫和修整，特别是将新房装潢一新。举行婚礼时，帮忙杀猪、杀牛、上厨的人，招待客人烟、酒、茶的人，安排宴席的人，收拾桌椅板凳的人也开始行动了起来。1 月 9 日小伙子们开始在村寨中挨家挨户地借婚礼用的桌子、条凳、椅子等，借到后在上面写上家主的名字，然后用一根竹竿把椅子串起来挑走，而用拖拉机来拉走桌子、条凳。妇女们则从自家把碗、筷、木甑、盆等背去。1 月 10 日小寨的男女分别集中到新郎、新娘家开始分工准备婚礼的各项工作。由于筹办这次婚礼的新郎、新娘都是本寨子的人，需要帮忙的人很多，因而村内老中青，甚至连小孩都行动了起来。中青年妇女忙着洗刷各种餐具，清洗各种蔬菜；小伙子则把借来的桌椅、板凳安排好，并把婚礼时所需的灯光照明设置好，同时搬来电视机、功放机、音响等整日放着地动山摇的音乐，似乎在告诉大家这里有活动；而中青年男性则开始为杀牛做准备；小孩则被叫来，作为拿东西、传话的听差。事实上喜庆的宴会已经开始，大伙已经开始一起准备饮食、一起享用了，扑克牌也早已玩开。

1月11日，天还未亮，帮忙杀牛的中老年男子已集中到新郎家吃早点，7点左右他们把牛牵到窝罗河的河滩上，捆住四肢，拉倒在地，用基诺砍刀往牛脖子上，一刀一刀地砍去，直到牛血尽断气，然后大家一起动手，剖肚开肠，砍腿砍头，剥皮剃骨，9点不到即把牛肉拿回家进行再加工，此时小伙子也加入进来，把瘦肉割成长条，然后用竹篾片穿好，挂起来晾晒制作牛干巴。中老年人则把牛骨砍小用来煮排汤。到中午大家已喝到了冬瓜排骨汤。

而在新郎家杀牛之前，新娘家已杀了一头猪，新娘家客人相对少一些。并且按基诺族的传统，在结婚当日的早上，新郎家还必须送一些牛肉到新娘家给其宴席所用，因此一般来讲新娘家不杀牛。由于结婚的仪式活动先要在女方家举行，所以女方家的各项准备工作到晚饭前已基本妥当，女方家掌厨的为中年男子，他们的技艺得到了大家的好评。这次婚礼很凑巧的是，基诺族的两位知名长老白佳林、白腊者来小寨搞村寨的历史文化调查，因而男女双方很荣幸地邀请他们来参加婚礼。

（2）婚礼的举行

1月11日晚，晚饭后，新郎在父母和帮忙的中老年男子陪同下，带着烟、酒、糖和瓜子来到新娘家，此时在新娘家的客厅已拼起了三张桌子，虚位以待，新郎家的人员到齐后，两家的人员分别在桌子的长两侧对面而坐。落座后，首先由新郎家来的一名人员分给席上和在场的所有男女老幼糖果和瓜子，让大家都动起嘴来，接着新郎的父亲依次为入席的人敬纸烟、点烟，然后再依次为大家倒酒。接下来桌席上的人开始相互敬酒，同时开始进入今晚的主题即商讨明天的迎亲时间。一时间大家争吵开来，有人提议上午就来迎娶，而有人提议中午，有人提议下午，还有人提议晚上，顿时整个房间人声鼎沸。而新郎、新娘和年轻小伙子、妇女、小孩则是在旁观看。几经争执和赛酒，几位老年力排众议，说出了他们的看法："老的传统不能打破，至少到中午饭以后才能带走。"最终双方商定明天下午五点半新郎来娶亲。迎亲时间定下来后，双方的人员全部起立，干一杯酒，然后坐下接着敬酒，展开喝酒比赛，这样一直玩到深夜两三点，人们才纷纷散去。

1月12日，一大早，小伙子们找来红纸、笔墨，写上"挂礼处"三个大字分别贴在新郎、新娘家楼下进口处，然后搬来桌子，把记账本、糖果、啤酒、饮料放在上面。然后一男一女在桌子后面坐下，在此迎宾、收礼和待客。客人来时，首先到此把礼金递上，而负责接待的人会把送礼人的名字、礼金的多少记录在册，并且把准备好的瓜子、糖果递给来客，来客男子还需喝一小杯啤酒，妇女则喝一小杯饮料，这样之后客人才被引入新人家。而在新郎、新娘家屋内也贴上了大红的双喜字。早上最先用餐的是村寨长老，当然还包括远道而来的两名长老，他们在新房外围着竹桌而坐享用早餐。饭后，新郎在长老和自己的阿舅陪同下，来到新娘家举行"送阿舅（女方的）"的仪式。来到新娘家，男女双方的阿舅在长老们的陪同下相对而坐，桌席用芭蕉叶垫着放上了各类肉食，在长老的主持下，大家端起酒杯，为新人祝福，接着新郎拿出礼物交给自己的阿舅，由阿舅把礼物交到新娘的手里，然后新娘再把礼物交给自己的阿舅，新娘的阿舅接过彩礼，从此新娘就是男方家的人了。彩礼交接后，村寨长老们分别念诵诸如"一起走路，不要被树绊"等的祝词。在此过程中新郎、新娘都穿着日常服饰立在旁边倾听、观看。而在从前，结婚当日新娘是不露面的，她还要故意躲藏起来，让娶亲的人到处找。显然，这一幕今天是不会发生了。早上的这个仪式结束，在基诺人看来，男女双方就算正式成婚了。

"送阿舅"仪式结束不久，新郎、新娘换上了新装。新娘盘起了头发，头上插了一朵大红的塑料花，穿上大红的毛呢上衣和裙子，身上挎一基诺挎包，新郎则穿上了衬衣、西裤，一身的入时打扮，同样身挎一个基诺挎包。两位新人与同样穿着入时的伴娘、伴郎戴着大红的塑料胸花站在"挂礼处"迎宾。中午时分，客人渐渐增多，楼上楼下摆满了桌子、坐满了人。宴席开始，长老们在新娘家楼上首先用餐，接着大家也开始启动碗筷。新娘、新郎则在伴娘、伴郎的陪同下，逐桌敬酒、敬烟，村子里的狗在桌子下面钻来钻去。筵席这样一轮一轮地摆，直到客人都用过餐为止，而帮厨的人才开始用餐。

下午 5 点 20 分左右，酒醉得不省人事的新郎由迎亲的小伙子背着来娶亲。此时在新娘家楼梯口，两名妇女早已一手拎着酒瓶，一手拿着酒杯，一左一右站着拦住娶亲的人员喝进门酒，来娶亲的人喝过酒才获准进入新娘家。在新娘家内，新娘忙着收拾自己的东西，而迎亲的人员和新娘家帮忙的人开始拉扯，帮忙的人拽住迎亲的人不让他们把新娘带走，而迎亲人员则努力向外挣扎，就这样你拉我扯，直到新娘、新郎都走到楼下为止。到此，刚刚不让娶亲的人员又变成了送亲的队伍，尾随新娘、新郎和迎亲的队伍而去。当新娘到新郎家楼下时，新郎家由人点燃准备好的炮仗，在鞭炮声中，新郎、新娘在人们的簇拥下迅速来到新房，而送亲的队伍则到新房外停下，此处已设了筵席专门招待送亲的人。新房内挂着新郎、新娘的婚纱照，门口贴着大红的结婚对联。在楼下，宾客几个人一桌或打扑克牌，或下象棋，或喝酒聊天，等着晚餐时间的到来。7 点左右，筵席开始摆设，由于新郎酒醉，敬酒、闹洞房等活动都没举行。

1 月 13 日清早，远客和寨中帮忙的人又集中到新郎家，一些人准备饭食；一些人"拖三匹"，年轻小伙们则已开始查找自己所借的桌椅、条凳，准备物归原主。长老们则又被请到新郎家，安排在新房外用早餐，饭后，大家仍围坐在一起，由白腊者主唱结婚歌约 40 分钟。随后长老们被女方的父母请去。

（3）婚礼的结束

早饭后，几名中年人到新郎家猪圈拉猪，准备宰杀以备午饭和晚饭所用。而此时新郎、新娘也出来陪自己的朋友聊天。到晚上客人们基本上都已回家，而婚礼举办期间在男女双方家帮厨的人、村寨长老和男女双方的父母则还要聚集到新郎家，陪着新郎、新娘在新房门口围坐在一起共进晚餐，席间大家对新人说一些祝福的话，同时男女双方也对帮厨的人表示感谢。筵席散后，这次婚礼也就结束了。当然作为一个完整的婚礼还应有三天后的回娘家仪式，但是这次婚礼却未举行。

在婚礼的整个过程中，我们可以看到，新郎、新娘自始至终都没有穿起本民族的服装，如果不是挂礼处的小伙子穿着民族服装在迎宾，少数客人穿着民族服装来做客，以及两位新人一人挎一个基诺挎包，外人很难从外表上看出这是一个基诺族的婚礼。新娘、新郎入时的穿着打扮和新潮的迎宾仪式，不禁让人产生时空流转之感，好像城市中的婚礼被搬到了此地，在新人看来，这样表明他们跟得上时代、不落伍，当然这也会使许多青年男女顿生羡慕之情。

其实在婚礼的准备阶段，发出去的请柬已把村民带到了对城市生活的想象当中，亲朋无论远近，都用请柬去邀请，即使是本村内的近亲也得到了请柬，接到请柬就必须"挂礼"，而近亲以往是不用挂礼的。此风一兴，以后的婚礼一般就会接着照此来。可见新的风尚正随着婚礼的举行不断积累，与此同时，传统的风俗、礼仪变得有些跟不上时代了，慢慢淡出了人们的视野。在婚礼上，长老们没有穿上民族服装，从他们口中唱出来的词调，即使是中年人，也基本上听不懂，在整个婚礼过程中，长老们只是作为点缀而先吃几顿饭而已，除此无人关注他们。年轻人喜欢的是新的东西，大红的双喜字、对联、婚纱照等才是他们议论的焦点。而喝酒、玩扑克牌、听令老年人头昏目眩的音乐是他们片刻不息的乐事。传统的歌舞没有上演，迎亲的火枪换成了炮仗。人们也不再在意婚礼在哪个月举行，虽然从前基诺族多在每年8月、9月的上半月举行婚礼，基诺人认为这个时节月亮最圆，能表达人们希望圆满的心情，并且此时也是一年当中蔬菜、瓜果最丰富的时候。而现在每个月几乎都有人在结婚，举行婚礼所用的各种蔬菜则都是从市场买来。过去客人送的礼物多种多样，如：香皂、毛巾、杯子等，而现在大家都送现金，一般的客人约送 10—20 元钱，比较要好的亲朋送 50 元、100 元或更多不等的礼金。可见，今天基诺人的婚礼除了新房在干栏式木楼之内，筵席设在木楼下，筵席上有竹筒杯，芭蕉叶包的糯米饭、芭蕉花、水香菜等一些此地才有的东西外，其他已无自己特色。

3. 丧礼

2002 年 3 月初，猫头鹰在巴卡小寨附近的山上连续几天晚上叫个不停，因而小寨的男女们预感寨中恐怕有人要死，几天来，人们心中总有些忐忑不安。3 月 12 日深夜，村民在会计家开完"退耕还林"动员大会后，陆续返回家中，寨子慢慢恢复了平静。当时已是 13 日凌晨，忽然，刚刚睡下的村民听到了女人的哭声，开始大家并不在意，但哭声不断，不久又听到了三声火枪。至此大家知道寨中有人死了，刚睡下的村民又起床，循声查找，哭声和枪声是从大罗家传来的，于是人们纷纷赶往他家。

（1）停尸

死者刚断气时，在仪式专家老村长的主持下，死者亲属用绳子勒死一只小鸡，倒吊于死者家门楣的正中，接着给死者穿戴好，用一块白布（砍刀布）盖在死者的脸上，然后把死者头朝楼梯口内，脚朝楼梯口外，平放于楼房正中位置内侧的楼板上。尸体停放好，接着杀一只半大鸡，砍小煮汤，煮好后，用木勺连汤带肉舀一些泼在死者的四周，并给死者留一碗，这样做表示生者与死者断绝。然后再用两个鸡蛋一生一熟分别放在死者的左右手，同时在死者的口中放一个钱币给死者到阴间买水喝，并且死者亲属要在死者的脖子上挂上"匹沙沙古"①，这样死者到阴间才会被接纳。

（2）滚布

尸体停好后，男性家长死亡，其已经结婚的儿子要进行滚白布的仪式，白布的长度一般相当于普通人的 9 个等身，在所有滚白布的儿子之

---

① 基诺语的音译，一种丧葬用品。

中，小儿子滚的白布要最长，二儿子次之，长子最短，这样区别是因为小儿要养父母。而滚布仪式主要是为考察儿子、儿媳是否对其孝敬，如果所滚的布顺直则表示孝敬，不顺直则表示不孝敬。而死者尚未结婚的儿子则不搞此仪式，已结婚分家的儿子到死者被安葬好后在坟前进行滚布仪式。这次由于死者仅有的儿子大罗尚未结婚，因而在家中就没有举行滚布仪式。

（3）入殓前的准备

由于死者在夜晚亡故，寨子中的许多中老年纷纷来陪同死者的亲属守灵，在漫漫的长夜中，每隔一个时辰，死者家就要鸣火枪一声，这样一直到天亮时连打三枪为止。夜晚鸣枪是为把鬼吓跑，传说以前人死后经常被鬼吃得破破烂烂的，到处流血，十分吓人，鸣枪即是为防止这样的事发生。

天一亮，全寨的男女老少就先后到死者家集中。寨内死人，全寨人都必须停止劳动，并且任何人不能出寨子，这样是为防止鬼怪危害擅自活动的人。早上死者的家属头上裹上了白首巾，赶来帮忙的村民，一般女的手拿一块砍刀布，或一两块钱，或一些鸡蛋等，钱放入死者尸体旁的一个基诺挎包里面，砍刀布则盖在死者的脸上。村民来到后，男女老少自动分工，老年男子2—3人制作形似十字架的"梭罗"，上面挂基诺服饰，一般要制作两个；而中年男子4—5人上山砍竹子、藤条，准备出殡时用，另外老年男子2—3人制作一种响器"内别"，到出殡时，在路上吹，这种响器要两个人一起才能吹响，吹响此器，死者的魂魄才会走；与此同时中年男子3—4人在仪式专家老村长的带领下制作棺材，棺材用6块桂花树木板组合而成，他们用基诺砍刀、锯子、斧头、凿子等把木板修出榫道拼接起来，不用一颗铁钉，棺材做好时要放一封炮仗；另外2个老年男子破竹、划篾，准备拿到墓地为死者盖坟棚，并且他们要砍竹桶4个左右，给死者到阴间装水和油、鱼等食物；还有两个中年男子负责杀两头小乳猪，留着头脚给死者，而肉则炒熟，到午饭时给所有敢吃的人吃，所杀的小乳猪主要是给死者到阴间养；年轻的小伙们则帮忙准备午饭。在妇女一方，中老年聚集在一起制作"中"，"中"与形似十字架的"梭罗"是一套的，有几个已婚的儿子，就做几个，这次死者虽没有已婚的儿子，但有一个结婚分家的上门女婿，因而也制作了一套。"中"由一棵小竹为骨架，在竹子的枝条上面挂上各色小布条，布块数量不限，在竹竿上挂上一张贴有各种蝴蝶、孔雀、大象、小鸟等剪纸图案的花纹纸，此物等死者安葬后，栽于死者坟前。另外妇女还要缝制死者到阴间穿的衣服、裤子和绑腿等所有人间用得到的东西。中午1点左右，各项准备工作基本就绪，午饭准备好，帮忙的人就在死者家吃午饭，但有所惧怕的人则回家吃饭，而村寨长老则在死者的尸体旁用餐。

午饭后，一位男子找来几支废旧电池，敲开外皮，取里面的碳芯涂抹棺材，把棺材涂黑，然后用白色粉笔在上面画上各种花纹和一种叫"卓里"的鸟，画花纹的目的是让阴间的鬼魂看着好看，高兴地接纳死者，而"卓里"鸟则是告诉大家人死了。棺材装饰完毕，大家几个一簇或立或坐于死者家玩扑克牌、聊天，等着出殡时间的到来。

（4）入殓及出殡

巴卡小寨人死后，不择日埋葬，如果早上9点以前死亡，当日下午即埋葬，如果在早上9点以后死，则要等到第二天下午才去埋葬。对于埋葬的时间，小孩和青年人相对较早，下午3点过后即可，而老人则至少要放到下午5点以后才去埋葬。这次死者是一个70岁的老人，因而送殡的人需等到5点以后才能入殓、出殡。

5点刚过，死者的女性亲属开始哭泣，送殡的男女纷纷上楼，几位中年男子把棺材从楼下抬到楼上，放到尸体旁，然后把死者连同其用过的衣服、被褥等抬入棺材内，同时死者家属还要把谷子、小乳猪的头脚等放入棺内作为陪葬物，尸体和陪葬物放装完毕，随即盖上棺盖。接着大家在死者亲属的哭泣声中用手把灵柩抬到楼下，然后用准备好的藤条扎着一根粗大的竹竿捆在灵柩上，捆扎好后由两名男子一前一后肩负着出殡，在路上其他男子与他们不停地换着扛。死者的家属紧跟在灵柩的后面，他们手里拿着锄头、砍刀、镰刀等工具，以及谷子、姜巴、芋头等物种，在死者家属后面的送殡人员，多为先前家里有人亡故的女性村民，她们手里拿着竹筒、芭蕉包、肉串、猪肉干巴等食物，准备拿到墓地托现在的死者带给她们以前亡故的亲人。手持"中"和"梭罗"的人走在送葬队伍的最后面。而在灵柩的前面，死者的一位家属边走边撒买路钱，钱为市场上买来的冥币。另外一名男子则边走边放炮仗，而在从前是要鸣枪的，这样做是为了把附在死者灵柩上的其他鬼魂吓跑，一方面可以防止其他鬼魂来抢死者的饭，另一方面由于其他鬼魂不敢来，抬灵柩的人也会觉得灵柩轻一些。由于村寨墓地过村寨西北方的一条箐沟，再走四五百米即到，因而不一会儿，送葬队伍就来到了坟地，放下灵柩准备安葬。

（5）安葬

落棺后，抬灵柩的男子们随即开始用锄头挖墓穴，墓穴长约 2 米，宽约 1 米。墓穴挖好后，大家齐动手把灵柩移入其内，然后把棺材打开，让

图 53：丧葬用品

大家与死者见最后一面。盖上棺盖后，来托死者带东西的人，把她们带来的东西纷纷放到墓穴内棺材的四周。接着死者的家属把死者用的竹篾席、被褥等盖在棺材上，先由所有送葬的人，一人捧几抔土，投入墓穴，然后再由几名男子用锄头挖土把墓穴填平，并使其上微微隆起。接着在坟墓之上用从家带来的竹子搭盖坟棚，在坟墓右侧竖起"梭罗"，在坟墓死者头部的位置即坟棚的背面插"中"和衣服，衣服为死者报到时所用，一切就绪后，点燃一封炮仗，炮仗响过送葬的队伍即返回寨子。

（6）葬后活动

在返回村寨的队伍中，一般长者在后，年轻人在前，他们陆续回到死者家，此时在死者家楼下屋檐滴水之外，放着一口铁锅，里面盛满了水，每个送葬的人到此都要用锅里的水洗手并用竹勺舀里面的水泼，左手舀几勺向家屋外的方向泼，右手舀几勺向家屋内的方向泼，表示从此以后死者与生者各走各的路。这以后有的村民返回家，有的村民到死者家楼上集会，并在死者家吃晚饭。

无论是否在死者家吃晚饭，晚饭后，各家人，特别是各户男女家主都要到死者家陪同死者家属守夜，聚集来的人有的打扑克牌，有的聊天，大家有说有笑，似乎忘却了人死这件事。守夜的人基本上都要坐到午夜12点以后，一部分则要守一个通宵，这样要连续三个晚上。而白天死者家属还需到墓地连续上坟三天，并且还要在家屋内摆桌子给死者献饭。从前上坟要连续进行三年，而现在除了在安葬后连续上三天坟外，只在过年、清明节的时候去上坟。近年受汉族文化影响，有的村民还为自己死去的亲人刻碑立传。

从以上整个丧葬活动中，可以看到村民在沿袭着一些传统，如人死后全寨人帮忙、全寨人不出寨子、不劳作、早死晚埋等规矩以及吊小鸡、鸣枪报丧、滚白布、杀小乳猪、制作"梭罗""中"等仪式内容；同时我们还能看到放炮仗、撒买路钱、裹白首巾等外来的风俗；当然还能从老人那里得知一些传统的仪式活动，如鬼打斗的面具舞、"内别"吹奏等没有进行。其实在整个丧葬活动中，都渗透着村民对彼岸世界的认知。在此，无论采取什么方式，使用什么器物，死者的世界是人世间的彼岸再现，但人间与阴间是相隔的，即使不相隔也要设法让生者与死者在各自的世界各行其是。然而死者的离去，在人世间留下的空白，反而会使生者在一些特殊时刻，不自觉想起他们，给他们捎带各种食物、日常生活用品、生产工具等，一方面希望自己的亲人在阴间能过上与自己在人世间相匹配的生活，同时也希望自己的行为能给后人树立榜样，确保自己到阴间后也能继续过上类似的日子。当然人世间在不断日新月异，想必阴间也如此，人世间所用的东西，阴间的鬼魂应该也能消受，买路钱、炮仗、各种新式的日用品和生产工具反映着人们对阴间的这种当下认知。同样，女性亲属几次哀而不伤的短暂哭泣，让人觉得自己的亲人只是到了另外一个与自己隔绝，但在一些特殊日子可以通过一些物品相互沟通的世界去生活。

在此，只要人间存在，鬼魂的世界也不会消失，虽然基诺山的鬼门曾被堵死，但是鬼魂在人们的心目中片刻没有离去。猫头鹰的啼声，一次不期而来的死亡，都强固着人们心中的鬼魂观念，因而老人说的和做的一些事情，还得沿袭下去。但同时人世间出现的新问题还需一些新方法来解决，同样鬼怪的世界也需要与人世并行不悖。传统的东西和新近的东西的混合为的都是一个目的，实现人世与鬼魂世界的和平相处、共同发展，这样一个个体在人世间能够过得顺畅，在阴间亦然。

（二）家庭礼仪——上新房

"'上新房'是基诺族特有的一个风俗，一般在每年收谷子后到年前的这段时间举行。由长子举办，其他儿子只能协助长子，自己不能举办'上新房'仪式，他们盖新房时不举行任何活动。长子'上新房'一般在父亲死后举行，或死后每九年进行一次，每次都必须打死一头黄牛来祭祀父亲，并要请莫丕来念'撵鬼词'和主持仪式。整个仪式烦琐而隆重，为全家族乃至全寨共庆的事情，现仍保留在基诺族人民的生活之中。"①在上新房的当晚，人们还要集聚在新房内，唱"上新房"歌。歌词有："你上的什么楼，进的什么门……"

然而今天，"上新房"已经具有了全新的内容和解释，名称上仍叫"上新房"，但大多数人家举行的活动已与传统格格不入或大相径庭。下面就以2003年初巴卡小寨的一次"上新房"为例来进行分析说明。

2003年1月初，小寨杨XX家请来傣族木匠对自家的老房子进行翻新处理，把从前的干栏式挂瓦顶木楼翻新为干栏式石棉瓦顶木楼，在翻修期间就听村民议论，他家可能要"上新房"。果然，在他家翻新房子后不久，小寨村民几乎每家都收到了一张请柬，上面写着"杨XX家定于2003年1月5日上新房，中午12点在巴卡小寨设宴，敬请XXX家全福光临。"小寨村民收到这样的"上新房"请柬，在巴卡小寨是第二次，上一次李医生家把这个风兴起，这次杨XX家就接着来。村民意识到这种风气以后就要流行下去了，他们的反应是这样做是不符合惯例的，以往哪家"上新房"，哪家就为全寨的人提供一顿免费的饭食，而现在各户村民却收到了请柬，这就意味着去参加"上新房"活动的话就必须"挂礼"。

2003年1月5日早上，冒着大雨，全村大部分中青年男子别着砍刀到杨XX家帮忙杀牛，牛是用400元钱买的一头黄牛，以往是要用于在新房下面举行打黄牛仪式的，而今早黄牛却被牵到了河滩宰杀分割，清洗后拿回家作为大家的盘中餐即告完事。中午时分牛肉已经煮熟，但是来客却是寥寥。一是因为下个不停的大雨阻隔了远方的亲朋；二是由于寨子里面的人虽然接到了请柬，但是大多数人并不愿意送礼金，他们都在家持观望态度，希望杨XX按以往的做法用广播通知大家去吃饭，这样大家就可以不送礼金，而名正言顺地去他家聚会。午饭时间已过，大雨仍未停歇，村民期望的广播也始终没有响起，因而接到请柬的村民基本上都在自己家把

---

① 刘怡、陈平编：《基诺族民间文学集成》，云南人民出版社1989年版，第87页。

午饭吃了。

到晚上6点多，大雨仍在下，村民似乎已经把杨XX家"上新房"的事忘了，正准备劈柴做晚饭，而这时透过风雨传来了通知村民去杨XX家吃晚饭的广播声。不久，小寨的男女老少打着雨伞或披着塑料布踏着泥泞的小路赶往他家。炮仗声响，大家开始入席用餐。当然村民大多还是送了一点礼金，回来时他们用芭蕉叶包着一些肉、拎着1—2瓶啤酒。晚饭过后，杨XX家的"上新房"也就宣告结束了，晚上也不唱"上新房"歌。

其实，今天对村民而言，无论是谁，盖好新房后，只要想请客，并让大家到自家聚会一次，都可宣布举行上新房的活动。传统上"上新房"的种种规定已不再对人们形成限制，以往"上新房"是为祭祀父亲，同时为全寨的人提供一次聚会欢庆的机会，而今天祭祀父亲的功能早已消失，"上新房"变成了一种欢庆活动或一种礼尚往来的事情。当然"上新房"时，全寨人集中帮忙的传统仍在继续，这种不请自来的协作精神也许是基诺人恒久不变的文化因子之一。通过这次"上新房"，我们也可以看到新旧风尚的过渡也并非是一帆风顺的，如在发请帖与不发请帖的新旧做法上，村民

图54：建造中的房屋

更倾向于旧的惯例，杨 XX 家也被迫回到村寨的传统中来，即抛开请柬，用上广播。而事实上广播也是在 20 世纪 50 年代以后在基诺山才有的新事物，可今天它却变成了村民心目中传统的一部分，那么在此之前的传统形式又是什么呢？再

图 55：屋顶装饰

过几年发请柬请客会不会又变成村民新的传统呢？可见一种事象是不是传统文化的组成部分都是相对而言的，从来不变的传统是不可想象的。

（三）巴卡小寨的节日

基诺族作为一个纯山地民族，其传统节日与其生产、生活方式密切相关。基诺族最为隆重和普遍的节日"特懋克"是与其刀耕火种的生产节令、生产内容、生产方式以及劳动组织形式联系在一起的，既有期盼丰收的象征功能，又有集会、娱乐等现实意义，然而今天其在形式、内容及象征意义上都发生很大变异。

1."特懋克"又称"打铁节"或"备耕节"

以往特懋克的举行时间，在基诺山的各个寨子各不相同，即使相同的寨子，在不同的年份，举行特懋克的日子也不一样。具体哪天过节，传统上是等山上的"杰波"花开后，由村寨长老推算决定。而从 1988 年起，西双版纳州人大常委会将基诺族庆祝特懋克的日期统一定在每年公历的 2 月 6 日到 8 日。虽然这种决定在形式上得到了各个寨子的认可，如在面对外人询问他们过什么节时，基诺族村民都会说"我们攸乐人过二月六！"

而事实上，今天基诺山各个寨子庆祝节日的日期仍不统一。现在真正在 2 月 6 日庆祝节日的是乡政府，其从 20 世纪 90 年代中后期开始，每年在全乡范围内选定一个寨子，作为全乡庆祝特懋克的地点，然后组织全乡各个寨子的村民以表演节目的形式来参加，节日期间邀请省、州、市党政领导和各级新闻工作者来采访报道，同时从附近村寨、城镇，甚至昆明等地会涌来大批看客。此时庆祝特懋克成了对外宣传基诺族的一种形式，各级领导和新闻工作者的到来也体现了国家的关注和民族平等精神的实现。节日期间举行的各种活动，具有许多创新性和表演性质。在此是找寻不到一个完整的传统意义上的节日的。同样在各个寨子自筹自办的特懋克中，一个完整的特懋克也很难找到。下面我们就以巴卡小寨 2003 年的特懋克为例来进行分析说明。

在 2003 年之前，巴卡小寨已经有两年不过特懋克了，而如今民族文化生态村的建设又把庆祝特懋克的事提了出来。而村民对是否恢复特懋克存有争议，并且庆祝这个节日还涉及凑钱买牛、参加仪式表演的人员安排和各种道具准备等事情。为此村干部先后组织召开了三次村民大会，把问题提出来让大家讨论。对于凑钱买牛的事，由于今年在特懋克之前，村民已经凑钱买来了三头牛准备过春节，因而号召大家再凑钱买牛，多数村民都面有难色，然而如果过特懋克不杀牛，许多仪式就不能进行，这样特懋克就不完整。为此民族文化生态村项目组人员提议从过春节用的三头牛中留下一头到庆祝特懋克时宰杀，这个建议得到了村干部和多数村民的赞同，但有一部分村民仍未表态，因而几次会议下来这个问题仍未解决。而参加表演的人员组成和道具准备却很容易解决，因为对村民而言，他们可以借机自娱同时娱人，这是他们乐意为之的事。

虽然今年的特懋克是要过了，但是能不能杀牛始终是一个问题，因而村干部遭到了主张杀牛隆重庆祝特懋克的村民的批评，杀牛的事一直到春节杀牛的时刻才见分晓。村民在牛被杀倒一头后纷纷表示同意留一头牛到过特懋克时杀。可见要恢复一个节日并不是轻而易举的事。

一个传统的比较完整的特懋克一般要举行三天：第一天，村寨长老卓巴任命铁匠，铁匠进行修铁房、象征性的打铁活动，并且杀鸡和用南瓜献祭；第二天，要举行杀牛、修寨门、尕拉（凑食物）、尕祝里（辞旧迎新）、祭鼓（跳大鼓舞）、打陀螺等仪式活动；第三天，卓巴带领大家举行象征性的号地、砍地等备耕仪式，以及举行结账活动等。然而 2003 年巴卡小寨的特懋克，由于仪式专家和村中 20 多名成年男子要在 2 月 6 日之前赶往"曼武"寨履行承包盖房的协议，而当年的特懋克已定在了 2 月 5 日庆祝，为两不耽误，大家决定在一日之内把各种仪式举行完毕。

2 月 5 日清晨 7 点左右，天还未亮，穿戴着基诺族服装的基诺族男子们，拎着皮桶或端着铁盆陆续来到寨脚公路道班处集中，等组长牵来牛，大家又汇集到窝罗河滩，一起动手杀牛。牛杀倒后，仪式专家领着人拿着牛身上的 7 匹肉和 2 个"达辽"① 对寨门进行维修，把 2 个达辽分挂寨门的两侧，同时把 7 匹肉也挂上。牛肉完全分割好后，在三名村干部的主持下，由会计按凑钱的户数和各户凑钱的多少进行分配。这次分肉，四条腿分别分给了组长、会计、保管和妇女组长，以奖励他们节日前几天轮流放牛的功劳，其他各部分则分成了 64 份，堆放在芭蕉叶铺的场地上。所有的肉分完，再用秤称一下，以求各家所得牛肉与所出的钱相匹配。10 点左右牛肉分配完毕，村民把其拿回家进行加工，准备午餐所用。

午饭后，接着举行尕拉仪式，由事先准备好的村民用瓷碗抬着米、鸡蛋，拎着酒等陆续把这些东西送到这次节日的卓巴房即基诺族博物馆，由村寨长老在馆内的大鼓下负责收下村民凑来的各种食物。传统上这些食物是节日期间给全寨人共爨同食的，凑食物一般是每家都必须参加的，而这次只是象征性地凑一点，让人们从中多少体会到过去是如何欢庆的。今天卓巴事实上已不存在，集体生产劳作的形式也早已消失，要把分散的各家组织起来共爨同食不太可能，因而人们在参加或观看尕拉仪式时往往得借

---

① 一种竹编的多孔辟邪物。

图 56：辟邪用的达辽

助于想象，才能找到它的意义。

尕拉仪式刚刚完毕，下起大雨，参加表演的人和围观的群众聚集到仪式专家资大爹家楼下，一边避雨，一边准备"尕祝里"仪式。

尕祝里仪式主要流行于基诺山巴卡一带，特别在巴卡小寨有着延续至今的传承。

尕祝里作为基诺族的一种节日仪式，形成于基诺族生产、生活内容的变迁过程中，与基诺族从事山地农业生产密切相关，这个仪式所涉及的道具，都是人们生产、生活中正在使用的，或者是曾经使用的东西。通过这个仪式，人们回想过去，期盼未来，让所有的人，不论是仪式的参加者还是观众都多少了解基诺族过去的生产、生活内容，同时也通过这个仪式，希望在特懋克节里，在一年之始有个好的开始。

尕祝里一般在庆祝基诺族历法的年初，即特懋克（力必茨）节时举行，作为特懋克节的重要组成部分，尕祝里在祭大鼓之前上演。尕祝里并不是在基诺山的每个寨子都举行，而主要流行于基诺山的巴卡一带。目前，已经成为巴卡基诺族的标志性仪式活动。

尕祝里有"辞旧迎新"之意，参加尕祝里表演的人既有男性，也有女性，一般不得少于20人。跳尕祝里时，参加表演的人员组成一个长方形的队伍，在队伍最前面、路的中央，两名青年男子扛着大鼓边走边敲，其后两名妇女一左一右分持铜锣和镲，和着鼓声敲打，在她们后面是伴舞的20名妇女，她们排成2列，一列10人分站路的两侧。而路的中间位则为尕祝里仪式的主角留着，主角们都为男性，手中拿着一根木棍，身背一个用鲜花装饰的背篓或葫芦等，穿着树皮制作的上衣，满脸涂黑，并弄得面目全非，穿着破烂裤子，戴着奇形怪状的帽子和用苦子果穿缀而成的项圈，跳尕祝里时这些主角不得少于5人。他们跳时，要做出各种引人发笑的滑稽动作，如忽然跌倒又爬起来、东张西望、抱着用布制作的小孩抢来抢去、与旁边的妇女逗乐等。在特懋克节的第二天，在正式祭祀大鼓之前，尕祝里仪式正式开始，参加尕祝里仪式的队伍一般从寨脚几步几停脚地跳着顺路而上，旁边围观的村民跟着队伍行进，并时时因队伍中穿破烂衣裤的男子们的举止而大笑，由于下雨路滑更为他们的表演增添了几分滑稽色彩。这样在鼓声、锣声、镲声和笑声中，队伍在人们围观下行进到寨子的公共活动场地。接着穿破烂衣裤的男子退场，换上新衣新裤，而伴舞的妇女们则留下，她们还要为长老们献祭大鼓、跳大鼓舞伴舞。男子退场就意味着尕祝里结束，他们穿着破烂衣裤时代表的是旧的一年，穿上树皮衣服则是为追忆先辈们所过的生活，在此旧的、破的成了人们戏谑的对象，新的、完整的和丰收的明天成为人们的祈盼，仪式结束时穿上新衣，多少隐喻美好的愿望已经实现。

尕祝里的仪式中所使用的道具：（1）音乐舞蹈类用具：大鼓、铜锣和镲。大鼓是村寨长老卓巴的象征，是重大生产生活庆祝仪式、祭祀仪式不可缺少的用具；铜锣和镲则是从外引入的乐器。（2）生产类用具：木棍、

图 57：制作树皮衣服

背篓。木棍在一定意义上象征的基诺族传统的刀耕火种农业中使用的点播棒；而背篓则是人们生产、收获时必不可少的用具。（3）生活类用具：葫芦、树皮衣服、苦子果、破烂裤子、奇形怪状的帽子。在这些生活类道具中，葫芦在以往是用来贮水饮用的；苦子果则是用来做汤喝的；而树皮衣服最初之功能有三：一是御寒蔽体。基诺族生活在高山密林之中，在此环境下，气候早晚温差显著，空气湿度大，人在森林中长期从事采集、狩猎活动，需要衣服来御寒防潮，而从衣服的原料来看，麻、棉的产量有限，且工序复杂，而树皮却能就地取材，且制作相对简易，无须成本投入。二是休憩或睡觉时，或垫或盖。行走时穿在身上，休憩时作为垫单垫在身下，或作为被子覆盖在身上，极为方便。三是遮羞。以上三种功能皆为实用的。并且，上述三种功能逐渐为其他原料制衣物所取代。时下，树皮衣服的使用主要是在象征层面。其表现有二：一是作为基诺族服饰文化的一种历史现象被博物馆收藏、展示。二是作为基诺族"特懋克"节上，人们跳辞旧迎新仪式"尕祝里"所穿的服饰，其是过去、旧、往昔的象征，仪式舞蹈之后被人们抛弃。（4）其他道具：炭灰、布制小孩。炭灰用来把参加仪式的人脸弄花、弄黑，在缺少染料的基诺族传统社会，炭灰在许多场合是装饰用的材料，如在丧礼中用来装饰棺木；布制小孩，则在某种程度上代表基诺族民众，在尕祝里仪式中其被代表鬼怪的男性抢来抢去，则暗示基诺族与鬼怪的搏斗。

在尕祝里仪式前，人们分工合作，把各种道具准备好，一般女性准备用苦子果做的项链，剪裁树皮衣服；而男的则装扮自己，把自己装扮得尽量奇怪，并把自己的衣服裤子弄得破烂不堪。可以说道具的准备过程就是人们在重构一个过去的世界，然后等到仪式开始，把过去的世界展现出来。

几年前，尕祝里仪式在基诺山巴卡一带得到了很好的传承，这主要得益于巴卡小寨省级民间艺人资木拉的倡导和传授。在巴卡，村民除了在特懋克节或者春节在村干部的组织下，在资木拉的带领下举行尕祝里仪式外，还在基诺族乡政府组织的一年一度的特懋克节中将尕祝里作为一个舞蹈节目上演。当然，近几年由于村寨干部没有组织过村民统一过特懋克节或者春节，传统的节日仪式也就没有得以上演，因此巴卡已有两年没有进行尕祝里仪式了。

尕祝里仪式刚结束，天又下起了大雨，祭鼓仪式不得不挪到博物馆下举行。此时大鼓用鼓架支了起来，伴舞的妇女也是分两列而站，在队列之间留出空地。长老们从卓巴房即博物馆收藏大鼓的展厅下楼，轮流祭鼓，他们手拿鼓槌，顺着伴舞队列之间的空地走到大鼓前，面向大鼓，低下头，双手举鼓槌过头，向大鼓献祭，献祭毕，即用手中鼓槌敲响大鼓，并一边和着妇女舞蹈，同时大家口中喊着"扯、扯，扯、扯……"的调子。寨中的所有长老都献祭过后，他们又回到卓巴房围着放有各种食物和酒的竹桌而坐，开始商量来年的农事，并念诵祝词，这之后祭鼓仪式结束。接着在村干部的主持下，把凑来的牛肉、鸡蛋、酒等分给参加仪式的老年人。

祭鼓仪式之后，接着举行修铁房、打铁仪式。首先由六七个中老年男子到铁房修风箱、火坑，接着几名妇女拎着酒，拿着竹杯来敬铁匠。喝过酒后，风箱抽了起来，炉火燃了起来，不久铁块被烧红，用火钳取出放在铁砧上，一人抡起打铁锤，开始打铁，铁花四溅，人们又看到了久违的情景。因为现在大家用的铁制工具都是从市场上买回来的，打铁在基诺人的现实生活中已基本消失，就像这次举行打铁仪式用的风箱都是临时赶制的。

打铁仪式结束，天色已晚，参加表演的村民和围观的群众纷纷回家，准备晚饭。而村干部和几位村寨长老拿来以前记事用的刻竹表演结账。当然今天村民与村干部在上公粮、集资等方面都需要事后结算，但今天村干部早已用白纸黑子作记录，刻竹、刻木已成为历史文物被收藏在了博物馆。因而今天管账的会计拿着记事竹片与几位长老核对账目的举止，是一种表演。

晚饭后不久，村民又集中到博物馆下面，年轻人搬来了电视、功放机、组合音响等准备举行晚会，而中老年男子则在仪式专家的组织下，试吹着竹号，准备火把，人员到齐后，仪式专家带着大家，点着火把，吹着竹号来到村寨口，挥舞着砍刀，有的人口中说着"这块地是我的了"的话，仪式专家则口中念"第一刀砍 XX 妖魔，第二刀砍 XX，第三刀砍出丰收成果……"诵词。很快号地、砍地仪式①结束，这次节日计划举行的活动也就上演完毕了。

当然因下雨和时间紧迫，打陀螺、跳竹竿舞等活动没有举行，但在一日之内举行了这么多活动也算是一个不小的创举。并且在仪式活动的举行过程中，一些仪式举行的先后顺序有颠倒，而这些村民却没有不适的感觉，可见特懋克离村民的现实生活是越来越远了，今天人们举行它，纯粹

---

① 号地仪式是基诺族传统的刀耕火种的农业体系的组成部分，即以标记记号的方式占领地块的活动。砍地仪式即在刀耕火种地中砍伐林木时举行的仪式活动。但是此次巴卡小寨的号地、砍地仪式没有在刀耕火种地中举行，显然更多的是一种象征性的表演行为。

为了表演给自己和别人看，同时也可以借机从事一些其他的活动，如开晚会，此时此刻青年人成了主角，儿童的现代舞、青年的卡拉 OK 赛唱等向人们展示着村民当下生活的现实一面。传统仪式的上演在此成了一种象征，代表着基诺人的过去，代表着基诺族文化。在外人看来，只有在传统中，真正的基诺族才会出现。

2. 春节

春节作为汉族的传统节日，今天借大众媒介的广泛宣传，事实上已成了国家的节日。每年中央电视台的春节联欢晚会都以炎黄子孙的节日的名义向各个民族、海内外播送着。中国境内的所有民族群体几乎都在追求进步和民族团结的过程中开始过上了春节，当然基诺族也在其中，特别是在巴卡小寨，春节经村民多年庆祝已相沿成习。

2003 年 1 月中旬，春节前半个月，依照惯例，组长用高音大喇叭通知村民召开大会，商量凑钱买牛的事，并推选负责买牛的人员，他们一般由村干部和党员组成。实际上开会只是通知大家，而大家都会按照往年的惯例把买牛的钱陆续凑到村会计手中，由会计造册登记，凑钱的活动持续了 4 天，最终凑了 8000 多块钱。然后由买牛的人带着钱到附近集镇和村寨去找合适的牛。买牛的人到处跑了 3 天仍没有买到牛，他们回来说："今年的牛特别难买，又少又贵。"直到 1 月 19 号，牛才被买回来，共买了 3 头。牛买回来后，全寨凑过钱的人家，每三户一组轮流值班放牛，这样一直到牛宰杀时为止。春节前一周，村民纷纷用拖拉机拉着糯谷到勐仑碾，准备春节时用来舂粑粑、蒸白酒，同时各家还购置了啤酒、饮料、炮仗、烟火、蔬菜等年货。在准备年货的同时，村民还先后到附近傣族村寨，按惯例邀请自己的老根过年时来家同庆。

1 月 30 日，妇女们一大早就起床生火蒸糯米，等糯米蒸熟后，两三个主妇合作找来砧板、杵棍、簸箕、芭蕉叶等开始舂粑粑，她们把蒸熟的糯米从甑子中取出，放在砧板上，一人蹲着负责翻糯米，一人双手持杵棍，呈半蹲状，挥舞杵棍一上一下捣糯米，这样两人合作把糯米捣粘，旁

图 58：节日期间村民宴请老根

边的人不时替换持杵棍捣米的人，直到糯米粘成一团为止。然后几位主妇齐动手，把糯米团扯成小块做成圆形、椭圆形的薄饼，沾些灰面放置在垫有芭蕉叶的簸箕中晾晒。这样做好一家的，接着到另一家去舂。这一天在小寨，从早上到傍晚，都可以听到舂糯米时杵棍与楼板撞击发出的"咚、咚"声。而在舂糯米粑粑的同时，男人们也是几家相约杀猪分肉，因而早上 6 点左右，寨中的猪叫声就此起彼伏，连续不断。到 9 点多要杀的猪基本上已杀倒，大家开始清洗、分割，然后按所出的钱分配。当天在小寨几乎每一家都杀了猪或分了肉，杀猪分肉的几家或聚集在一家聚餐或各自生火做饭，整个小寨已沉浸在节日的气氛中。大清早小孩们也已开始四处放炮仗。

1 月 31 日，天未亮，寨中的男子们已别着砍刀、拎着皮桶、端着铁盆聚集到河滩杀牛的地方，等牛牵来，一起动手杀牛。11 点多，牛杀好分配到户。此时寨中已随处可见傣族男女老少，他们从勐仑、曼仑等村镇赶来，随身带了青枣、野菜、葱、橘子等物品，他们到后，一边与老根拉家常，一边和老根一同准备午饭，制作剁生、烧牛皮、调治蘸水等。丰盛的午餐准备好，男性家长陪着傣族老根进餐，而妇女和小孩则不上席，坐在火塘边进餐，并且妇女还要时常起来为客人添菜。筵席一般要摆两三个小时，到下午3点左右散席。席散，来访的傣族老根开始陆续返家，而巴卡小寨的村民则为他们准备了新鲜的猪肉、牛肉和刚刚用油炸的糯米粑粑，分别用芭蕉叶包扎起来，一个人几份，让他们带回家吃。

　　傣族老根走后不久，村民又开始忙着准备晚饭，7点左右晚饭准备好。吃饭之前，各家要放一封炮仗，然后才开始动碗筷。平时不经常吃的猪肉、牛肉做出烧、烤、煮、炒、剁生等各种花样，而平时经常吃的野菜，春节期间则一律不上桌，而且全家人还要打开啤酒、饮料共饮。村民认为过春节一定要吃好、玩好，他们对不满意的行为总会说："过年过节，不要XX，要XX。"吃过饭，小孩们纷纷跑到阳台上放烟火；大人们则是有的守在电视机前看春节联欢晚会，有的聚集在某家打扑克牌，有的则喝酒娱乐到深夜。到午夜12点，村民纷纷出来到阳台，在午夜的钟声敲响之时，燃放一封炮仗。此时，从巴卡小寨6公里外的勐仑镇也传来了巨大的爆竹声，夜空中也可看到各色的烟花，村民与之遥相呼应，更与中央电视台的倒计时钟相衔接。

　　2003年2月1日，农历正月初一，早上起来，村民开始食用自己酿制的糯米甜白酒和油炸糯米粑粑。年轻的小伙们开始挨家挨户串寨子，他们准备到各家又唱又跳，说一些祝福的话，他们到哪家，哪家就要准备酒食招待他们，他们上楼跳一会儿，坐下夹几箸菜，敬几次酒，接着又唱着跳着到另外一家，就这样用2天的时间把全寨各家走遍。姑娘们则集中到一起玩扑克牌；小孩在寨中到处跑，随时随地放炮仗。中老年则分别集中在几家喝酒拉家常。春节就这样庆祝到正月初三，人们的热情才开始慢慢

图 59：村民舂粑粑

减退。

在小寨，村民不仅自己庆祝春节，而且把自己的老根、亲戚邀请来一起过，显然春节已经成为小寨自我确认的一个符号。对村民而言，春节的时间安排是次要的，借助春节上演的交友、娱乐、餐饮才是主要的。春节作为一个外来的节日，在小寨的举行，一方面说明强势主流文化已成功涵化村民，村民至少在形式上已经接受了这一文化因子；另一方面，在村民模仿他人举行各种庆祝活动的同时，也加入了村民自己的理解和认识，因而使巴卡小寨的春节独具自己的特色，我们既可以说它是一个外来的节日，同时也可以说它也是巴卡小寨自己的节日。

第三节　20世纪50年代以来基诺族传统文化变迁的过程及原因分析

通过上面巴卡小寨的民族志叙述，虽然我们可以看到，无论从物质技术层面、社会制度层面，还是从思想意识层面来看，基诺族传统文化在今天多少都还有一些继承，但是我们也看到，巴卡小寨所呈现给我们的更多的是基诺族传统文化各个子系统变异甚或消失的一面，那么这种现象背后的原因何在呢？动力何在呢？我们又如何看待基诺族文化的当代变迁呢？对于基诺族文化的变异，我们又能做点什么呢？

文化人类学认为，文化变迁是一个常数，是一个永恒的过程，一种文化体系的变迁或因内部的发展所引起，或者是由于不同文化体系间相互接触而产生。[1] 据此美国人类学家默多克（Murdock, G. P., 1965）[2] 列举了六点使文化变迁的内在和外在原因：（1）革新（发明）：由社会的某一成员创始新的反应方式。（2）借用（传播）：采用从其他社会的成员模仿而来的新的方式。（3）内部的传播：新的方式，从发明者或者借用者扩散到他所在社会的其他成员，即该社会的容纳。（4）统合：新的方式适应文化的脉络以及已有的方式为适应新的因素而做出调整。（5）选择性排除：曾经在某一社会内流行一时的文化方式，因与其他方式相替换或者不再能够满足需要而最终归于消失。（6）社会化（教育）：在某一社会内向下一世代传授文化方式。在这一社会过程中，很少有准确的再现。就基诺族传统文化消失或变异的情况来看，上述诸种因素都或多或少起过作用，并且各种因素是相互交织在一起的。下面笔者将对作为一个整体的基诺族文化体系在当代的变异过程做出分析，然后再对推动这个过程的动力进行解释。

---

① 参见克莱德·伍兹：《文化变迁》，云南教育出版社1989年版，第1页。

② 石川荣吉主编：《现代文化人类学》，中国国际广播出版社1988年版，第8页。

一、20 世纪 50 年代基诺族文化的整体情况

众所周知，基诺族这一名称正式出现是在 1979 年 6 月以后，其经学者识别，国家确认。在此之前，特别是 20 世纪 50 年代以前，汉文献对其的称谓经历了从早期的"三撮毛"到晚近的"攸乐"的发展过程。而在此过程中，一方面由于基诺族没有自己的文字，传统知识的流传依靠的是口耳相传、言传身授；另一方面，基诺族作为中央政府管辖下的地方政权中的一个人口较少的土人群体，长期处于华夏文明的边缘，因而很少引起修史列传、写志著文的人注意。因此对此时期的基诺族先民的认知，后人想通过当时当地的人或当时异地的人的记述来对基诺族有一个完整清晰的了解是不可能的。然而到了 20 世纪 50 年代，在马克思民族理论与民族政策的指导下，刚刚建立不久的新政府为贯彻各民族和平的精神，先后向全国各民族地区派出了慰问团和访问团，开展"抢救落后"、民族调查、民族识别等工作。基诺族也在这个过程中渐渐地通过学者的调查研究，走进了国家各级政府的视野。基诺族传统社会的历史文化状况也经在世的长老们的回忆讲述，以及与当时情况的综合，经学者整理，在人们眼前变得清晰了，一个完整的基诺族渐渐出现了。因而通过 20 世纪 50 年代以来不断增多的文本，基诺族的过去和现在，甚至将来都展现了出来。而对于传统的基诺族社会我们也可以获得如下的知识：基诺族，聚集于基诺山，新中国成立前尚处于原始公社向氏族社会过渡的阶段，各个寨子互不统属，每个村寨都有氏族长老和村寨长老管理体系，并受傣族土司统治；人们的生产方式以刀耕火种、采集狩猎的原始农业为主，土地和山林有村寨公有、氏族公有和家庭私有三种占有形式，而氏族所有是土地的主要占有形式，与刀耕火种的山地农业体系相适应，基诺人在服饰、住房、节日、庆典以及婚丧嫁娶方面都独具特色；基诺族有自己的语言，没有自己的文字，基诺语属汉藏语系藏缅语族彝语支，新中国成立前基诺人有刻木记事、树叶传信等记录和

通信手段。①

　　然而经过近半个世纪的发展演变，正如学者和本民族的代表人物所言，也如本书上一章巴卡小寨的情况所示，不用远溯，即使是与 20 世纪 50 年代初的基诺族社会文化状况相比，今天许多原有的文化现象已经看不到了，那么这个过程是什么如何展开的呢？推动这个过程的原因何在呢？

二、从三个层面看基诺族传统文化变迁的过程

（一）从物质技术层面来看

　　传统上基诺族的生计形式是以刀耕火种、采集狩猎为主的高原山地农业。此种农业形态自成体系，其存在的条件和包括的内容主要有：1.生产的组织形式，氏族长老制，长老集团发挥着维护氏族土地制度、组织实施刀耕火种生产等重要职能；2.生产资料的占有形式，以氏族所有制为主的土地占有形式；3.刀耕火种的生态基础，足够面积的至少被规划为十三大片的林地，以资轮歇耕种；4.与刀耕火种各阶段和环节相联系的符号体系和农耕礼仪，起到对传统知识的强化和传承作用。② 然而 20 世纪 50 年代以后，基诺山先后经历了 20 世纪 50 年代初的"直接过渡"；1957 年设置的基诺洛克生产文化站；1958 年的民主补课，发动群众按既定比例重新划分阶级，对被划为地主、富农的人进行面对面的斗争，没收其浮财和底财，开展人民公社化运动；20 世纪 60 年代的"文化大革命"；20 世纪 70 年代的农业学大寨；20 世纪 80 年代落实"林业三定"和"两山一地"政策；20 世纪 90 年代的市场经济等政策变动和社会变革，③ 渐渐地基诺族刀耕火种农业存在的各种条件消失或变迁了。

---

① 　主要参考杜玉亭：《基诺族简史》，云南人民出版社 1985 年版；杜玉亭：《基诺族社会历史综合调查》，载《基诺族普米族社会历史综合调查》，民族出版社 1990 年版。
② 　参见尹绍亭：《人与森林——生态人类学视野中的刀耕火种》，云南教育出版社 2000 年版。
③ 　参见《景洪县志》之《大事记》。

　　人民公社时期强调以粮为纲，基诺山有水、地面稍平的地方都把树砍光开了水田，此时的生产也不再由氏族长老根据传习和积累的经验来组织进行，而是由生产队来统一安排，记工分，吃大锅饭，显然刀耕火种生产的传统组织形式已被取代。而到1982年和1983年以后，基诺族的山地、林地都明确了权属责任，基本上承包到了各家各户，因而刀耕火种生产体系中的号地仪式也就变得多余了。并且由于山地不保土，连续种2到3年后，地内的表土变得越来越少，此时为恢复土地肥力，就需对地块进行轮歇，然而土地分配到各家固定使用后各家的地块数量和面积减少，原来连续耕种1到3年的山地，现在至少要连续耕种5到6年后才轮歇，因此以前靠天吃饭，现在就靠化肥、农药吃饭。毫无疑问，刀耕火种的原生形态已发生了巨大改变，与此同时与之相适应的各种物质文化形态也发生了变异。生产使用的劳动工具如点播棒消失了，生产的刀耕形式被锄耕和犁耕

图60：芭蕉叶包裹节日礼物

所代替，种植的旱稻品种从几十种上百种减少到了现在仅存的十多种，而且随着退耕还林政策的实施，许多村寨的村民已基本不再种植旱稻，经过基诺人祖祖辈辈培育、种植的旱稻可能随着刀耕火种农业形态的彻底消失而消失。

基诺族刀耕火种农业形态的出现和发展是基诺族与高原山地森林生态系统长期互动的结果。"刀耕火种是山地民族的一种生计，是他们对山地森林环境的适应方式，是森林孕育的农耕文化，是一个山地人类生态系统，是一个文化生态体系。"①然而，我们可以看到，今天这种文化体系即将全面退出历史舞台，出现这种局面的直接原因是生态环境的变迁，使得刀耕火种的生态基础丧失了，而更深层的原因是与之相联系的基诺族文化体系的整体变异。

（二）从社会制度层面来看

传统上基诺族社会是以长老制为中心的均质化社会，对于这种社会制度文化，我们可称其为"卓巴文化"，包括的内容主要有：1. 卓巴等长老的产生机制，即根据年龄自然传承；2. 卓巴等长老的功能发挥，即执行传统法规、调整村社内的各种关系、维护土地所有制等；3. 卓巴权威的象征大鼓；4. 卓巴等长老所主持的仪式活动，如选铁匠、祭鼓、跳大鼓舞、号地祭、砍地祭等。虽然此种文化曾受傣族土司的统治影响，但这种影响是通过其在基诺山的代理人间接发生的，并且是基于基诺族的传统来进行的，因而"卓巴文化"的基本形貌没有发生实质性改变；国民政府统治时期，也因战争频繁政府无暇顾及地方建制的实质性运作，因而基诺山仍然延续着旧有的村社政治与文化结构；而从 20 世纪 50 年代至今，经过多次建制变革和社会运动，基诺山各个寨子都建立了现代国家下的基层管理、

---

① 尹绍亭：《人与森林——生态人类学视野中的刀耕火种》，云南教育出版社 2000 年版，第 337 页。

组织形式。村干部取代了长老成为基诺族村寨管理的中心。村干部在生产组织、仪式活动、调解村民纠纷等事务中取代了传统长老的角色。从前长老的权威是自然形成的，其权威的合法性是由村寨的传统所决定的，其年龄以及与年龄相称的经验是其发挥作用的依据。而今天村干部的权威来自上级政府或者说国家，其要保证的是国家的政策和法规在村寨的无违，执行的是上级政府的决策。显然与长老身份和角色互为一体的基诺族大鼓，也失去了其原有的意义和功能，不再是卓巴的象征，在人们心中的神圣性也随着卓巴事实上的消失而荡然无存，今天仅仅作为一种仪式表演的道具和娱乐的乐器而被人认知。从前不能随意敲的大鼓，现在人人时时都可敲之，而且事实上许多寨子已无鼓可敲，到用时需要到其他有大鼓的寨子借。另外在仪式活动方面，以往长老们所主持的多与生产的世俗性相关联，代表着人们的各种祈盼和希望，长老们用神圣的方式实现着世俗的目的。而现在传统仪式的神圣性随着世俗功能的减退而消解。人们在相信化

图 61：正在纺线的村民

肥、农药的同时，传统仪式的延续也就失去了群众基础和信仰基础，偶尔的出现也变成了纯粹的表演。今天村民的仪式、庆典趋向于与主流文化统一，因而在基诺山我们可以看到元旦、妇女节、青年节、春节等的庆祝活动。而在这些庆祝活动中唱主角的自然是年轻人，通过这些活动村民表达出来的是"我是一个中国公民"。可见国家权力机构向下渗透，并取代了基诺族传统的村社政治结构，从而影响了与此相关的"卓巴文化"。

（三）从思想观念层面来看

传统的基诺族社会是一个经济基础、社会结构和意识形态合为一体的社会，因而在生产方式的变迁过程中，伴随的是基诺人的社会组织制度、宗教信仰、伦理道德、财富观念以及认知方式的变异。以往基诺人生活内的深山密林中充满着鬼怪神灵的禁忌，有的树如大青树是不能随便砍伐的，有的水是不能喝的，而有的地方是不能大小便的，上山打猎时，山林中的一些动物是不能打的，如巴卡小寨的人就不敢打野牛，他们认为犯禁打了不该打的动物，家里的牲畜会得病，而且时间、地点不对的行为往往会给行为者带来疾病，甚至夺走他的生命。在村寨的四周，在山地的周围都有各种鬼怪，为防鬼怪侵扰通常的做法是在家里面放置姜巴，在房屋的周围挂上达辽，在地棚边栽种几棵姜、芋头、鸡公花，并挂达辽，"这样鬼怪就不敢来了"。在人与人的关系上，从传统来看，基诺人以血缘关系为纽带，人们在生产、生活中相互协作，互通有无，形成夜不闭户、道不拾遗、尊老爱幼、一家有事全寨支援的良好社会风尚；而在人与自然的关系上，基诺人信奉取之有度、用之有度的生态伦理。砍地、烧地时，大树都不连根砍倒，而是留着长长的树桩，烧地时也不把其烧死，等轮歇后不久其即又发新枝，因而传统的轮歇地生态易于恢复平衡。而且人们每次上山采集带回来的野菜、果子和菌子等仅为一次食用，而不囤积贮藏，在他们的观念中"今朝有酒今朝醉"是合适的生活态度，一方面是因为山林中有足够多的野菜、野果供采摘，有大量走兽可猎获，大自然就是天然保鲜

图 62：基诺民族小学

库，今天用完，明天要用现去取来；另一方面在人们的欲求上，并没有积财的牢固观念，吃饱穿暖人们即告满足，人们的荣誉、名望并不依凭财富来建立，刀耕火种的经验技能、狩猎的技术、歌舞才能、巫师的灵异、仪式程序的掌握等，这些都是人们自我实现的希望所在，都是声威所出的源头。然而上述这些社会情景都渐渐成了历史，人们对自然、对神的敬畏逐渐丧失，神灵越来越少，山林也越来越稀，人与人之间讲报酬、明算账，同一村寨的人即使是同一家族的人，搭次便车、坐一次拖拉机都要出钱，为了生存、积财，深夜两三点钟就起床上集市占摊位卖菜成了人们的日常事务。另外偷猎、偷盗现象也时有发生，夜不闭户、道不拾遗的风尚正在改变，传统的仪式程序、节日内容、庆典活动正如在上一章所述业已缩减。并且从 20 世纪 50 年代以后，学校在基诺山建立以来，知识的获得逐渐从依靠家庭教育转向依凭学校教育，同时随着电视等大众媒介的涌入，人们的审美趋向、人生观、价值观的形成都深受其影响。无疑，今日基诺社会同以往相比变化是巨大的。那么促动这些变化发生的因素是什么呢？

三、基诺族传统文化变迁的动力及原因分析

(一) 国家的力量

其主要包括：1.政治运动和社会变革；2.扶贫开发；3.经济发展。首先来看政治运动和社会变革，我们知道新中国成立后，政治运动动员和号召了全国人民的广泛参与，当然基诺山也不例外。在此过程中，基诺人感觉到了前所未有的强大的国家的力量。行政建制的变化，基本上使氏族长老制解体，国家的行政管理体制日益强化，国家的权力日益深入，并且在政治运动中，村民的国家意识被激发出来，国家使基诺族从原始社会跨越到社会主义社会中来，这样在先进取代落后、高级代替低级的思想指导下，基诺人旧有的社会制度失去了存在的合法性依据。社会制度变更所带来的社会变革，如人际关系的转变、社会权威的改变使得传统的政治制度及文化体系淡出了人们社会生活的现实，失去了存在的实践基础。同时"当农村旧有社区组织解体之时，农业便由一种生活方式约化为一种生存手段"①。其次是扶贫开发，扶贫开发作为一项政府工程，在帮助受扶持的人们改变生活状况方面起到了不可低估的作用，使许多人渡过了生活的难关，同时也体现了我国社会制度的优越性。其实扶贫开发无论是以输血的方式，还是以造血的方式，往往都是从外移入，镶嵌进基诺族社会当中，资金扶贫、科技扶贫、项目扶贫等对基诺族而言都是外来的，而当这些外来的东西成为人们生活的一部分时，很明显基诺人的社会文化面貌也就随之变化了。正如弗朗索瓦·佩鲁所说："经济体系总是沉浸于文化环境的汪洋大海中，在这种文化环境里，每个人都遵守自己所属群体的规则、习俗和文化模式，尽管未必完全为这些东西所决定。"②最后从经济发展来看，政治运动退潮后，以经济建设为中心的指导思想的确立和市场经济体

---

① 许宝强、汪晖选编：《发展的幻象》，中央编译出版社2001年版，第19页。

② 转引自施惟达：《民族文化与扶贫》，载王筑生主编：《人类学与西南民族》，云南大学出版社1998年版，第337页。

制的全面推行，使得基诺山原有的表现为生产上的一体趋同、自然协作和权威指导、自给性分配与消费等[①] 特点的生存形式逐渐改变了。到今天，基诺山的各个村寨基本上都栽种了橡胶、砂仁、西番莲、茶叶等经济作物，经济收入得到了明显提高，经济来源也日趋多样化，传统的生存经济形式在许多村寨变成了样板。现在村民的生产各有各的打算，各有各的内容，不再全寨一个样，不再统一安排耕种收割。原来的男女分工即男子狩猎、竹编、耕作，女子采集、纺织、播种的内容，也随着生产内容的改变而消失。今天，割橡胶、割砂仁、摘西番莲等男女都同去同劳。从前除了交粮、交款和少量商贩的交换等对外经济联系外，基诺人处于一个自给自足、相对封闭的经济体系中，山区内的人与自然之间、人与人之间的互动交流是经济交流的主要形式，而今天村民不仅衣食住行与市场密切联系，而且在经济收入上，更是要直接受市场的影响。如在 20 世纪 90 年代初，橡胶、砂仁、西番莲等经济作物的价格可观时，人们经济收入上了一个台阶，许多家庭就是在此时购买了拖拉机、电视机、摩托车等生产、生活用具；然而到 20 世纪 90 年代末，随着上述经济作物的市场价格普遍下跌，村民的收入也随之下降。可见今天市场已经主导了基诺人的经济生活，与传统的经济形式相关的文化体系无疑也发生了变异，传统的农耕礼仪、生产协作关系、平均主义和平等思想或消失或变异，变得不再完整或不再有价值和生命力。

可见国家不论是以政治变革、经济发展，还是以扶贫开发的方式进入到基诺族社会当中来，都在有意或无意地从整体上改变着基诺族的文化形貌，国家在消灭落后、扶持贫困、经济发展等举措中，所带来和推广的经济形式、社会组织和社会管理和运作模式等，都以先进的姿态进入到基诺山，用外来的改造基诺族自身原有的，用新的取代旧的，经政治组织变革、经济发展等具体化表现为今天基诺族传统文化的变异。

---

① 杜玉亭：《一种经济形式的典型——基诺族生存经济》，《云南社会科学》1991 年第 6 期。

（二）社会力量

主要包括：学校教育、大众媒介、民间往来（如商贸和旅游）等。

1. 学校教育

20世纪50年代以前，基诺山没有一所学校，加上基诺族没有自己的文字，人们生产经验、生活知识的获得主要靠口耳相传、言传身教来进行，因而人们的社会化主要在家庭中完成，人们异时异地的信息传递通过刻木（刻竹）记事和树叶信等形式来完成。而从1956年起，基诺山逐渐建立了从小学到初中的初级学校教育体系。到20世纪80年代中期基诺山已"村村有学校、班班有教室，学生有课桌，小学生入学率和巩固率都提高到95%左右，升学率也提高到了75%；还自力更生建起了初级中学。全区已有小学毕业生2584人，初中毕业生606人，高中、中专毕业生151人和大学生31人"。[①]"全乡到2001年底共有1所省定初级中学、1所民族小学、2所半寄宿制学校、2所集中办学点和34所小学。……到2001年底，全乡共有在校学生2219人，其中小学1539人，中学680人，小学适龄儿童入学率99.35%，巩固率达98.4%。"[②] 很明显，今天学校教育使得几乎每个基诺人都识了汉字，也多少学会了书写，懂得了现代科学知识。然而，与此同时，人们对本民族的传统了解得却越来越少，从书本上，基诺人获得的对本民族的认识是：基诺族，社会历史发展缓慢，新中国成立前尚处于原始社会向氏族社会过渡的阶段，原始农业占主要地位，刀耕火种、刻木记事、生产力低下、生产方式落后。因而追赶其他民族，特别是汉族就成了受过教育的基诺人的共同目标。正如一位乡政府领导所说："我们基诺族从原始社会走过来，不努力追赶，我们就永远落在后边。"显然，教育助长了基诺人的追赶意识。

---

① 省委民族工作部边疆处：《坚持改革创新　抓好科技扶持——基诺族发展进步的主要经验》，《云南民族工作》1986年第12期。

② 纳培：《统一认识　坚定信心　转变作风　扎实工作　努力促进经济持续健康发展和社会全面进步》，《在基诺族乡第四届人民代表大会第一次会议上的报告》，2002年1月24日。

2. 大众媒介

现代媒介延伸了人体各部分的功能，使得人们之间的空间距离变得越来越小，从而世界展现出一幅"地球村"景象。基诺族居住的基诺山昔日人们心目中的瘴疠之区、闭塞之地，今天在电视、电话、广播等传媒和通信方式的内引、外传的作用下，也加入到了世界的信息化浪潮之中，与外部世界紧密地连为一体了。到 2001 年底，"全乡实现了村村通电、通路。通信方面，已开通了巴坡、巴亚新寨、巴亚中寨、巴朵、新司土、巴昆、巴来中寨和巴飘 8 个村小组程控电话，开通了移动通信电话。广播电视方面，全乡有 7 个村委会 14 个村寨已解决闭路电视；完成从景洪至基诺乡机关电视光缆架设安装。"① 上述作为基诺山经济社会发展中的基础设施建设，作为基诺山经济低起点快速发展的证据，在不同时期都被人们屡屡提及。然而这些事物所带来的影响，除经济方面的表现外，其他如社会、文化等方面的表现却鲜有人提及。

事实上，今天在基诺山看电视已成为人们日常生活的一部分，成了人们了解外部世界的主要途径，世界的风情、城市的风尚，村民都历历在目。小伙子、小姑娘们的穿着打扮，交友待客方式都可以从电视剧中找到源头。城市流行看韩剧、听阿杜的歌曲，基诺村民有过之而无不及。影视媒介带来的大众文化、广告消费文化对村民的文化建设方向也有影响。而这种方向更多地表现为简单的模仿，如青年的披头、染发，也表现在庆祝生日、婚礼、丧葬等活动之中的借用。显然，今天大众媒介所带来的大众文化在日常生活中正改变着基诺族传统的面貌。基诺族传统文化如上所述，在整体上已发生了改变，而现在在具体的文化特质上也在丧失原有特色。

3. 民间往来

这里主要从族际通婚、民间经济往来、游客来访三个方面来分析。以

---

① 纳培：《统一认识　坚定信心　转变作风　扎实工作　努力促进经济持续健康发展和社会全面进步》，《在基诺族乡第四届人民代表大会第一次会议上的报告》，2002 年 1 月 24 日。

往基诺族很少与异族通婚，而今天与异族通婚的现象在逐渐增多。这种通婚现象主要表现为：基诺族姑娘招汉族或傣族上门女婿，基诺族姑娘远嫁异地他乡的汉族。以巴卡小寨为例，寨子中现有族际通婚11例，其中有2例招汉族女婿上门，1例招傣族女婿上门，6例远嫁勐仑、勐笼、昆明、浙江等地的汉族，1例娶拉祜女子为妻，1例娶哈尼族女子为妻。可见基诺族的族际通婚主要表现为外嫁的形式或与不同民族的联姻。这种族际通婚改变着村民的血缘和姻亲关系，同时内招的女婿和外嫁的姑娘也把他们在异地的生活风尚、生产方式多少带到了基诺山，如汉族姑爷把外出打工、积累财富等行为和观念引入到基诺山寨，今天想出去的年轻人越来越多，特别是女孩子。传统文化的地域认同和与地域的连带关系正在减弱。而在民间经济往来方面，也即村内交易上，外来的老板经常到基诺村寨收废胶、包谷、扫把花等，基诺人自己也开起了小商店、碾米房，甚至有的村民开着拖拉机，走村串寨炸米花。外来的商客和本民族的坐贾行商，一方面带来了山区之外的信息；另一方面也在改变着村寨的人际关系。在这个过程中，基诺山也出现了雇佣关系，村民雇佣傣族、汉族建盖房屋，或如上一章所述，基诺族村民到其他寨子或在本寨子承包工程等，今天在基诺山都不再是新鲜事。可见民间经济往来也是基诺族传统文化变革的促动因素。另外在旅游交往上，本书涉及的主要是山区之外的人的来访。随着云南旅游业的发展，西双版纳早已名声在外，此地的热带风光、民族风情在他者的眼中都充满了神秘色彩。基诺族作为生息在这片土地上的民族之一，由于其独特的历史和文化让外人充满了好奇。今天从国内到国外踏入这片山林的人越来越多。"新的一代人将会以其自身的方式对他们继承的独特世界做出反应，吸收许多可追溯的连续性，再生产可被单独描述的组织的许多内容，可是却以某些不同的方式感觉他们的全部生活，将他们的创造性反应塑造成一种新的感觉结构。"[1]基诺族传统文化也在进行着旅游

---

[1] 罗钢、刘象愚主编：《文化研究读本》，中国社会科学出版社2000年版，第132页。

开发的尝试，古老的神话人物被具体化为供人观赏的对象，以往只在三个时间段跳的大鼓舞，现在可以天天跳给游客看，卓巴房成为接待游客的景点。旅游开发成了基诺族传统文化的诱变因素和推动力之一。

通过上述几个侧面，我们可以看到在基诺族传统文化变异过程中，社会的力量同样是强大的，它从生活的具体方面在国家改造的基础上，一点一点地改变着基诺族的社会文化。

（三）学者参与

通过对基诺族被识别、确认过程的追溯，我们可以看到从20世纪50年代起，由学者参与的民族工作队已经上了基诺山，开始对基诺人进行慰问、调查，他们一方面参与到对基诺社会进行的社会主义改造活动中，一方面担当起对基诺人的社会历史、经济发展状况进行资料收集、定性研究的任务。而学者的工作和努力，也使得基诺族最终以一个单一民族的身份出现在中国多元一体的民族格局当中来，这在很大程度上提高了基诺人的地位，也为基诺族在国家各级政府中提供发言的机会创造了条件。

（四）文化主体

一种文化的变异，无论其作用因素有多么复杂难解，其最终都要通过文化主体的实践来体现。通过上述分析，我们知道基诺族文化的变异或传统文化的消失的原因和动力是多方面的。那么，基诺人在本民族传统文化变异中扮演着什么样的角色呢？下面本书将从三个层面来进行分析。

1. 基诺民众

基诺族民众是基诺族文化的主要载体，对当时当地的文化他们最有发言权，因为他们"并不是独立自持的，而是由文化建设的"。[①] 因而基诺族民众与基诺族文化之间的关系实是刀刃与锋利之间的关系，也就是说基

---

① 罗钢、刘象愚主编：《文化研究读本》，中国社会科学出版社2000年版，第12页。

诺人既是自身文化的建设者，同时又是自身文化的"建设物"。而民众的生活世界并不完全处于一个封闭的状态当中，近代以来，在军事、经济和政治等目的的促动下，基诺山受外界的影响日趋显著，特别是新中国成立后，在屡次政治运动、社会变革中，基诺山都与全国一道向着相同的目标比肩而行。无疑，基诺人是基诺族传统文化的背负者，他们的宇宙观、价值观和认知世界的方式，都是通过先辈濡化而来的，因而在他们行事之前和之中，思考和实践的都是自己的传统。然而，当他们面对日益强大的外力影响时，他们选择了从外引进或对传统的改造创新。因而在对外交流中，基诺族民众对外来的事物很少具有批判的眼光，学习、模仿和借用作为追赶先进的方法被基诺族民众实践着。当基诺族在强大的外力作用下，服从于新的权威，实践着新的土地制度、生产方式时，无疑建设新的伦理关系、生产模式即是他们适应性的选择。因为作为整体的基诺族传统文化已先从物质技术层面、制度层面发生了巨大改变，而对于这种改变，基诺族民众是处在一种被动状态下来完成的。

2. 民族文化精英：长老

长老是基诺族传统文化的象征，这一点，无论是在传统的刀耕火种的生产方式中，还是在农耕礼仪、节日庆典、婚丧嫁娶中，都能得到体现。然而随着基诺山现代国家体制的建立，长老的权威让位于国家的法律权威和政治权威。随着岁月流逝，许多长老已离开了人世，他们的离去不仅带走了他们身上所蕴藏的传统，而且也带走了人们对传统文化割舍不掉的依恋之情。有的长老曾经作为调查人员获取基诺族社会历史资料的主要报告人，在与学者等外来人员的密切接触此过程中，也促发了他们重新认识自身文化的意识，在他们把大量资料提供给研究人员的同时，研究人员也把自己对基诺族文化的评价、对基诺族社会历史的定性和定位情况传达给了他们。他们在长期的对外讲述中，充当着基诺族文化代言人的角色，而这种角色又往往被人们用来作为宣传基诺族、了解基诺族的工具，于是长老表演传统文化给人看成了常事。另外自古以来，基诺族长老在现实生活

图 63：长老们举行仪式

中，没有脱离生产，产生一种可供利用的经济资本和社会资本，因而传统文化的消失，并不能激起他们自觉产生比普通民众有更多的补救意识。

3. 政治精英

这里的政治精英指的是基诺山的当地政府以及在各级政府中占有一席之地的基诺族代表。他们对外代表基诺族而发言，对内则代表国家行事。很长一段时间以来，政治精英通过与外界的充分接触和横向比较，形成本族落后的意识，且这种意识比普通民众更为强烈，而且他们负责宣传本民族在全国各民族大家庭中的位置，带领基诺族民众在社会经济上奋起直追，因而无论是基诺山的政治运动，还是社会变革，其都是由上而下政策的执行者。而在他们潜意识中，基诺族社会发展缓慢、原始落后的思想，使得他们在政策执行过程中，对传统变革的意识很强。

总体而言，在外力的作用下，文化主体依赖的传统社会制度发生了根本性变革，而在社会变革之后，相关的文化变异也逐渐表现出来，而这种表现有的是以文章开篇所引述的形式即以文化的消失展现出来，有的则表现为传统文化的当代创新或重构，还有的表现为传统与外来的混合。而这些都是上述各种因素合力作用的结果。

第四章　基诺族文化当代建设的实践个案研究

第一节　基诺族传统文化再建设问题的提出

基诺族传统文化的消失或变异之所以引起学者如此关注，其实也是受国际、国内和省内的社会思潮和政府决策影响的结果。20 世纪以来，随着两次世界大战的爆发和结束，建立在旧有的殖民主义框架内的世界体系逐渐为两极格局所取代。到 20 世纪 90 年代以后，随着苏联解体、东欧剧变和两极格局的结束，美国在世界范围内霸权地位的取得，有学者声称人类社会制度演进的历史已经结束，人类已经找到了一个相对合理的社会制度，即美国式的民主制度加自由市场经济。然而，纵观世界的现实，地区冲突、民族冲突、宗教冲突此起彼伏，国家间、地区间的贫富差距依然显著，如世界上 225 名最富的人的财产加起来，几乎等于地球人口中半数穷人也就是 25 亿人的年收入。[①] 而人们在追寻此类问题的根源时，逐渐发现隐藏在种种现象背后的文化根源。对现实世界的文化批评成为人们的共识。与此呼应，一些新的社会思潮兴起并成为人们的焦点。

一、对传统发展观的文化批判

传统的发展观是建立在西方资本主义自身逻辑之上的一种进步观念，

[①]　[美] 丹尼尔·辛格：《谁的新千年——他们的还是我们的?》，中国人民大学出版社 2002 年版，第 5 页。

其秉承的是建立在西方资本主义实践之上的现代经济学思想，其要旨是经济增长是社会进步的先决条件。在这种发展观念的支配下，第三世界国家和欠发达地区的政府和社会精英纷纷面向西方，采取制度上的变革、文化上的推陈出新来谋求经济的发展。然而自由市场经济的建立，却使越来越多的国家和地区成为西方世界的附庸，更加剧了国际间经济发展的不平衡，同时在广大第三世界和欠发达地区内部也产生了严重的贫富分化问题，引发了既得利益者与有相对剥夺感的人之间的冲突。于是，"发展是什么？究竟为谁或为什么要发展？什么在发展？经济增长是否就等于改善人们的福利、提高人们的生活质量？经济增长过程中，不同社群所付出的代价又是什么？对弱势群体（如原住民和女性）的影响又如何？除了'现代化'和'工业化'以外，有没有另类的发展（或'不发展'）轨道，能更直接改善人们的生活？"[1] 诸如此类的问题被提了出来。也就是说西方世界的经济模式、政治模式和文化模式的普遍性受到了质疑，与此同时，不同地区的人们开始转向自身传统，在自身社会内部寻找出路。因而回归传统、强调地方特色作为抗拒西方主流发展观，凝集和动员社会成员的重要策略而成为世界性潮流。可见，"发展的重点先是从政治自由转移到经济增长，继而转移到社会平等，最终转移到文化自主"[2]。

二、文化多样性的事实和价值日渐成为人们的共识

首先，全球化的讨论由来已久，人们日益明白，全球化并不意味着世界文化的趋同，甚至连经济发展模式的一体趋同都谈不上，全球化意味着信息交流的全球化，也就是说不同地区、民族和国家通过现代交通工具和

---

① 许宝强、汪晖选编：《发展的幻象》，中央编译出版社 2002 年版，第 1 页。

② ［印］S.C. 杜布：《发展的文化纬度》，载《社会转型：多文化多民族社会》，社会科学文献出版社 2000 年版，第 217 页。

信息手段的连接越来越处于相互交往的状态中。因而彼此间相互对话、增进了解就成为彼此消除误解、减少冲突的必要之举。因为世界是由 2000 多个民族或族群组成的，并且各自都有着自己的传统。企图用一种文化取代另一种文化，以一种价值观来主导整个世界，只能加剧地区间、民族间、国家间、宗教间的冲突。强求世界文化的一体趋同，只会加深世界不同民族间的误解，也是对人类自身创造成果的一种践踏和伤害。因而不同民族、不同宗教、不同国家顺利交往的前提是尊重世界文化的多样性事实，并在此基础上了解他者，尊重他者，取得他者的尊重，展开对话和交流。

美国政治评论家亨廷顿曾预言，未来世界的冲突将主要表现为不同文明之间的冲突，战争将沿着不同文明的断层线而展开。今天的世界局势似乎应验了他的预言。但是人们也意识到这种局面的出现，主要是因为西方少数几个大国挟武力，以经济为后盾，强行推行自己的价值观，在世界范围内谋求文化霸权所致。世人也开始意识到不同文明或文化的冲突，只会导致世界文明或文化的衰退，为人类带来灾难。人类的未来需要文明间的共存，更需要各文明间的对话与交流。"只有同样确信自身的价值和伟大的诸文化之间的和平交往，才能真正地丰富这些文化。"[1] 因此正视世界文化多样性的事实，并促进文化间的对话，寻求在保持全球文化多样性下的情况下实现世界的整合是学者、各国政府和人民的共同任务。当然中国也不例外。

其次，来看中国的情况，一直以来中国就是一个多民族共存、共生的国家。这被著名人类学家费孝通先生概括为中华民族的多元一体格局[2]，形象地说明了我国各民族既在文化上相互区别又在历史发展过程中相互交流结为一体的事实。市场经济下中国地区间的发展，特别是多民族的西部

---

[1] 　联合国教科文组织国际专家小组报告：《多文化的星球》，社会科学文献出版社 2001 年版，第 205 页。

[2] 　费孝通等著：《中华民族多元一体格局》，中央民族学院出版社 1989 年版。

地区与东部地区之间的差距却越来越大，而且东西部之间不仅存在经济发展的差距，文化上的差异也是明显的。

再次，从云南的情况来看，云南作为全国民族类型最多的省份，在全球化、现代化的背景下，如何启动本地区的发展成为全省人民必须面对的难题。而云南生物多样性与文化多样性的地区实际，也为人们提供了思考和行动的源泉和依据。因而从本省实际出发，云南省政府提出了从民族文化、生物多样性方面谋划的方案，如前些年提出的"民族文化大省建设"的构想，其宗旨是："牢固确立有中国特色社会主义意识形态，全面提高各民族人民的思想道德、科学文化素质和社会管理水平，弘扬优秀民族文化，促进民族文化、生态环境及社会经济的协调发展。"① 可见，"民族文化大省建设"的发展战略已把弘扬全省各民族优秀传统文化提上了议事日程。

最后，从基诺族自身的情况来看，作为我国现今 56 个民族中最晚被识别的单一民族，其独特的传统生产方式、社会组织制度、仪式信仰等都备受国家、社会各界的广泛关注，其社会制度的跳跃发展、经济的低起点高速发展都被树立成典型，因而在今天看来，随着基诺族文化的政治化和经济化的诉求，其传统文化发生了巨大变异。而随着西部大开发、民族文化大省建设等战略的提出，学者在回应基诺族传统文化变异的事实和传统文化消失的预言基础上，开始探索在经济发展的同时复兴或重建基诺族文化的路径，而这也得到了基诺族文化名人的热烈响应，他们希望通过学者的实践能为本民族文化的传承或复兴贡献一分力量。因而学者在对国际、国内、省内以及基诺族自身的现实进行思考后，把基诺族传统文化当代复兴的提议付诸了实践。

---

① 中共云南省委宣传部、云南省人民政府研究室：《云南民族文化大省建设纲要》（讨论稿），2000 年 8 月。

第二节　基诺族文化生态村建设的起步

作为对基诺族传统文化消失预言的回应，同时顺应基诺族文化复兴的要求，人类学者在长期田野工作的基础上，提出了建设"基诺族文化生态村"的设想，[①] 并且趁着西部大开发、民族文化大省建设的风潮，受各界友好人士的支持，设想被付诸了实践。本书将对人类学者参与的"基诺族文化生态村"建设这一个案进行全程分析，对基诺族文化的当代建设模式进行一些探讨，这将有助于我们对基诺族传统文化消失问题的深刻理解。

一、建设地点的选择

基诺族文化生态村是现有 5 个"云南民族文化生态村试点"之一，它的建设地点为本章前述所说的基诺族乡的巴卡小寨。而事实上，在基诺族文化生态村建设构想提出之初，巴卡小寨并不是民族文化生态村项目组的唯一选择。首先进入项目组视野的是基诺族乡的巴朵寨。巴朵的特点是离乡政府近，仅 0.5 公里，村寨分为两部分，错落于小腊公路两侧，如果在巴朵建设文化生态村，便于与乡政府协调关系，同时交通便利，易于对外交流；然而巴朵也存在传统文化保留不多，生态环境破坏严重，村寨环境不易规划等问题。接着项目组又比较考察了巴卡小寨的情况，而巴卡小寨是项目组负责人最早和长期进行田野调查的地方，因而对其情况比较了解。正如前面几章所述，巴卡小寨地处基诺山的边缘地带，其建寨较晚，这使巴卡小寨处在基诺族传统文化变异的前沿，同时其作为基诺族村寨，它的基诺族文化根脉没有割断，这使巴卡小寨在显现传统与现代关系上有

[①]　具体内容参考尹绍亭主编：《民族文化生态村——云南试点报告》，云南民族出版社 2002 年版。

着典型性；另一方面，巴卡小寨虽然靠近公路，但是其村寨仍保有基诺族传统村寨的特点，而且其与勐仑国家级自然保护区相邻，又与西双版纳热带植物园仅六公里之隔，几方结合便于发挥小寨生态方面的特点。当然与巴朵相比，巴卡小寨离乡政府所在地较远。两相比较，最终项目组决定在巴卡小寨进行"基诺族文化生态村"的建设。

二、基诺族文化生态村项目组的组建

项目组的组建充分体现了以学者（民族学学者和人类学学者）和当地民族为主的宗旨，因而项目组由人类学者负责，同时邀请基诺族研究专家、基诺族知名长老和知名人士作为顾问，组员由当地政府的领导、巴卡小寨村民和各学科的研究人员组成。考虑到项目组并非一个常设的机构，

图 64：巴卡小寨

同时参与的人员大多都有自己的工作等原因，项目组的成员并不固定，当然，项目负责人和项目建设的工作程序和理念是相对稳定的。而且参加项目组的人员，都要接受"民族文化生态村"建设的理念、建设技能等方面的培训和学习。1999 年基诺族文化生态村建设项目组基本组建成立，虽然在接下来的工作中，项目组成员时有变化，但是保护、传承和发展基诺族优秀传统文化的指导方针是持续的，并且在项目组的人员组成上，尽力做到多学科结合，以村民为主体，充分发挥人类学者的作用。

三、小寨的文化生态资源再调查

对巴卡小寨的调查，项目组在已有研究的基础上，采取派单人长期参与观察与小组人员集中短期调查相结合的方式进行。通过多次调查[①]得出的结论大致有：（1）巴卡小寨自建寨之日起就面临人多地少的问题，并且随着勐仑自然保护区的划定，人地矛盾更加突出；（2）巴卡小寨在山地、林地承包到户之后，大范围的土地轮歇耕种已不可能，因此每块山地连续耕种的年份越来越长，土地肥力日趋下降，表土流失严重；（3）传统的生态知识、生产技术和生产组织形式的改变，致使民族文化随之变异，因而出现民族文化与生态环境恶性互动的情况，对于基诺族而言，无论是传统的刀耕火种制度，还是采集、狩猎形式，都是祖祖辈辈积累下来的人与自然和谐相处的模式，但是在外来知识和强势文化的影响下，基诺族传统文化存在的条件发生了改变，自身的传统变得越来越脆弱；（4）由于巴卡小寨的区位，其接触、吸收外来文化比较容易和超前；（5）巴卡小寨在解决温饱后，未能找到使经济进一步发展的办法。村民并不满足现状，然而由

---

① 具体的调查内容参见街顺宝：《文化失衡与生态危机——西双版纳基诺山巴卡小寨的调查研究》和曾益群：《生态人类学视野中的热带山区的混农林——以西双版纳巴卡小寨为例》，载 ［日］古川久雄、尹绍亭主编：《民族生态从金沙江到红河》，云南教育出版社 2003 年版；尹绍亭：《基诺族文化生态村的变迁》，《人与自然》2002 年 6 月。

于人多地少，即使是村寨已推广混农林生产模式，能够起到的作用也非常有限，仅在山地内做文章，并不能完全解决小寨未来的发展困境；(6) 在人多地少的同时，村内有 30 个左右剩余的青壮劳动力（约占全村总劳动力的 20%）滞留；(7) 对于传统的民族歌舞，中老年人由于忙于生产而无暇顾及，同时青年男女早已被影视剧、流行歌舞影响。因此基诺族的传统文化如果在今天不能及时成功地社会化传于后人，有可能从此而断裂，基诺族认同的基础将面临消失和重建的境地。

基于以上认识，基诺族文化生态村项目组提出了保护、传承和发展基诺族优秀传统文化的建设宗旨，主动参与到基诺族文化的日常建设中来，引导村民重新认识自身文化的价值，培育村民对本民族文化的自觉，促动村民在充分利用自己传统文化的基础上，开展经济、社会建设，并且为基诺族村寨的综合开发寻找出路，最终实现巴卡小寨民族文化与生态、经济及社会的协调发展。

第三节　基诺族文化生态村建设的展开

一、村民的观念建设

1999 年项目组开始以明确的身份进入巴卡小寨。一开始，项目组成员满怀信心和热情，希望立即就把自己的理想付诸实施，更希望在文化保护上，自己的行为能起到立竿见影的效果。然而，当项目组初来乍到，把文化生态村的建设构想向村干部和村寨文化精英宣传之后，却从他们那里得到"可以跟我们签合同吗"的反问。这犹如当头泼来的一盆冷水，浇醒了带着理想主义色彩的项目组成员。大家意识到，基诺族文化生态村建设并非水到渠成的事，不可能一蹴而就，更不可能毕其功于一役，而必须做好受冷遇、长期工作的准备。因而项目组面临的首要问题就是如何取得村民的理解和支持，转变村民的观念，引导他们进入到基诺族文化生态村的建设中来。

长久以来，"我们是没有文化的"是基诺族村民的无意识之思。而今天文化生态村建设却要告诉村民："你们是有文化的"。其实项目组与村民对文化的理解是不同的。村民的文化概念是与受过何种程度的学校教育，是否出生在城市，能否跟上时代潮流等相联系的，而项目组的文化却是指基诺族自身所拥有的由物质技术层面、社会制度层面，以及精神层面等组成的整个生活方式。因此转变村民的观念，首先要使村民树立对本民族文化的自信心。对此，项目组的做法包括：举办培训活动、召开村民大会、家庭访谈等。

（一）培训

主要召集村干部（组长、会计、保管、民兵排长、妇女组长）和寨子

图 65：村民自制的篮球架

中谙熟本民族文化的老人，就项目组对基诺族文化现状的认识，文化生态村建设的理念等向他们进行详细说明，听取他们的意见。而他们的回应主要有："搞文化好是好，就是怕没有时间""我们土地少，困难"等。对此，项目组强调文化生态村建设不仅不会牺牲村民的经济发展，而且将对村民进行力所能及的帮助，希望村民在搞经济建设的同时不要把自己变为市场的附庸、外来文化的附庸。经项目组的努力，虽然村寨骨干表示了对项目组工作的支持，但是如果项目组不能通过事实来说明保护传统文化对村民自身有什么益处，就不能令他们和村民信服。当然，这需要一个过程，口头的东西在村民看来都是虚的。因此，项目组除了说，还得以实实在在的行动来说服村民。

（二）召开村民大会

村民是项目实施的主体，没有村民的认同与参与，项目的进行就不可能，也毫无意义。为此，项目组组织召开了村民大会。就项目组要做什么事，准备如何做，所做的事是为什么，村民在其中处于什么样的位置等问题向村民做出一一解答。希望村民理解项目组的举措，明白项目组是来与他们一道共谋小寨未来发展的。当然村民并不完全明白村寨的发展与自身传统文化的保护、传承之间的关系。因而对项目组所说的内容，村民怀疑多于信任、观望多于参与、冷漠多于热情。对此，项目组已有思想准备，通过召开村民大会，让村民知情，是项目组工作的一部分，也是第一步，通过这样的会议有助于在村寨之内形成人人关注文化生态村建设的舆论。项目组相信村民的争论有助于存在问题的显现和解决，从村民那里听到不同声音才是正常的。项目组希望在建设过程中来解决问题，如果有问题却不行动，可能项目永远实施不了。

（三）家庭访谈

主要针对村寨的文化人，项目组的学者在做调查的过程中曾与他们有过多次交往，因而家访比较容易开展。项目组希望他们发挥作为本民族文化代表的作用，带头参与到文化生态村的建设中来。但是他们在由被调查对象转向参与者的角色转换中，还有思想包袱。但项目组的工作有他们的支持，在传统文化的建设上就有了基础。

二、机构和设施建设

项目组在村寨中做了民族文化生态村建设的宣传工作和舆论准备之后，正式在资金、人力和智力上投入巴卡小寨。然而，基诺族文化作为一个整体，要通过村民的行动来实现对其保护、传承的目的，应该从何入手呢？项目组又在其中扮演什么角色呢？通过上述几章我们知道作为整体的基诺族传统文化已经发生了巨大变异，完整的传统文化体系已经看不到。因而基诺族传统文化的保护、传承应该是一项系统工程，当务之急是把传统文化做一个整体来调查、收集和展示，以促进和加深村民对自己文化的了解与认识，如果村民对本民族文化不知有何内容，就谈不上保护与传承。因此项目组决定首先在巴卡小寨建立一座博物馆，这样一方面可以把已经消失、正在消失或即将消失的文化因子收集起来起到保存的作用；另一方面，通过收集展示物及神话、传说等的过程，可以促发村民的文化意识，加深村民对本民族文化的认识。当然，在行动之前，项目组在建设中应起什么作用也应该明确。传统上，人类学者一直对参与项目持审慎的态度，人类学者被要求尽量避免干预研究对象的生活，通过参与观察，从主位的角度出发去写关于研究对象的民族志，从马林诺夫斯基以来这已成为人类学者从事研究的圭臬。事实上，"在科学的研究中，不管你承不承认，它都包含了研究者的某种价值观在内，这是不可避免的事实"[1]。因此项目组认为人类学者应该联合志同道合的其他学科的人员，在研究的基础上，

---

[1]　石奕龙：《应用人类学》，厦门大学出版社1996年版，第20页。

通过项目的实施积极参与和介入到村民的生活中来，推广和实践一些价值，从而对村寨发生影响，并促进科学研究和村寨发展的相互推动。当然学者的这种介入不是以顾问的形式，而是成为村寨发展的参与决策者、规划者和实践者。据此，项目组在巴卡小寨开展了如下工作：

（一）建设基诺族博物馆

建立一座本民族的博物馆自 20 世纪 90 年代以来，就已经成为基诺族文化精英们梦寐以求的事，但是由于资金、技术和人员等方面的原因，他们的愿望始终未能实现。而随着文化生态村建设的开展，项目组提出的建设基诺族博物馆的想法使他们看到了希望，他们纷纷表示支持项目组的工作。

1999 年，基诺族博物馆在巴卡小寨开始动工兴建，2001 年 3 月开始在整个基诺山各个寨子进行展品征集。2001 年 6 月 6 日，布展完毕，并举行了隆重的开馆仪式，从此基诺族博物馆正式落成，其由一座基诺族传统的氏族长房和房侧的广场组成，馆内即长房内有两个展厅、六个展室和两个收藏室。

博物馆作为一个外来事物，许多村民都是在项目组把这个名词引入后，才第一次听说。因而建立博物馆具体有什么用，村民的认识是模糊的。从博物馆的兴建到落成，村民更多的是把博物馆当作一个旅游开发的景点来期待，特别是工程建设时引入了一些外来施工人员，他们在与村民的互动中，相互谈论的话题是基诺族博物馆作为一个景点的许多设想和预测，并且时时与旅游景点即巴坡的基诺民俗山寨相提并论，因此博物馆建成开馆后，村民对来参观的人员的多少十分在乎。可以看出，旅游开发的意识深潜在村民的思想当中。而在项目组一方，正如基诺族博物馆的布展前言中的一段话所说："建设这座小型的基诺族博物馆，旨在展示该族独具特色的传统文化，虽然这座博物馆规模很小，设施简陋，但是它是基诺族自己的博物馆，对于基诺族保存和传承本民族文化必将产生积极作

图66：文化生态村建设的基诺族博物馆

用。"①同时在博物馆的建设、收集展品和布展过程中，项目组专家吃住在现场，手把手地指导村民，项目组专家希望通过自己的价值倾向来引导村民的价值趋向，通过收集藏品和展示物的过程影响村民的文化自觉，并且在整个基诺山营造人人关注基诺族博物馆、人人关注基诺族文化生态村建设、人人关注自身传统文化的社会氛围。2001年6月6日，基诺族博物馆落成后，其作为中国第一个建立在自然村的单一民族的博物馆而逐渐广为人知，国内外不断有人慕名而来参观，此时它就不仅仅是一个民族文化生态村的建筑了，而是代表着整个基诺族的文化，这也逐渐被当地政府所认识，同时在当地政府看来基诺族博物馆的建成有助于宣传本地区民族平等政策，有助于民族文化大省建设战略在地方的实现，同样也有利于精神文明建设的落实。在受各级政府关注的同时，社会各界和来访的各界人士也对基诺族博物馆做出了积极评价。

当然，项目组也清楚博物馆的保护、展示和传承功能的发挥，受其规

---

① 尹绍亭主编：《民族文化生态村——云南试点报告》，云南民族出版社2002年版，第52页。

模和形式所限，更多的是起到一种象征作用，对村民而言，它已经成为村寨的标志，在与其他村寨的交往中，它是小寨村民确认自己的一个新符号，在与其他民族的接触中，基诺族博物馆成为民族认同的一部分；对于项目组，博物馆反映的是具体的基诺族传统文化，是村民与项目组之间的桥梁，也是建设工作起点的一个标志；在当地政府眼中，博物馆这一形式正是其要从事的文化建设的一部分；就访客而言，博物馆为他们提供了一个便于了解基诺族文化的场所，博物馆中的传统与村寨中的现实的并置，让来访者多少感受到了基诺族的变与不变，在来访者看来，这比看许多文字的东西来得更生动，也更深刻。

显然，基诺族博物馆的落成，具体形象地把基诺族文化生态村建设的旗帜树立了起来。但接下来如何管理、如何运作等问题，项目组又得去面对和一一解决。项目组深刻认识到文化生态村建设，最终要体现为村民的行动才是有生命力的，才能持续进行下去。如果不从观念和能力上对村民进行培育和训练，项目组的工作就不能取得成功。为此，项目组以博物馆的管理为契机开展了对村民自我管理能力的提升。

（二）建设文化生态村管理委员会

为了保障基诺族博物馆功能的正常发挥和锻炼村民自我管理、内外协调的能力，项目组组织成立了由乡政府领导、乡文化站成员、民族文化精英、建设积极分子组成的"基诺族文化生态村管理委员会"。管委会成员的工作内容主要包括：①接待来访人员；②带领和组织妇女和青年民兵打扫博物馆内外卫生，维护村寨环境；③订立村规民约，对村寨的公共设施进行维护和管理；④宣传文化生态村的建设；⑤组织村民参与文化生态村的建设；等等。管委会的成立，基本上理顺了文化生态村建设的组织实施关系，其对内代表项目组，对外代表文化生态村。这种机构是现有村寨管理系统的扩大，因而这个机构的有效运作可以促进原有村寨管理系统的功能发挥。

（三）村寨环境建设

在博物馆建设的同时，项目组针对巴卡小寨人居环境差（如家户与家户之间、村寨与山脚公路无像样的道路相连，来往不便；卫生条件差；村内绿化不足等），人多地少，山地多水田少，村民一年劳动时间长、劳动量大，闲暇时间少，经济基础薄弱等情况，通过多方努力，筹措资金、联系技术人员、组织村民修建一条从寨脚小腊公路穿村而上至村寨最高处的水泥路。由于修建道路与村民的利益密切相关，因而村民积极主动地投工投劳，即使下雨，劳动也不停息。在修路过程中，项目组看到了村民的力量，同时村民也开始正视和理解项目组的工作，意识到我们是在为他们做实事；项目组注意到巴卡小寨的鸡、狗、猪、牛等家禽和家畜都放养于户外，任其自由活动，吃喝拉撒，这样不仅破坏了村寨周边的生态环境，糟蹋了大量庄稼，而且恶化了村内的卫生环境。为此项目组进家入户，向村民解释这种情况对村寨的种种不利，并征询村民解决问题的建议，召开村民大会讨论该怎么办。最后村民商定把家禽和家畜圈养起来，还制定了对违反者的惩罚措施。这样由项目组牵头，村民自己来解决问题，明确了村民的主体性地位，也让村民意识到村寨卫生的改善是他们生活改善的一部分；帮助村民改善家户环境。项目组发现巴卡小寨虽地处亚热带地区，阳光、雨水充足，花草树木易于生长，但小寨村民却没有利用这一条件，没有在房前屋后栽花种草植树。于是项目组动员村民在家屋周围修建竹篱笆，绿化家居环境，发展庭院经济，促使村民的居住环境和经济条件同时改善。赢得村民支持，开拓村民的思路；同村民一同思考如何改变生产方式，促进生活方式的改变。小寨因人口与拥有的土地相比，人多地少，山地多水田少，因而村民一年四季绝大部分时间都用于山地的耕种、锄草、收割、管理上，而往往仅能保障温饱。在此情况下，客观上村民就没有太多的精力从事歌舞、纺织刺绣及各种复杂的仪式活动。可见村民的生计无忧和闲暇时间，是村民参与文化生态村建设的基础条件之一，在征求村民意见后，项目组决定帮助村民改造河道、开挖水田，逐步改变村民的生计方式，为村民更好地参与文化生态村的建设提供保障。

通过博物馆和村寨环境的建设，村民逐渐意识到项目组专家学者确实是来为自己办实事的，项目组的所作所为他们都看在眼里，记在心里，并把自己的感受化为行动来支持和参与文化生态村的建设活动。据此，项目组趁热打铁，接着在巴卡小寨举办了"首届基诺族纺织刺绣能手比赛大会"，并组织村民外出参观、培训等活动。

三、能力建设

显然，在文化生态村前期建设工作中，项目组在其中发挥主导作用，项目组是把筹划好的建设内容拿来指导村民依照自己的思路去行事，这在工作的起步阶段是必要的，这样可以让村民充分体会到项目的理念、项目组的工作方法及项目建设的目标等，能够起到加深相互了解的作用，建立村民对项目组的信任。然而，随着项目建设的进一步深入，如果项目组不能把自己的行为方式、建设理念转为村民的自觉行为，仍然包办代替，那么人类学者的行为结果将起不到探讨传统文化与村寨现代发展相结合的目的，人类学者的作用也将无法体现。因此项目组决定通过举办活动、组织外出参观交流和举办培训等形式来帮助村民积累依靠村寨集体的力量来行事的经验，引导村民的思考和行为。

（一）"首届基诺族纺织刺绣能手比赛大会"①

1.大会的筹划准备

2001 年 6 月 6 日，在巴卡基诺族文化生态村，基诺族博物馆正式落成开馆，此事了却了基诺族人民心怀已久的夙愿，同时它也宣告基诺族文

---

① 大会的具体过程引自朱映占：《纺织刺绣能手大赛》，载尹绍亭：《民族文化生态村——云南试点报告》，云南民族出版社 2002 年版，第 65—69 页。引用时有所改写。

化生态村全面建设的开始。虽然开局不错，但是项目组并没有沉浸在往事当中，我们深知在一个村寨做一两件事、举办一两次活动并非难事，但要在一个村寨定下心来长久地把文化保护活动持续开展下去，却并非易事。因而在文化生态村挂牌和博物馆建立后，项目组又趁热打铁，随即与当地政府和村民一道思索和筹划文化生态村下一步的工作。

村民想到的是举办节日，如："特懋克"节、"三八"妇女节、"五四"青年节等，然而对于节日期间搞什么活动，村民并没有太多的主意，他们想要的是节日的热闹和欢快气氛。在尊重村民想法的基础上，项目组又同基诺族文化精英和基诺族研究专家进行交流，征询和听取他们的意见，大家一致的看法是先易后难。面对基诺族传统文化一定程度丧失的现实，首先从有形的可见的文化入手，促发村民对本民族文化的自觉和对本民族文化价值的再认识，进而引导村民深入到对无形的不可见的文化的重视和保护。于是项目组决定从物质文化着手，结合村民的节日来举办一些活动。从而提出了在巴卡基诺族文化生态村举行纺织刺绣比赛的意向，希望通过文化生态村这一平台能为基诺族人民提供一个对内、对外相互交流学习的场域，同时能发挥文化保护的功能。因此项目组建议基诺族乡组织全乡45个寨子的村民都来参与比赛，这种想法得到了乡政府和村民的积极响应，他们热情地来和我们商讨，在节日举行比赛的具体细节问题，如：参赛人员的选拔和组织、参赛作品的范围、参赛作品等级的评定、比赛举行的日期等。对于参赛人员，除巴卡小寨名额不限外，其余寨子每个寨子限定两名参赛人员，具体选谁参赛由各村寨自己决定，并要求参赛人员的作品统一交到乡政府；对于参赛作品的范围，纺织品限定为基诺挎包（筒帕），而刺绣品形式不限；参赛作品等级的评定，将由项目组会同基诺乡妇联、乡文化站等部门来进行，设立一等奖到鼓励奖五个等级，每个等级发给一定的奖金，参赛作品最后将作为基诺族博物馆的馆藏而留下；至于参赛时间，当时并没有确定下来，因为对比赛的各项准备工作要多久才能完成，项目组、村民、当地政府，谁都不能预知。因此商定在准备工

作做好、做充分之后，随即就
举行比赛活动。当时提出了两
个预定的时间，一为 2002 年 2
月 6 日基诺族的"特懋克"，一
为 2002 年 3 月 8 日国际劳动妇
女节。最后根据比赛活动的准
备情况和比赛内容的特点，决
定比赛活动在 2002 年 3 月 8 日
举行。

　　2002 年 2 月底，云南文化
生态村项目组巴卡基诺族文化
生态村小组的课题负责人，前
往西双版纳为比赛的准备工作
做协调和指导。首先他到景洪，
拜会了州委、州政府和市委、
市政府的有关领导，向他们汇
报和陈述了项目组和村民组织
这次活动的意图和具体内容等

图 67：基诺山的发展标语

情况，得到州、市两级政府的首肯和支持。接着项目组负责人赶往基诺山
基诺族乡，向参与活动的乡妇联、乡文化站等部门了解比赛活动准备的具
体情况，并会同他们对收集来的参赛作品进行统计、分类和初步评定，然
后携同乡政府派出的工作人员一道赶往巴卡小寨，对比赛活动的各项准备
工作做最后的落实。

　　巴卡小寨由于地处基诺山的边缘地带，加之建寨较晚，经济条件恶
劣，经济状况与其他寨子比较而言比较差，故而无论在文化传统还是在经
济发展上一向未受到足够重视。然而随着文化生态村的建立，基诺族博物
馆的落成，巴卡小寨逐渐成了基诺山的焦点。现在，随着比赛日期的临

近，巴卡小寨再次成为基诺山和基诺族，乃至全州的热点。此刻村民在外人的注目中找到了自信，感受到了文化生态村建设给全寨带来的生机和荣誉，而这一切对他们而言是前所未有的，为此他们认识到有必要拿出热情投入到节日比赛活动的准备和文化生态村的建设中来，做好东道主。

外面工作人员的到来使村民深受鼓舞，也使他们提前进入到节日气氛当中。全寨妇女、民兵被组织了起来，成为"大会"准备活动的主力军，在项目组和文化生态村管理委员会的带领下，民兵负责全寨的公共卫生、比赛场地的修缮和布置、搭建等工作，妇女则负责为比赛准备食物。在此，使人想起了基诺族的两种传统社会组织，即男性青年的"绕考"和女性青年的"米考"，民兵组织可谓是"绕考"在当代的变体，而妇联则相当于"米考"在今天的体现，只不过现在，他（她）们加入组织的年龄没有了限制，活动的场所也由原来的"绕考米考尼高卓"变为时下的"民兵之家"和"妇女之家"，当然各自的功能，毫无疑问也有所损益，但从传统形式到现代形式，组织的结构特点得到了继承，因而在活动中，无论民兵还是妇女，都容易组织，并能很好地完成任务，可以说这得益于民族文化的传统在起作用。

2002 年 3 月 6 日，云南文化生态村项目组的其他成员抵达巴卡小寨，他们大多都是另外几个文化生态村项目组的成员，此行的目的是协助巴卡基诺族文化生态村把"云南民族文化生态村文化保护、传承系列活动之基诺族首届纺织刺绣能手大会"举办好，同时观摩，并互相交流和学习，为各自文化生态村的建设积累经验。另外，他们将与各自所在的文化生态村的管委会成员、政府代表及村民代表在巴卡小寨会合，商讨继巴卡小寨之后在自己村寨举办活动的具体事宜。

项目组成员到巴卡小寨时，已近傍晚，按计划项目组人员兵分两路，一部分成员留在小寨，另一部分前往 6 公里以外的勐仑自然保护区招待所投宿。夜幕降临，忙了一天的村民放下手中的活儿，和来客喝着竹桶酒，吃着野菜，亲切交谈。初到基诺山的人，被这里的一切所深深吸引。饭后就迫不及待地四处走动，深切感受这里的天、这里的地、这里的人。忽然，博物馆广场那边传来阵阵鼓声和呼唤声，闻声赶到，村民正在组织排练大会时要表演的歌舞节目，民兵和妇女又成了此时此地的主角。灯光下，人头攒动，大人又唱又跳，小孩窜来窜去，老人在旁观看，歌声、鼓声、笛声回响在幽静的山谷中，此情此景，让人真正体会到了什么是人与自然的和谐。来客也忘却了旅途劳顿，坐在晒台上欣赏着这淳朴的一切，直至深夜。

3月7日，大会准备活动进入冲刺阶段，项目组协同文化生态村管委会，对各项工作进行逐一落实。第一，落实节日期间的饮食。项目组出资与管委会到附近勐仑镇购买牛肉、鸡肉等肉类和各种蔬菜，同时发动妇女采集一些野菜，如野竹笋、芭蕉花、刺菜等，另外项目组出资在村内买两头猪，杀分全寨人共享；第二，落实会场，为举行各项活动准备设施。项目组和管委会带领村民，把征集来的木杆分排，竖立在广场上，作为纺织表演时固定纺线的柱子，与此同时，民兵在广场四周插上彩旗，在显眼的地方挂上活动的主题布标，并忙着整饬广场，为大会营造良好的氛围和环境，这些事到中午时分已告完成；第三，考虑到活动期间，可能有大量外来人员涌入小寨，大家决定搭建两个临时厕所，方便来客，此事由村中的老年人完成；第四，布置参赛作品，按等级顺序粘贴在展布上，该项工作已由项目组成员带人完成；第五，检查村内卫生，并决定以后由民兵负责检查和维护村寨公共卫生；第六，清扫和整理博物馆，擦拭展品，检查馆内灯光等设备。以上工作在项目组、管委会及全体村民的共同努力下，下午已基本就绪。

准备工作完成后，村民集中到一处，开始杀猪分肉，全寨男性一起动手，年长者主刀砍肉，村干部也即管委会成员主持分肉。按户肉被分成63份，户均2.7斤，多退少补，用秤称平，在分肉的同时，要参加歌舞表演的青年也忙着调试表演用的各种乐器，在楼下一小伙子正向老村长资大爹学习调试和演奏"七柯"。显然，活动的举办为村民展示自己的文化

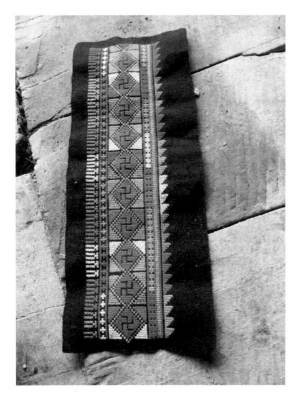

图68：绣片

提供了机会，并在此过程中，通过长者的言传身教把民族文化的一些内容传给了后代，这正是项目组所期待的。

2.大会的举办

3月8日，大家都早早地起床，首先到会计家吃早餐，内容为芭蕉叶包糯米饭，很是可口。不久，参加纺织、刺绣比赛和表演的村民已从基诺山的各个寨子陆续赶来，他们分别来自基诺族乡45个寨子中的31个寨子，共有183人参赛，其中32人参加纺织比赛，151人参加刺绣比赛，80人参加表演，其中50人参与纺织表演，30人参与刺绣表演。他们一到，就立即布置好织机，开始织布，广场上46台织机同时工作，场面十分壮观。此时游客也从四面八方赶来，嗅觉灵敏的商贩（有基诺人，更多的是傣人）把摊点摆到了广场旁边，出售小食品、饮料、民族服饰、手工艺品等商品。

省、州、市官员和专程赶来参加活动的学者驱车到达。落座后，在巴卡村委会主任的主持下，"首届基诺族纺织刺绣能手比赛大会"暨庆祝"三八"国际劳动妇女节的活动正式开始，首先他向村民和游客介绍到场的各位领导、来宾，接着是领导讲话，完了后，大家自由参观或参与纺织、刺绣表演，参观获奖作品和基诺族博物馆。广场上，专家学者、官员、游客、记者、村民来来往往，不时在织机前停下，或拍照或询问或动手织一织；在获奖作品前，聚集着许多村民和游客，有的村民看到自己的作品挂在展布上展出，难掩心中的喜悦和激动，久久不肯离去，而没能参赛的姐妹则是对参赛者充满了羡慕之情。

中午时分，来客被分别被安排在村民家中用餐。此时，纺织刺绣表演已结束，而博物馆仍然开放着，参赛作品也还在展出。一部分工作人员或空腹或抬着饭碗坚守在自己的岗位上，接待着八方来的客人。尤其是博物馆里面，参观的人络绎不绝，他们有勐仑镇上小学师生组成的团队，有附近乡镇单位的职工，更有附近基诺族或傣族村寨的村民。而从其他文化生态村来的代表，无论是在参赛作品前，还是在博物馆里，都看得非常仔细，问得非常认真。

午饭后，节日活动继续进行。由巴卡小寨村民表演自己编排和导演的歌曲和舞蹈，首先小寨妇女合唱"迎宾歌"，接下来表演的节目有："大鼓舞"（太阳鼓舞）、"劳动歌"、独唱、"竹竿舞"、男女合唱等。看到此番景象，基诺族村民深有感触，特别是长者，见到多年不演的歌舞，自己仿佛又回到了童年时代。来客也为这些虽不算精练却朴实无华的歌舞所吸引，对每个上演的节目，他们都给予热烈真诚的掌声。因为文化生态村的存在，为大家提供了相互交流和展现自我的舞台。

歌舞表演结束后，项目组和管委会为纺织、刺绣获奖者颁发奖金，一等奖300元，二等奖100元，三等奖50元，鼓励奖15元。到此，节目已上演完毕，来客也开始渐渐散去，参赛和参加表演的其他寨子的村民领着奖金，拿着织机，换下民族服装，坐着拖拉机返回各自村寨。干部也已离去，村内还有零星的游客在参观。云南民族文化生态村项目组组织来的人员，除巴卡基诺族文化生态村的成员外，其余全部乘车到勐仑，准备参加明早在勐仑召开的云南民族文化生态村工作会议。

巴卡基诺族文化生态村项目组成员留下来的目的是：帮助村民收拾会场，回收展品，并参加村民组织的篝火联欢晚会。晚上，村民似乎并没有受白天的劳累所影响，放下碗筷就赶往会场，为晚会准备桌子、电视机、

VCD 机、音响等设备。篝火燃了起来，老村长带着大家围着火堆跳起了"西双版纳三跺脚"，80 年代以前，集体生活时的场景似又回到了面前，老村长脸上露出了由衷的微笑，作为民族文化保护的积极倡导者，他看到了民族文化兴起的希望，正如篝火一样已被点燃了。序曲舞蹈过后，基诺族乡妇联主任讲话，首先她向巴卡小寨的姐妹祝贺节日，接着谈了她这段时间在巴卡和大家一起工作的感受，她的讲话得到村民的热烈掌声，大家知道她已为小寨无私地工作了一个多星期。接下来的歌舞表演，虽然有的是在重复白天演出的节目，但是大家仍是兴致不减，跳得认真，看得仔细。而卡拉 OK 演唱，则是把流行的和民族的东西都搬出来，你来一首流行歌曲，我来一首民族歌曲，内容此刻变得次要了，而形式重要了起来，这种热闹的场面、这种自我呈现的过程才是大家所喜爱的。这里就向我们提出了一个问题，即民族文化不接受或者说不运用现代媒介，而要实现其在当代的自我转变是不可能的，那么民族文化与现代媒介应该如何来结合呢？无论怎样，当下的篝火、灯光、电视、村民、专家构成了一幅和谐、欢乐而美好的画面，它永远地留在了在场人的心中。

通过大会的举办，我们可以看到，大会期间展示的纺织、刺绣技艺和纺织品、刺绣品作为基诺族文化的象征，首先得到了项目组的欣赏；慕名而来的观众看到了基诺族精彩的一面。在此，项目组希望他者的眼光不再是一种诱惑，而是一种探求，不再是俯视，而是平视。项目组的精心准备和组织，要向基诺族村民证明的是，基诺族文化是别人没有的，是基诺族的财富和宝贵遗产。来自 31 个寨子共 183 名的参赛、表演人员及 46 台织机的宏大规模和场面，把他者带入到一个基诺族文化复兴的临场氛围之中。然而他者总是要询问一个令人尴尬的问题："除了节日，你们平时也穿民族服装吗？"但回答往往是否定的。这在他者心中不免掠起丝丝惆怅。殊不知，无论外来的专家学者，还是游客，总是以某些文化特质入手，认为基诺族村民已经逝去的日常生活情景，才是基诺族文化的体现，而今天基诺族的日常生活，却无什么民族文化可言。于是认为民族文化只有到历史文本中去寻找，今天大家的责任是重建文本提供的基诺族文化。然而时空的改变，随之而来的是人群的推陈出新，在代代相传的文化传承过程中，有的东西会被抛弃，有的东西会被创造出来，有的东西会被借来。当基诺族制作、使用传统服饰的生态、经济和社会环境都已改变时，还要强调基诺人天天穿戴传统服饰是不太现实的。项目组也意识到了这样做是不合理的。因而项目组强调以发展的眼光来看待基诺族文化的保护，强调传统技艺的改良，强调基诺族传统文化展现时间的规矩创新。实际上，从参赛的纺织品和刺绣品来看，既有传统的基诺族挎包、传统的刺绣图案、钱包等，又有极具现代特色的刺绣图案、传统与现代结合的领带等。可见基诺族村民在现实生活中正不自觉地继承和改造着自己的传统，项目组的作用在于对村民的创造从生态、社会等更大环境基础上提出合理的引导。

另外从大会期间上演的节目中，我们也可以多少体会村民的心思和其对传统文化的态度。首先来看大会正式开始时妇女合唱的"迎宾歌"，歌词内容为：

> 远方的客人请到山寨来，请喝一杯山村的茶暖心窝，茶花的芳香客人尝一尝，远方的客人进村来，进呀进村来，山村的人民向你招手。

> 远方的亲人，请到山村来，山村人民唱山歌唱起来，歌声迎接远方的亲人，各族人民快快来，迎接亲人来，山村的人民向你问声好。

> 远方的同志们请到山村来，帮助人民想办法建设山村，改革政策带到山村来，各级政府来帮忙出谋划策，我们共同建设山村，我们携手建设山村啊……

歌曲唱出了村民对客人、亲人和同志们的欢迎之情和对村寨发展的期盼之心。而"迎宾歌"之后的歌舞，如大鼓舞、竹竿舞、情歌独唱等都是基诺族传统的庆祝形式。如上几章所述，大鼓舞以往只有三个时刻上演，而今天的表演与那三个时刻都无关，这说明传统文化的具体内容得到了继承，而传统文化展现时间的规矩却遭到了破坏，这是作为传统文化的根基已经变迁之故。而"劳动歌舞"，基诺语称"扩瑟"即犁，在形式上虽为青年男女们的自创，然而其表演的内容反映的是基诺族从刀耕到犁耕的生产变迁，男耕女织的劳动场景，以及男女之间的爱情、休闲等传统与现实的生活，较为完整地再现了基诺族的生产、爱情和休息、娱乐等场面。可见传统在年轻人的心里面并非完全没有位置。当然，晚上村民对着麦克风，唱起卡拉 OK，展现给人们的又是另外的一种景象。《神鹰》《康巴汉子》《想你，最后一次想你》等流行歌曲则把人们带出了村寨。那么我们是否可以就此认为外来的大众文化已经彻底改变了村民的思想呢？影响是明显而持久的，而且当今世界大众媒介已经成为世人的生活内容，村民同样有权利享受它，但问题的关键在于，目前村民没有能力通过大众媒介发表自己的心声，他们只是接受者，受话方。

然而，最为重要的是通过这次大会，项目组更加清楚了在基诺族传统文化的保护、传承与发展上的可为与不可为之处。项目组也意识到文化是一个不断建设的过程，而决定其方向的不仅在于文化主体，还可能是外部力量，也可能是文化主体与外部力量协商的结果。当然项目组所追求的是后者，这种愿望能否实现，项目组和村民也不能完全决定，但项目组与村民更看重彼此合作、共同努力的过程。

（二）组织村民外出参观学习

2003 年初，项目组组织村民代表男 10 人、女 7 人到西双版纳著名旅游景点橄榄坝傣族园参观，主要是向景区内村民借鉴家屋管理和村寨环境维护方面的经验，以及民居改造的方法等，村民走出来，在对比中看到了自己的长处和不足。在参观回来的总结大会上，项目组要求村民自行分组讨论自己参观的收获，然后反馈给项目组，村民反馈出来的信息有：①小寨不论是在村寨环境上，还是在家庭卫生方面与傣园村民相比都有差距；②小寨从前制订的村规民约，曾对村寨的环境卫生起到过促进作用，但在执行一段时间后已经松弛；③应该结合实际，召开村民大会重新制订村规民约，让每家每户都在村规民约上签字，同意遵照执行，若不执行，愿意接受相关惩罚；④在家庭卫生方面，采取先进帮助后进的方法，促进小寨家庭环境有一个整体改善。项目组把村民的想法记录下来，促动村民自主来解决这些问题，而项目组在旁协助。当然项目组知道这些问题的解决需要一定的时间，而且村民的办事方法也有待改进。

（三）组织村民培训

与前期的培训相比，项目组在后面的培训活动中，主要有以下几个新变化：①培训对象的范围扩大了，包括能参加的所有村民；②培训内容由转变村民态度、宣传文化生态村的理念转变为提高村民办事能力、丰富村民办事的方法等；③培训采取互动的形式即项目组与村民共同讨论，突出以村民为主的原则等。如2003年的一次培训，项目组把博物馆的管理、正在建盖中的公厕、"妇女·民兵之家"的管理等问题提出来，然后让村民自己分组讨论，讨论结果由每个小组选一名代表发言，让项目组和其他小组的成员听取并对此发表意见。如在公厕的打扫上，妇女组的意见是一周打扫一次，发言的人刚一说完，马上其他组的人就起来反对，说至少一周要打扫两次。通过这样的热烈讨论，开启了村民的思路，同时把民主决策的方式带到村寨中，让村民体会到作为村寨的一员有责任也有能力与大家一道，把自家的事和村寨的事都做好。而村民的能力提高了，才能真正做到传统文化的保护、传承与创造发展。

四、基诺族文化生态村曾经开展的其他工作

项目组在总结前期的工作时，认识到基诺族文化的当代建设最终要体现为文化持有者的日常行为，项目组在其中更多地只能是为文化主体优化文化建设的外部环境，并且项目组应该逐渐从文化建设的主导位置退出来，让村民来唱主角。因此，项目组提出，在当下的工作中要逐步实现专

家学者主导建设向村民主导建设的转变。而这一探索现在正通过以下几项
工作来体现。

（一）建盖"妇女·民兵之家"

2002 年 12 月下旬，由基诺族乡政府出资 5000 元人民币，巴卡基诺
族文化生态村的"妇女·民兵之家"开始建盖。建设的具体操作形式为：
在村干部的主持下，村民三户一组出工上山砍一根柱子及一些椽条等木
材。材料备好后，又采取村民自愿出工，然后从建设资金中抽取一小部
分，为出工的村民提供一顿午饭作为报酬的方式解决劳力的问题；建盖的
技术指导则由民族文化生态村建设的骨干义务承担，他们是平时起房盖屋
的师傅。在资金、技术、人力解决后，长 13 米，宽约 10 米的"妇女·民
兵之家"在一周之内即建成。这一建筑共用去挂瓦 2 万片、柱子 15 棵、

图 69：妇女·民兵之家

水泥 25 袋（约 2.5 吨）。"妇女·民兵之家"建成后，市乡妇女、青年相关机构欲来此挂牌，把这里树立为自己辖区内的一个模范试点。显然，市、乡政府希望借助民族文化生态村的影响，把政府的部分工作即文化建设、精神文明建设、科教活动等由点而面地开展和推广下去，因而在巴卡基诺族文化生态村投资建设"妇女·民兵之家"的同时，乡政府也出资在其他 40 多个寨子建盖类似的活动场所。

虽然在"妇女·民兵之家"的建盖过程中，出于转变建设模式的考虑，项目组没有直接参与，但也并非是完全的旁观者。在这次建设活动中，项目组在建设的建筑物的式样、建筑的地址选择上提出了自己的意见，当然项目组没有去主导整个建设的实施，而是充当顾问和协调者的角色，为村民的行为提供理论支持并协调各方关系。在"妇女·民兵之家"的内部陈设上和功能发挥上，项目组也只是在民族文化生态村建设目标的指导下，提出一些设想。一般而言，项目组的意见多会被采纳。

（二）恢复传统节日"特懋克"

正如前面所述，项目组在 2003 年已经促动村民把放弃两年不过的"特懋克"恢复了，但是项目组并不能确信村民明年还会接着庆祝"特懋克"，因而考虑引导村民把以往"特懋克"上演的仪式，搬到春节来进行，这样既尊重村民的当下过春节的习惯，同时又可以把"特懋克"的传统保留下来，从而实现"特懋克"与春节的当代结合。

（三）公厕建设和民居改造示范

传统上，生活在山林中的基诺族是没有厕所的，人们的粪便一般是排放于村寨周围的山林中，由于山高林密，大大小小的飞禽走兽多，人们排放的污秽，要么很快被山林中的动物消费掉，要么经雨水冲刷被山林所吸收。因而有限的人口所生产的个人排泄物不足以威胁到村寨的卫生状况，但是山林的削减，人口的增加，飞禽走兽的减少，使得人自身产生的垃圾得不到及时地分化，个人卫生问题对村寨环境的影响变得越来越大，因此，厕所的引入变得必要了。基于以上考虑，项目组决定出资在巴卡小寨建设一座公共厕所，并在"妇女·民兵之家"修建家户式厕所向村民示范传统民居的改造。两种厕所的建设，均采取乡政府负责主持，雇请技术人员，村民有偿投工参与的方式来进行，而项目组在村民与当地政府之间起到中介的作用。项目组这样做的目的是：第一，尊重当地政府，把文化生态村的建设正式纳入到当地政府的行政决策考虑中来；第二，检验在项目组退出前台后，村民能否把文化生态村建设理念坚持下去；第三，通过建设、使用和管理的过程可以检验村民对外来事物的态度，引导村民理智认识外部事物，锻炼村民使用和管理外来事物的能力；第四，促使村民用自己的传统知识来改造引进的事物；第五，探讨文化生态村建设模式等。

目前厕所正在建盖中，但是通过前期公厕地基的选择过程，我们已经体会到了村民传统知识的作用。在厕所地基的选择问题上，项目组采取项目组成员、当地政府领导和村民一同商讨的办法来决定，起初项目组提出了三个地基方案：一是博物馆后面的一块平地；二是基诺族博物馆前广场的边缘处；三是在村寨路口处的坡地下一蓬竹子旁的平地。对于博物馆后的地块，村民认为不能使用，他们的解释是，这里有一个臭水塘，人是不能在此大小便的，前两年村寨中的一个小伙子，在此大便，由于时间不对，后来得病死了，还有一个在此小便，病了好久，差点也死了。事实上，博物馆后面已是村寨的最高处，在此建厕所会影响其下的水源和村寨的环境。对于广场前的位置，村民说，这里以前是菁沟，这块平地是建设博物馆时平地基推下来的土填平的，在此建设，可能地基夯实很费力，也不能保证以后不下陷；而对村口的地基，村民认为能行，虽然其处在一个山坡上，但其下都是老土，不会下陷，并且其旁有竹篷掩映，看起来美观，排污也比较容易。应该说项目组的初衷是偏向前两个地方的，因为在项目组看来，这两个地方都与博物馆接近，一方面便于管理、维护，另一方面是来访人员易于找到。但经村民的解释说明，项目组觉得应该依靠村民的知识，毕竟他们长久地生活在这块土地上，是这里的主人，对这里情况的了解超过任何人类学家。另外村民传统知识的发挥也是项目组在项目建设中所需要强调的重要方面，如果在引入外来东西的同时，能够把村民的传统知识和地方性知识的发挥融在其中，那么外来的新的事物就不再是纯然移植的东西，经过这样的引入，外来的新事物已变成了村寨自己的东西，将按村寨中村民的逻辑存在下去。

第四节　对文化生态村建设的评价与小结

基诺族文化生态村的建设，是人类学者联合其他如生态学、建筑学、美术学等学科的学者，从应用人类学的视野去参与一个少数民族村寨传统文化的保护、传承与发展的项目。其目的是想从传统文化入手，探索少数民族村寨在现代化过程中，如何既保有自身传统，同时又与时俱进。当然文化是一个整体，其在任何时候都与一定的生态基础、社会环境结合在一起，因而项目组认为传统与现代的良性结合应该体现在村民自我发展的内部环境和外部环境上，不仅表现在自然生态方面，而且表现在社会关系、人神关系的改善上。项目组的建设过程，力求做的就是以文化之名，与村民共同开拓村民自我发展的空间。虽然项目组有"维柯斯计划""福克斯计划"[1] 等较为成功的应用人类学案例以资借鉴，但是中国各民族形成发展的历史与现实等多种因素都决定了文化生态村建设的中国特色。显然，走弯路是不可避免的，但这并不是问题的关键所在，问题的关键在于项目组与村民的合作能否事实上对村寨的总体情况，无论是经济、社会方面，还是生态方面起到促进作用。

对于文化生态村已经完成和正在开展的建设，其产生的结果和影响我

---

[1]　具体内容参见石奕龙:《应用人类学》，厦门大学出版社 1996 年版，第 204—233 页。

们可以从三个方面来看：一是，村寨内部。项目实施以来，通过专家学者的说服，村民对自身文化、对外界的认识都有了改变，项目组的介入使得村寨道路、村寨环境都有了明显改进；博物馆建设开馆，引来了更多的"客人、亲人和同志"，提高了村寨的知名度，也提高了村民的自信；厕所等的引入，引发了村民对传统与现代良性结合的思考。二是，整个基诺山。项目的实施过程强调传统文化保护、传承与发展的言行和举动已受到基诺族乡政府和各个村寨重视，他们纷纷借鉴巴卡小寨的经验，到2001年底已经有普细、么卓、巴飘、巴亚中寨、查地、和扎吕等地分别建盖了"卓巴"房，并且乡政府正在全乡实施每个寨子建一座"妇女·民兵之家"的工程，希望以此来开展挖掘、保护和弘扬基诺族优秀传统文化的工作。可见，项目的实施也在整个基诺山产生了影响。三是，基诺山之外。外界通过电视、报刊和来访等形式把巴卡小寨的经验介绍到了全国各地，基诺族文化生态村已经受国内外许多机构和人员的广泛关注。上述三个方面说明，文化生态村的工作强调保护、传承与发展传统文化的行为，其影响已经从村寨内向村寨外扩散。与此同时，随着对外交流的日趋频繁，项目组也担心业已取得的成绩能否经受住更多外来影响的冲击。显然，把村寨孤立起来研究是不现实的，而且外部因素的干扰和进入是项目组和村民都无法左右的，因而迎接外部的挑战是项目不可回避的问题。另外，项目组总有一天是要撤离巴卡小寨的，项目组退出后，文化生态村建设如何运作，如何继续下去，项目组和村民也正在探索中，能否找到一个继续下去的良好模式也未可知。加之"文化生态村"在中国是一个全新的应用人类学案例，项目组在工作当中遇到的问题，都需要项目组和村一同去继续探索和总结。

就传统文化保护、传承与发展而言，项目组在基于人类学田野研究的事实上，没有把文化与政治、经济、生态等割裂开来看，而把文化建设的行为寓于项目进行的各项建设之中，当然有些建设，如道路、公厕等似乎与文化无直接关系。其实不然，道路的建设可能影响甚至改变村寨中家户之间来往的频率，从而影响村寨中人与人的关系，进而影响村寨的交往模式；而厕所的引入，则可能改变村民的卫生观念和社会风化。可见，项目组把文化生态村的建设目标定位为促进人与人、人与自然、人与社会的和谐相处，也就是探寻村寨综合发展的模式是对文化、生态、经济、社会不可分割连为一体事实的尊重。一个村寨、一个社区如果具有自我发展的方向和目标，并且这种方向和目标是由村寨自身民主决策做出的，那么其表现在政治、经济、文化上的结果，我们就应该尊重。即使在其中一些传统文化因子会被放弃，一些会被继承，而有的则被改造创新，这时我们应该做的是把这些现象放到村寨内外互动的过程中来看，如果外部的力量扰乱了村寨自身运作的规程，一方面我们需要检讨的是外部力量对村寨的诱导性；另一方面我们应该向村民解释说明他们那些受外部因素影响而产生的内部结果，是可以有更好的选择替代方式的。当然，项目组在文化建设上，并不是替村民做出选择，而是让村民在周知村寨内外的情况下，在尽可能少受外部因素的干扰的情况下自己做出选择，也就是说促使村民发展出一套文化传承、文化抗拒、文化涵化相结合的机制。当然，这就关系到村民经济的发展、教育状况等因素，因此文化保护和文化建设是一项系统工程。项目组只是在一个时段上进入到其中。而该工程是一个未竣，而且也不可能被完成的工程。但项目组的参与也释证了文化消失与文化建设一样，都是时时在发生的现象。

通过巴卡小寨传统文化与现实状况的比较，以及基诺族文化生态村的建设过程的分析，我们也意识到了学者关于基诺族传统文化消失的预言并未成为现实，或者说这样的预言本身并没有看到基诺族传统文化消失问题的实质。文化人类学认为，文化是人的创造物，同时人又是文化的创造物，这就决定了任何文化都处在一个继承与创新的过程中，随着文化持有者的新老更替、生活环境的转变等，出现新旧交织的当下状况。然而，传统都是以此时为界的向后追溯，并且追溯的人往往把要追溯的传统理想化为一个通体同质的联系体，从而把传统与当下对立起来，得出文化突变的结论。对于基诺族传统文化，通过本书的分析我们可以看到，它时时都在变化，即使在短短的半个世纪里，在不同的时段，我们都可以看到差异显著的基诺族文化表述。不可否认，20世纪50年代以来，基诺族文化的变迁由于受外部因素的影响越来越强烈，因而其变迁有加速的趋势，但是我们不能以此而否认20世纪50年代以前基诺族文化变迁的事实存在。其实在20世纪50年代以前，基诺族这一称号下的人群的祖先曾经走过了从"三撮毛"到"攸乐人"的变迁过程。因此我们今天谈论基诺族传统文化时，我们就得回答，我们所说的传统文化是"三撮毛"这一称谓下的人创造的呢？还是"攸乐"这一称谓下的人群所为？实际上，他们的创造都是今天基诺族传统文化的组成部分，而问题就在于，人们看不到二者之间也存在着差异的事实，简单地用传统来掩盖这种差异性。所以说，如果不划定传统文化的具体时段与具体内容，而从整体上把历史上所有的文化事相都归结为一个通体同质的传统，那么这种理想化的纯粹的传统文化早已消失，或者说这种纯粹的传统文化从来就没有出现过。

在明确了传统文化的具体性之后，我们还应看到文化的建设性事实。每一种文化都不是一次产生的，而且持有它的人每一代都有每一代的时代风貌，而人们总是把这种时代性建设在自身文化当中。在此，我们可以以基诺族的居住形式来看，最早基诺族先民是如何居住的我们已不能确知，但在许多老人的记忆中，基诺族很早以前居住的是茅草地棚，也就是说，在他们看来地棚是他们的传统居住形式；而后来，干栏式茅草顶竹楼出现并成为基诺族主要的居住形式，到近现代发展为干栏式挂瓦顶木楼，到今天其成为了基诺族居住形式的传统。现在有的村寨已经出现了砖房。这些都是基诺人的创造。什么是传统，很多时候基诺人并没有明确的界限划分，而外人却总是能够把传统与非传统分得那样清楚，其实这是对文化建设性事实的无视。

再者，我们还应看到文化的变与不变、易变与不易变现象后的本质。文化都依赖于一定时间和空间范围内的生态基础，同时，不同时代、不同地域的人都有着一些基本的相同需要，如心理学家马斯洛所说的：生存的需要、安全的需要、归属和爱的需要、自尊和尊重他者的需要、自我实现的需要等①。而相同的需要以不同的方式来实现即展现了文化的差异性，但是需要的相同或相似性同时也就决定了各种文化总体内容在形式上的类似性。因而这也就使得不同的文化间相互交流和借鉴成为了可能，也正是人类学家列维—施特劳斯所说的，当我们把文化比较的范围扩大时，我们可能会发现，其实在结构上，不同文化间的差异会很小的原因。然而，我们在谈论文化消失的问题时，很多时候是用现实文化体系中一些不是该文化的因子来反证该文化传统因子消失事实的存在。但事实上，这些作为"罪证"的文化因子，当我们把其放入另外的文化体系时，我们也会发现其也不是其他文化的传统因子。那么这些文化因子难道是文化上的孤儿，不属于任何文化吗？其实不然，比如，看电视作为人们日常生活的一部分，在电视发明之前，世界上没有一个地方如此，而今天它却几乎成为世界上所有人生活的一部分。因而我们可以这样来看，看电视传统来说既不是美国人的生活方式，也不是欧洲人的生活方式，更不是印第安人的生活方式，当然也不可能是基诺人的生活方式，但是看电视今天却成了上面所有人的生活方式。那么从传统的眼光来看，是否意味着上述所有人的传统文化都消失了呢？显然不能这样说，也许美国人喜欢在傍晚看点 NBA 篮球比赛；欧洲人可能早上看点音乐剧；而基诺人则喜欢在中午躺着看点功夫片。可见，我们在比较几种文化时，要看到形式结构上的相似性与实质内容上的差异性。而对同一文化的不同时段的比较则应该看到实质内容上的沿袭、继承性，以及形式结构上的变化所在。这样我们就不会轻易地说某某文化消失了，而更有可能在新的文化表现中找到传统的文化因子的根。因此，可以说在基诺族传统文化消失的地方，基诺人又进入到了对新的传统的建设中来。

另外，在传统文化消失的同时，出现的有关文化保护的言论与实践也是我们对基诺族传统文化的现代命运不那么悲观的原因之一。在全球化声

① 参见［美］马斯洛：《动机与人格》，华夏出版社 1987 年版，第 40—55 页。

浪一浪高过一浪的今天，地方性也在以同样的速度增长，正如马歇尔·萨林斯所说，从前在欧洲人看来没有文化的人，现在都变得有文化了，而且他们自己也发现他们原来是有文化的。① 而文化保护的意识正是随同这种文化自觉的出现和增长而被提出的，反映的是"不同民族要求在世界文化秩序中得到自己的空间，这不是一种对世界体系的商品与关系的排斥，而更经常意味着像印加歌曲里所唱到的那样，是对这些商品与关系的本土化的渴求。它所代表的方案，就是现代性的本土化"②。同样基诺族文化生态村的建设强调文化的保护，并不是要为保护传统文化而拒斥现代性，而是引导基诺族村民以自己的文化逻辑把外来的东西包容进来，使其发生基诺族化，使外来的形式或力量发生背景性的变迁，从而也改变了它们的价值。也就是说使外来的东西经基诺人的文化之思和实践变为基诺族自己的东西。当然这种改变，取决于基诺族文化和与其发生交流的文化之间的关系，正如萨林斯所说："文化之间关系的本质决定了文化颠覆的本质"③。而从基诺族文化与主流文化的关系来看，就像上几章所述，基诺族文化始终处于低位，并且在相互的接触中，主流文化往往以理所当然、不容置疑的姿态加入，从而使得基诺族文化与主流文化的交往从一开始就成了受话一方，这就决定了基诺族文化向外借用的建设表现。而基诺族文化生态村的建设，首先做的就是树立村民对本民族文化的自信，也就是改变基诺族文化与外来文化之间的对话关系和交往模式。项目组无论是在培训、召开村民会议的时候强调基诺族文化自身的价值，还是通过引入厕所、洗澡间等来引导村民在村寨、在本民族文化的逻辑之上改造外来的东西，都是转变这种关系的探索性实践。而事实上，村民也并非异文化的奴隶，他们同

① ［美］马歇尔·萨林斯：《发现传统》，《山茶：人文地理杂志》1998 年第 1 期。

② ［美］马歇尔·萨林斯：《何为人类学启蒙——20 世纪的若干教诲》，载《甜蜜的悲哀》，三联书店 2000 年版，第 124 页。

③ ［美］马歇尔·萨林斯：《何为人类学启蒙——20 世纪的若干教诲》，载《甜蜜的悲哀》，三联书店 2000 年版，第 133 页。

图 70：庆祝节日的村民

样有着民族自豪感，项目组以尊重的态度进入到基诺族文化当中时，我们仍然能看到基诺族文化的丰富性与生命力，同样也能体会到村民的创造力，而这种创造力是村寨把现代性引入并村寨化的条件。项目组进入村寨，作用就在于激发村民的潜力，并为这种潜力的发挥创造条件。通过上述对基诺族文化生态村建设过程的分析，我们可以看到项目组也是这样去努力的，当然其效果如何，还需时间来检验。然而项目组保护性建设的实践已经说明基诺族传统文化并没有消失，只是发生了变异，而这种变异是基诺族文化的时代特征的表现。

总之，"文化在我们探询如何去理解它时随之消失，接着又会以我们从未想象过的方式重现出来了"。①

───────────

① ［美］马歇尔·萨林斯：《何为人类学启蒙——20 世纪的若干教诲》，载《甜蜜的悲哀》，三联书店 2000 年版，第 141 页。

第五章　他者和自我对基诺族文化认知的反观

第一节　基诺族文化建设的历时性分析

对一个民族或一个民族的文化进行长时段分析似乎在走功能主义人类学之前的人类学者的老路。在此，笔者想申明的是，笔者要进行的是解读历史，而不是建设宏大的历史体系，笔者试图通过解读基诺族已有的历史，来发现基诺族文化建设历程中的多元主体，同时叙述他们是在何种条件下说出了什么以及说给谁听等问题。

毫无疑问，历史分析在功能主义之后，即使没有被完全抛弃，也是明显受到了冷落。这种人类学理论范式的转变是受时代普遍的社会思潮所影响的，因而其有不顾人类学研究的主要对象即文化恒常变迁的一面。然而理解某种文化仅从某一时段横切进入，进行功能分析和结构归纳，经常会出现以一时一地之文化现象代替某一文化整体的失误。事实上，我们研究对象的文化变化之快时时超出了我们的想象，而我们往往以旧有的认知来理解变化了的研究对象，因而总是感到无所适从，总是抱怨我们的研究对象抛弃了他们的传统。但是，如果我们在进行研究之前有一个历史视野，以系统变迁的眼光来看待研究对象，许多似是而非、不可理解的事象，也许就可以找到缘由，我们也许就能明白在发生的事件之后的种种关系和隐而不显的结构。

基诺族源于何时何地就像人类源于何时何地一样也许是永远无法确知

图 71：正在学习的基诺族儿童

的。因而基诺族文化建设的历史性分析的上限是无法知晓的。笔者要强调的，是基诺族文化从零零碎碎向完整清晰转变的这一过程，因此并不对以往的历史细节做过多纠缠，而是把重点放在基诺族文化近现代的建设分析上。基诺族文化的变迁在某些学者看来，随着时间的推移正呈加速的趋势。其实与此同时，他者对基诺族文化的认知也是在加速增长的。两方面的加速说明的是基诺族文化建设复杂性的增强，权力关系的演变。从无声的"蛮夷""三撮毛""卡诺"到"丢落""攸乐"，到"我们攸乐人""我们基诺族"，这不仅仅是称谓的变化。

一、封建时代的基诺族文化建设

当多群体共存竞争的局面为"华夷五方"格局所取代之后，在中国境内的各族群，他们之间的关系表述和历史建设即被纳入到一点四方、中心—边缘的模式当中。边缘的攀附，中心的扩张，以及边缘的向心力与离心力，反映的是帝国时代不同族群的国家建设、地方建设和自我建设之间关系的衍变。

基诺族由于受人口规模的限制，加之处在一个强势地方政权的裹挟中，因而很难形成影响帝国族群关系的冲击力，从而使得基诺族在整个帝国时代几乎处于无声的状态，只是到了中华帝国的晚期，随着帝国权威的继续扩大和政权的向下渗透，基诺族才开始在汉语文献中出现一鳞半爪。在地方政权中，基诺族是以奴隶的身份出现的，而文化主体的沉默则使得人们对这一时段的基诺族文化的整体状况，很大程度上只能依靠推测或想象。

（一）沉默的文化主体

显然，无论基诺族的先民是源于古代由北而南的氐羌民族，还是今天基诺山的土著，抑或是二者之混合，都无法跳出在整个帝国时代其作为边缘"蛮夷"的身份建设，特别是在清王朝之前，汉文献无一直接与今天基诺族相关的内容，这就是说，在清王朝之前，基诺族还是帝国的化外之民，在这之后才逐渐进入到帝国的视野中来。

以今天基诺族的主要聚居区基诺山的历史来考察，我们知道基诺山为出产普洱茶的六大茶山之一，旧称"攸乐山"，历属车里。车里又作"产里"，商成汤时以象齿短狗献，唐玄宗时没于南诏，唐昭宗时为真腊之领域，宋淳熙七年车里宣慰使祖叭真入主勐泐（十二版纳），1257年蒙古军队降服车里，元朝建立后，车里归属云南行省管辖，从此车里正式纳入中国版图。清雍正七年（1729年）十二版纳部分地区开始施行"改土归流"，"攸乐同知"作为帝国政权的一级始在史书中出现。如果说基诺族源于基诺山区的"卓杰山"，那么从车里地区正式归属中央王朝的蒙元政权算起，也将近有500年的时间基诺族先民在帝国之内是悄无声息的，这是令人疑惑的；如果说基诺族是古老氐羌民族南迁的后裔，那么在1729

年之前，他们在哪里的问题却没人能回答。实际上，主体的沉默，我们可以从三个方面来考虑。一是，今天作为一个单一民族的基诺族在当时是不存在的，也就不存在主体文化建设的问题；二是，主体虽然存在，但是受地方政权和中央政权的双重统治，其建设行为的表述是自说自听的；三是，对于文化主体基诺族，我们既不能完全肯定地说其存在，也不能完全否定地说其不存在，而应该说基诺族的文化建设业已存在，但我们不知道当时的真正主体是谁。"攸乐"无论是地名或人群的称谓，还是同指二者，也不论人以地名，还是地以人名，这一名词在汉文典籍中的出现，至少可以说明在此之前，"攸乐"所关涉的实体已经存在。也就是说在雍正七年之前，"攸乐茶山""攸乐土人"应存在已久，同时也就说明无论文化主体如何称谓和身居何处，其文化建设的行为已先于此时而发生了。于是我们可以得出这样的结论，今天基诺族生活的地域，至少在雍正王朝之前，主体的文化建设已进行了很久，当然主体是谁还需继续探讨。

（二）王朝国家的表述

对于王朝国家对基诺族的关涉，我们可以从两条线索来追溯。一是通过基诺族居住的环境在汉文献中的记载；二是通过基诺族在汉文献中的称谓演变。

首先来看基诺族的居住地基诺山，其在汉文献中的明确记载我们最早可以追溯到清雍正五年（1727 年）《云南事略》：

> 莽芝产茶，商顺践更收发；往往含于茶户。有江西客淫麻布朋之妻，事露，麻布朋杀江西客，而割发辫传示诸商，于是诸商以被盗劫杀闻，且言是橄榄坝舍目刀正彦指使。正彦素有富名，谓其由于盗也，故议并捕之。张应宗闻其事由，初于正度无与，遂具相机剿抚一禀，而与决意进剿愿意不符，几蹈叵测之祸，已而得解。兵至莽芝，麻布朋遁匿漫丫、漫五诸窝泥寨，守备李定海追捕至倚邦、攸乐几江内各山。夷人聚众国官军，定海连战两昼夜，退至漫冈，贼自山菁冲

截官军，把总王朝选被害。

《滇系事略》：

> 雍正五年四月，茶山莽芝夷贼麻布朋等叛。茶山为车里宣慰司所辖，其舍目刀正彦素怀不轨，欲夺土司世职，至是阴煽诸夷为乱，总督鄂尔泰参将邱名扬等领兵进剿。……名扬遗守备李定海捕莽芝贼，击走之，复遣人招抚，贼党所乞降。麻布朋遁于慢丫、慢五诸窝泥寨，官兵捕之，窝泥助逆。九月，李定海兵至倚邦、攸乐及江内各山，窝泥聚众数千人劫夺粮运，进围官军。定海连战两昼夜，退至慢冈。贼自四山菁内冲截官军，把总王朝选被害。

雍正《云南通志》卷五《疆域普洱府》：

> 府南六百里五十里为攸乐，东至南掌界七百五十里，西至孟琏界六百里，南至车里界九十里，北至思茅界四百四十里。

附《形势》：

> 攸乐地衍平川，天开旷野，芟除荆棘，可比成赋中邦。

卷二十六《古迹普洱府攸乐》：

> 祭风台：在城南六茶山之中，登其上，可俯视诸山，相传武侯于此祭风。又呼为孔明山。

从以上记述我们得知"攸乐"作为一个地名至少在雍正王朝之前已存在。道光《云南通志》卷二十三《地理志》三之十三：

> 六茶山《旧云南通志》一曰攸乐，在同知治所。

卷三十四《建置志》一之四《普洱府》：

> 雍正七年裁元江通判，以所属普洱等处六茶山及橄榄坝江内六版纳地，设普洱府，又设攸乐同知分驻攸乐，通判分驻思茅，其江外六版纳仍属宣慰司，岁纳粮银于攸乐。

卷一百三十六《秩官志》七之六《普洱府》：

> 思茅厅乐土目《案册》管村寨三十二东至蛮海一百二十里；南至思通六十里；西至蛮撒三十里；北至孙牛四十里。雍正十年裁撤普安

管，汛兵公举叭龙横管理附近村寨，传至刀直乃，乾隆四十五年袭。

　　思茅厅攸乐山朴蛮土目《案册》管理蛮费、蛮谦、蛮秀、蛮控、蛮鸾、空格六寨。雍正十年喇乍區充土目死，小头目先阿袭。

从上面引用的表述中，我们可以明确，在王朝统治者的眼中，攸乐是与茶相连的，也与改土归流这一政策联系在一起。从攸乐同知到攸乐土目，攸乐的范围逐渐清晰，从一个概化的地域概念到管村三十二，并且其管辖的村寨名称有的一直沿用至今，如蛮秀即今日之曼秀或巴秀。

那么这一地域内的村寨居住者为何人呢？他们是今天基诺族的先民吗？下面我们进入到对另一条线索的追溯中。在上述引用的《滇系事略》中有："麻布朋匿慢丫、慢五诸窝泥寨，官兵捕之，窝泥助逆"的记载。慢丫即今日基诺山之巴亚寨，慢五寨即今日之阿俄绕，窝泥即今日之哈尼族。照此记述，今日基诺山的巴亚与阿俄绕等寨的住民为哈尼族的先民，而不是基诺族的先民，那么基诺族的先民生活在哪里呢？或许我们可以这样去思索，今天基诺山的 45 个寨子，在其建立相沿过程中，是何时为基诺族先民所有呢？这个问题也许我们永远不能得到解答。但从攸乐土目管寨三十二到 1951 年调查时，基诺族村寨仅 28 个，至少说明在"攸乐"这一地域内，在封建时期不全为基诺族先民所拥有。

遍查相关记载我们发现"攸乐人"或"基诺族"这一称谓始终没有出现，那么今天基诺族的先民在当时是如何自称和被他者称谓的呢？据今天的学者调查研究，普遍认为当时文献中出现的"三撮毛"即是今日基诺族的先民。从《云南种人图说》《古滇土人图志》及《汉南夷情汇编》中所绘的"三撮毛"图画及文字解说所涉及的服饰、生产、生活习俗等与今日基诺族的相应情况相比较，也可印证"三撮毛"确为基诺族在当时的称谓。那么所谓的"三撮毛"又生活在那里呢？清《滇南志略》卷三《普洱府》：

　　夷人有苦葱、僰人、汉摆夷、花摆夷、蒲人、扯苏、黑濮、龙人、阿卡、长头发、莽人、三撮毛十二种……三撮毛，种茶好猎，剃发作三鬐，中以戴天朝，左右以怀父母。

　　思茅厅，夷人有……三撮毛……

道光《云南通志》卷一百八十七《南蛮志·种人》六之十《三撮毛》：

　　《宁洱县采访》三撮毛即罗黑派，其俗与摆夷、僰人不甚相远，思茅有之，男穿麻布短衣裤，女穿麻布短衣桶裙。男以红黑藤篾缠腰及手足。发留中左右三撮。以武侯曾至其地，中为武侯留，左为阿爹留，右为阿嫫留。又有谓左为爹嫫留，右为本命留者。以捕猎野物为食，男勤耕作妇女任力《伯麟图说》种茶好猎雉发作三鬐，中以戴天朝，左右以怀父母，普洱府属思茅有之。

道光《普洱府志》卷十八《土司》附《种人》：

　　三撮毛即猡黑派其俗与摆夷、僰人不甚相远，思茅有之。

上述几则引文皆指出"三撮毛"在思茅有之，然而却未具体到车里攸

图72：基诺族打铁工具

乐山。从以后地名及行政沿革来看，当时思茅的"三撮毛"应在今日景洪市之勐旺乡补远或勐腊之象明等地。在民国以前补远、象明等地历属普洱府、普洱专区的思茅厅、思茅县，而且今天补远和象明等地仍是除基诺山之外基诺族的主要分布点，至于攸乐山（基诺山）之居民，除上述提到的窝泥外，未有其他记述。

综合上述，我们从王朝国家的表述中，得到的信息是"攸乐"历属车里宣慰司，这地区产茶，曾是清王朝实行改土归流的一个关节点，江内江外六版纳于此而别。而对于此地居民之生产、生活，帝国并没过多的关切。"地衍平川，天开旷野、芟除荆棘，可比成赋中邦"，表明帝国关心的是权力的延伸及帝国产业的经营。人的缺失，说明在帝国体系中并没有基诺族的位置，从帝国的眼中我们也就不能看到一个时间、地点和人物相统一的基诺族形象。基诺族形象的立体呈现还尚待时日。

（三）地方社会中的基诺族

这里所说的地方社会即是指在当地傣族政权的统属下，基诺族与地方政权，基诺族与该政权下的傣、哈尼和布朗等族群所形成的社会关系。在这些社会关系中，通过他者（包括傣族统治者、傣人、哈尼等）的眼光来展现基诺族文化在帝国时代的地方建设情况。

宋淳熙七年（1180 年）车里宣慰使第一世始祖叭真入主勐泐即十二版纳，建立地方政权。随后在十二版纳地区逐渐建立了勐、曼两级统治。"曼"即为村，村中又设"叭""鲊""先"三名管理人员。当我们注目基诺山寨的名称时，我们会发现即使在今天，当地寨民也往往称他们居住的寨子为"曼 X"，如"巴卡"称为"曼卡"、"巴来"称为"曼海"、"巴亚"称为"曼亚"等。这说明基诺山区在整个帝国时代长期处于地方政权的掌控之中，其影响至今未消。巴卡新寨长老腰些（2002 年时 73 岁）也说："以前，村里面有老叭、老鲊、老先，他们负责招待外面来的人，分派任务到各家，长老不管这些事。"这表明基诺族山寨内部曾经建立了地方政权的基层组织，甚至其使基诺族的氏族长老制处于次一级的地位。另外据《江洪琐谈》：

> "泐语谓'在'或'居住'曰'攸'，谓其族人曰'卡保'或作'卡罗'及'卡乐'。'卡'之义为'奴'，为'俘'，为被统治之异族之通称；'乐'或'罗'为其族名，故曰'攸乐'人或'攸罗'人，非正名也。"

依此说，"攸乐"之称为傣族统治者对基诺族的蔑称。然而，今天在基诺山，基诺族人往往张口闭口就是"我们攸乐山""我们攸乐人""我们攸乐族"，"攸乐"完全是一种无意识的自称。这说明地方政权对基诺族的统治由来已久，致使蔑称变成了自称。

再来看基诺族的传说故事《扫基与召片领》。故事讲述了傣族召片领娶了基诺山茨通寨（今司土寨）的基诺族姑娘为妻，并生有一子，曾在茨通寨抚养，后被召片领找回，最后继承了召片领的地位。这就像华夏周边民族群体在自身发展历程中，纷纷与"黄帝""炎帝"攀上关系一样，处于低位的基诺族想通过与高位之尊的召片领之间的血亲关系来提升自己的地位。而在此过程中，处于尊贵地位的人或人群，也想借此扩充自己的实力，网罗民众为我所用。在此也有傣族的民间传说《西双漂》相对应。因此，在基诺族文化的地方建设中，就形成了基诺族向上攀附与位优者向下扩充的同一过程的两个方面。虽然召片领还是召片领，基诺族还是基诺族，但至少可以说召片领与基诺族并非完全没有关系。类似的故事我们也可以在地方社会中的其他民族（如布朗族）中找到，这更加说明了在地方社会中，召片领是基诺族文化建设对外展现的代言人。

此时基诺族与哈尼、布朗等山地民族的交往，无据可查，即便是有交流也会由于他们同处于被统治的无声状态而被历史永远地遗忘掉；或许他们的目光根本就没有相遇过。

在地方社会中，基诺族以奴隶的身份被表述，而在中央王朝的眼中其只不过是摆夷之下的一种土人，而不足多道。这种状况随着帝国的瓦解，地方社会中各种力量的此消彼长而发生了巨大变化。

二、传统封建国家瓦解后至民族国家确立前的基诺族文化建设

传统封建国家的瓦解，起初对基诺山的影响也许并不明显，但随着民族意识的觉醒，民族复兴的宣传和运动，逐渐由上层向下层，由中心向边缘扩展后，外来的影响对基诺山区也就日甚一日了。在中央帝国瓦解的同时，地方势力的力量对比格局也发生了变化，基诺族与他者之间的关系也随之进行了调整，相互之间又进行了重识与表述。

（一）主体在沉默中的爆发

个人也好，群体也好，民族也罢，国家亦然，总是在与外界的对照中，才开始认识自身，渐渐树立起主体意识。基诺族生活的地区，由于山多林密地形复杂，交通不便，长久以来被外人视为畏途，不敢轻易踏入。但随着国家权力的向下渗透，基诺山区的战略地位逐渐显露。《普思沿边志略》记载：

> 考查边地情形，若依原议改流，诸多窒碍，于是条陈治边十二条：……（三）官守：车里为全版纳之中心点，设督办一员，表率各猛。将十二版纳，划为八区，每区设行政委员一员，管理地方行政及一切应兴应革事务。其重要事件仍禀由督办解决；如应转禀大宪请示者，均照案办理。总以整顿地方，改良风俗，作富强基础为宗旨……（六）实业：各猛夷情，男妇惰农自安，但求一饱从不研求他项工艺，其服大概购之英缅。所有田土，多系膏腴，气候亦极温和，甲于内地。每年栽种，专候天雨，不知凿渠灌溉；其余小春杂粮，概不栽种。各处竹木茂盛，不知制造，废弃可惜。拟添募各种工匠，分往各猛，认真教习一切制造。逐渐推广实业避免利权外溢。数年而后，其发达必有可观……（八）通商：查版纳全图，西南通英缅，东南通法越，东北达思、普，北达威、镇，实为商务辐之区。至各猛所产，以花茶为大宗，此外森林木植，尤属葱蓊蔚，如炼脑之樟制材之柏，及密而不露之银铁

等矿，均属利弃于地。缘道路崎岖，泥溏深陷，雨水路断人稀。进拟勘定路线，开通沟渠，修桥造船，安设旅店，以通商贩，而驮足。拟于事定兴修。如开坪坡，今年起盖兵房十一间，派兵驻防，往来商贩驮足，有所楼止，且得兵为保护，不觉征途之苦成称便马……

随着山区的茶、竹、木等资源渐为众多商客所认识，在政治和经济两大主题下，出入基诺山区的外来人员越来越多，外人带走了基诺山的风土人情，也留下了山区人民谈论不完的话题。"高大的汉族阿哥唉，你们从哪里来？札磊、札角啊，我们走呀走过来。泡核桃和糖果带来了吗？基诺最好的鲜茶与你换。"

虽然民族的主体意识并非肇始于此时，但是这种意识久经积累而于此时爆发确是事实。通过 1941 年 11 月至 1943 年 4 月的基诺族起义，或许我们能够对此时基诺族的文化建设主体意识有一个较深刻的认识。

1941 年 11 月，长久以来不为他者所知的基诺族，终于在"我攸乐"的统号下，发动了一场反对官商勾结，对其横征暴敛、明抚暗剿的武装抗争运动。运动以巴卡为起点，几乎动员了基诺山的所有寨子，并与哈尼（阿卡）、瑶、布朗等山地民族的抗争活动相呼应。运动的发起者巴卡寨的操腰借助谶谣宣传运动，把自己与汉族的神仙、圣人联系在一起，来凸显自己的身份，取得民众的认可。这足以说明基诺族在对外交往中，对他者的认识不再仅仅是"你从哪里来"的问题，而且多少了解一点他者的精神世界。转而有"且我攸乐之为人也，足不出山，食不求重味，衣不求被体。鸡鸣而起，日入而息，不为贼为盗，不为窃为偷"的体认。通过武装抗争，基诺山寨间的横向联系得到了加强，"我攸乐"的整体意识开始显现。同时基诺族与"摆夷""阿卡""瑶""布朗"之间的差异也在这种的交往中得到了进一步认知。在与当局的直接的对话中，也让当局多少听到了自己的一点声音。

（二）他者的重述与建设

帝国的瓦解，中央政府的式微，致使地方出现各自为政、群雄并争的局面。云南作为中华文明的外围，在中原人土看来尚处未开化状态，然而五族共和、夷汉平等早已取代华夷之辨成为动员全体民众的口号，云南自不例外。护国运动发声于此，抗战时西南联大驻于昆水华山之间，一时西南一隅成为思想活跃之地。近代云南的此种际遇，使得这一片土地和生活其上的人民逐渐被人了解。基诺族生活其上的车里（景洪），在外人（包括学者、商客和政府官员等）看来，除了有瘴疠之外，还有大象、孔雀及与汉人差异甚大的"摆夷"等族群。虽然此时他者主要关注的是居于坝区的"摆夷"，但是在政府的户籍编制、人口调查中，也涉及了居于山地的小民族，基诺族就在其中。

表5—1　部分年份基诺族情况统计

年份	人口数（人或户）	村寨数量（个）	主要分布地	概况	备注
1923 与 1933	12，336 人	不详	车里县、普文县	车里县为 2318 人，普文县为 198 人	车里县为 1923 年的统计数，普文县为 1933 年的数计。
1938	2，881 人	不详	车里县		其他地方不详
1941 至 1943	800 多户	41	车里县攸乐山	山以人名，父子联名	
1951	4881 人	不详	车里县的小勐养攸乐山、镇越县勐腊、思茅县象明乡		
1951	4400 多人	不详	车里县、镇越县的攸乐山及思茅县边境		

表5—2　部分年份车里县基诺族情况统计

年份	户数（人口数）	村寨数（个）	分布	备注
1923	2138 人	不详	攸乐山	
1938	2881 人	不详	攸乐山	
1941—1943	800 户	41	攸乐山	
1951	3000 人	28	小勐养攸乐山	
1951	4881 人	不详	小勐养攸乐山	

（以上统计均不含后被识别为基诺族的"本人"和"空格人"①）

---

① "本人"和"空格人"后来经过识别，大部分归属为基诺族。

以往基诺山一直作为车里宣慰司即召片领的私庄而为外人从整体上有一个粗略的认识，山区之内具体的物产、民情鲜有记载。同时由于他者很少涉足此地，因而他者难免因道听途说而牵强附会，虚构出一个内部统一的均质的基诺族。基诺族的"丢落"之说，无论与诸葛孔明，还是与傣族头领叭吡沙努联系在一起，都多少反映了他者对基诺族的建设状况。明显的是至20世纪50年代，他者对基诺族的建设日趋深入且立体化，他者的进入不再是来也匆匆去也匆匆。"有铜匠者，本内地汉人，住攸乐山已四十余年，娶夷妇为妻，同化于攸乐。"① 攸乐山再也不是与世隔绝之区了，无论对民间而言，还是对官方来讲，攸乐的人名与地名统一在了一起。

基诺族也由帝国时代的土人变成了车里攸乐人，由土流双重统治变为国家的直接统治。然而，在过去，中央政府的权威只是在地方势力借以作招牌的时候，才对当地的社会结构起到点滴影响，地方势力的你争我夺，使得以山林为生的攸乐人过着风雨飘摇的生活，寂静的山谷实不平静。掠

图 73：村寨附近的橡胶林

---

① 李拂一著：《十二版纳志》，云南人民出版社 2010 年版。

夺者看到的是基诺族养鸡、养猪、养牛及坟茔中的银器；客商看到的是此地民风淳朴，不精于计算，于此可巧取豪夺；而一些有识之士的认识是此地地脊民贫，风化未开，欲统其地应先化其民；附近的傣族却放弃了居高临下的姿态，在与攸乐的接触中，与许多寨子的攸乐人结为老根。可见基诺山风化未开已不是事实，他者带来的言行举止累积进入到基诺族的文化建设中，并在基诺族创造的新传统中得到体现。如傣族干栏式竹楼取代传统的竹篱笆、茅草顶地房成为今天基诺族传统文化的一部分。这就说明基诺族文化的建设之路已不再是自我与他者的各自独行，他者的进入也不再是一个声调，不同层次的他者使得在基诺族文化建设过程中，自我与他者之间的影响日渐强烈，基诺族文化建设多元互动的进行的时代已经来临。

（三）多元建设局面的兴起

在基诺族形象的变换过程中，对应的是对其施予统治的统治者的更替。起初，我们可以确知的是普洱府的攸乐同知，继而是攸乐土目；帝国瓦解后，基诺山属中华民国普思沿边行政总局下八行政区之一的辖地，继而又为普思殖边总办公署一殖边分署的辖地，后为车里、普文等县的辖地；中华人民共和国成立后，基诺山曾隶属普洱专区的车里、思茅、镇越等县，并最终划归西双版纳景洪县（市）至今。从以上可以看出，从中央到地方，基诺山及基诺族的隶属近代以来处于不断变换中，也就是说来往此地的人频繁而复杂多样，外来官员的暂驻与民众的长住，为近代以来基诺族文化多元建设的兴起奠定了基础。

三、基诺族文化的当代建设

当代在这里指的是1953年西双版纳自治政府成立至今的时期。在这一时期，受"直接过渡""人民公社""民族识别"、成立民族乡、"两山一地""林业三定""扶贫开发""市场经济"等国家政策实施的影响，与其他民族一样，基诺族此一时段文化建设的历程是在国家主导下进行的，但在此主线下，学者的参与，无论其是与国家处于共谋关系上，还是对国家建设持批评态度，都是此时段基诺族文化建设的重要组成部分。在某种程度上，国家对基诺族的确认和对具体政策的实施，都是直接或间接通过学者来实现的，特别是近些年在国家把注意力集中于经济发展时，对民族文化价值的认识有所忽略，而这也为学者、社会团体所认知，并由此发出呼吁且开始采取实践。我们可以看到这样一个趋势，即基诺族文化建设由国家到主导逐渐向多个主体开放。但这种趋势的发展由基诺族经济的当代发展状况，以及基诺族对自身文化的认知态度和其他参与主体的观念决定，当然更重要的是国家政策的走向、稳定性以及对精神文明、先进文化的界定。

（一）国家建设

1954年民族工作队上山，开始了基诺族文化国家建设的新历程。在马克思主义社会发展史论的指导下，民族工作队对基诺山的社会性质、经济发展水平作出了定性。"基诺族，社会历史发展缓慢，当时尚处于原始社会向氏族社会过渡的阶段，原始农业占主要地位，刀耕火种，刻木记事，生产力低下，生产方式落后。"这一结论一直作为国家制定政策实施于基诺山，以及为实现国家承诺的民族平等而采取的具体实践的依据。在1983年"两山一定""林业三定"实施后，人民公社被彻底取代，山地、林地承包到户。在经济发展中，由于基诺族的起点被界定为原始经济或生存经济。其特点有：（1）生产上的一体趋同；（2）自然协作和权威指导：（3）自给性分配与消费。因而对上述特点的打破，都被认为是基诺山经济发展的成功，尤其是在20世纪80年代末90年代初，橡胶、砂仁、西番莲等热带作物价格可观时，基诺族的收入无论是与自己纵向比，还是与其他民族横向比，增长都是显著的，在《基诺山区的主要经验》《基诺山经济教育比翼齐飞的探讨》等论文以及在《当代基诺社会研究》中，基诺山的经济发展都被描述为，从原始的生存经济向商品经济、市场经济转换的成功案例，并且在文章中学者对基诺山的部分寨子奔小康充满了信心。当然更为重要的是，这也证明了国家民族平等、团结、共同繁荣政策的成功，以及扶贫开发成效的显著。

毫无疑问，在国家建设中，基诺族作为一原始落后的山地民族被树立为扶贫的重点对象。

当然经济、文化方面国家主导建设的前提是国家权力在乡村的完全确立。从生产文化站、人民公社到民族自治乡，以及更为基层的队、村民委员会和村民小组，基诺山的政权建制与内地无异，然而在当地却产生了不同的效果。村民小组中社有组长、会计和保管各一名，在当地村民眼中，他们相当于过去村寨中的"老叭""老咋""老先"。村干部在取代"老叭""老咋""老先"的角色的同时，也取代了长老的地位，过去召集大家用的是卓巴房里的大鼓，大鼓即是地位的象征，而如今大喇叭从哪家接出来，哪家就是组长，喇叭一响就是有事通知。可以说，基诺族在取得国民身份的同时，标志其民族身份的东西也渐渐变得模糊了，在用新东西与原有的传统进行组合时，产生了文化的断裂。"有时候我们不得不承认，真正的过去已经永远失落了，我们所记得的过去，是为了现实所重建的过去。"这可能反过来影响基诺山经济、社会的持续发展，这是基诺族文化国家建设始料未及的。

（二）理论建设

关于理论建设或者说文本建设，本书将主要通过人文社会科学界、科研单位及文艺界等几方面的学者实践和文本呈现来着手探讨。如果说国家建设塑造了他者眼中基诺族的骨架，那么可以说文本建设则为基诺族的形象加注了血肉。如果没有学者的参与，没有国家的确认，基诺族也许就不会像今天一样，以一个单一民族实体的身份呈现在我们面前了。

在国家消除民族隔阂、"抢救落后"的号召下，大批学者、研究人员参加了中央派往各地的访问团（或慰问团）和民族工作队，这说明各民族在当代国家建设的起始就具有了学者的影响；并且这种影响在了解民族情况、识别确认民族群体、民族平等等一系列国家政策的实践中得到不断体现。

学者在基诺族文化的当代建设中，继承了车里攸乐人的已有建设，在此基础上，带有倾向性地应用社会进化论对攸乐人的社会定了性。其族属也因找到了满足斯大林民族定义的四大标准而单独成为了基诺族。随之而来的《基诺族简史》《基诺族语言简志》《基诺族文化大观》《基诺族文化史》等著作及上百篇论文，使得一个完整而立体的基诺族出现了。

在人文、社科学者建设的同时，科研院所的科研人员和学者也参与了进来。基诺山独特的生态环境为科研人员提供了良好的实验场地，植物学、动物学、农业科学等更多从量化的角度为我们提供了基诺山从刀耕火种、采集狩猎，到发展林业，以生物多样性为伴为生的转变，展现的是基诺山人与自然的互动关系。在此过程中，现代科学技术在科技人员的眼中是与当地村民生产、生活的现代化成正比的，在他们的教导下，就有了"两化上山"，现代技术取代传统知识的事情，以此来提高基诺山的生产率。然而生态学、生态人类学、民族植物学的专家却在基诺山看到了地方性知识或传统知识的作用。他们对现代科技，特别是化肥、农药的引入持审慎的态度，可以说科研院所对基诺族的生产、生活都产生了直接影响，并且以持续的生态效应影响着山区的未来。因而科研院所的理论建设往往左右着山区人民的日常生活，并最终反映在国家建设和人文社科学者建设的实践当中。

再来看文艺界的建设。虽然在文艺界的主流话语中，直接以基诺族为题裁的文艺作品很少见，但是"56个民族，56枝花，56个兄弟姐妹是一家"的歌声，也为基诺族在文艺界谋得了一席之地。各种类型的民族歌舞会演、民族大联欢、民族艺术丛书等活动和形式，自然有基诺族的身影。而且在此过程中，人民又获得了认识基诺族的另一种形式，即基诺族大鼓（太阳鼓）和大鼓舞（太阳鼓舞）在他者眼中成了基诺族的代名词。然而他者往往从文艺界的表演中过滤，仅仅把基诺族大鼓和大鼓舞看作一种娱乐形式，而没有认识到其在基诺族传统社会具有的其他社会功能。这从一个侧面反映文艺界对基诺族文化的建设是表面化的，其更多的考虑是各民族形式上的平等。而基诺族在哪儿，是什么样的，仍是少数专家学者争论和关注的问题，对普通的他者而言，基诺族依然是一个遥远的概念。

（三）社会建设

与国家建设、理论建设两条明线相伴的是社会建设的这一条暗线。这里主要就大众媒体、旅游行业及相关社团的建设作出点滴分析。媒体作为国家的喉舌或许其参与建设的行为应归为国家建设的一部分，但在此笔者考虑的是媒体，具体而言是电视所承载的大众文化对基诺族文化当代建设的参与。基诺山村寨的电视拥有量，在前面已提到，其多次被作为基诺族经济快速发展的指标而提及。今天走进基诺山寨的家庭，几乎家家有电视，并且大部分家庭已有了 VCD、组合音箱。就笔者的主要田野点巴卡小寨来看，全寨总共 64 户人家，仅有 7 户没有电视，而没有电视的村民，一般会在空闲的时候，特别是晚上到有电视的村民家集中看电视。许多村民家在电视前还设了地铺，村民或躺或坐于此，专注于电视中，特别是到假期，学生放假回家，在村寨中，从早上起床到晚上入睡前，都可以听到流行音乐在山谷中回荡，在此调查，会被这些音乐勾起对城市的思念。面对电视剧、影碟的轰炸，村民在充满迷惑的同时也充满了好奇与向往，青年们纷纷从影视剧中找到了偶像，竞相模仿，披头、染发、穿风衣和牛仔裤。毫无疑问，影视媒介带来的异文化在渐渐影响着村民的文化建设方向。而且随着云南旅游业的发展，西双版纳也早已名声在外，此地的热带风光、民族风情在他者眼中都充满了神秘色彩。基诺族更是让充满好奇心的游客心向往之。从国外到国内，踏进这片寂静山谷的人越来越多，他们的言语、行为举止被村民看在眼里记在心里，不时模仿一下。大山里的年轻人终于坐不住了，"我们这里除了山，还是山"的告白透露了他们对

图 74 : 踩着高跷迎宾的基诺族青年

走出大山的渴望。一位基诺族乡领导曾说："说我们基诺族落后倒是事实，但是哪个要是看不起我们基诺族，我不答应。"可见游客对基诺族文化当代建设的影响同样是深刻的。当然他者的到来，带走的信息也会被社会各界所关注。

很明显社会建设往往涉及的是日常生活，其影响会渗透到社会现实的每个角落，在生活的细枝末节中逐渐改变整个文化的形貌，并且与国家建设、理论建设形成互动关系。

第二节　基诺族文化建设的批判与反观

我们已就基诺族文化建设的历程作了一个简要概括，下面笔者将从相继加入到基诺族文化建设中来的各种力量入手，来探讨多个参与主体实践活动的逻辑合理性，以及在逻辑合理性的同时，其伦理价值、生态价值、社会效应如何；并就各个参与主体之间的关系进行梳理，看他们是如何共同建设了不同时期的基诺族文化的。

历时性的分析已经表明，在不同时期，基诺族在他者眼中的形象是有差异的，其自我的认知也是不同的。这种差别与不同具体反映在不同时期人们的表述当中，正是通过这些表述，人们认识了基诺族。然而相对于生活中的实践，文本实践提供给我们的实在太少，并且其往往以超现实的手法，展现给我们的是与现实生活不一样的基诺族形象。文本实践并非生活中的实践的简单反映，正如格尔兹所说，在描写异文化时，要想完全变为当地人是不可能的，因为我们不能拥有当地人的文化之思。其实即使是简单的照相机式的纯粹记述也多少体现了作者的意志。现实中并没有纯粹主观或纯粹客观的事物，任何人都有自己的文化嗣业和主观偏好。在对基诺族文化建设行为进行批判和反思时，我们应该始终明白一点，一个完整的基诺族从没有也不可能通过文本的表述来完成，然而他者特别是很少或从未踏入基诺山的他文化持有者，往往以文本表述作为检视基诺族的标准，因而在他们看来文本说基诺族是什么样的，基诺族事实上就是什么样的。"也就是说，我们常由一个人的体质特征，如肤色、发色、高矮等，以及文化特征，如语言、服饰、发式、刺青、宗教、风俗习惯、民族性等，来判断他的族群身份。长期以来，这几乎成了人们对一个族群的刻板印象，也为学术界奉为圭臬：一个族群，被认为是一群有共同体质、语言、文化、生活习惯等的人群。"[1]而事实上，文本提供给大家的是基诺族文化的理想类型，在文本幻想中交织的是国家、学者、社会及文化持有者各自的心思和理想，而大多时期，生活中的文化建设仅仅是文化持有者的事，他者至多一瞥而止，很少真正参与其中。因而可以说在基诺族文化建设的两

---

[1]　王明珂：《华夏边缘：历史记忆与族群认同》，上海人民出版社 2020 年版，第 65 页。

方面即文本实践与生活中的实践中，他者的参与很多时候是停留在文本层面，而鲜有直接参与到现实生活中的实践，他者对文化持有者文化建设行为的影响，主要是通过民族的上层，并由上及下地递减。

在本章中，笔者将就文本现实与生活中的现实之间的差异，各个文化建设的参与者在文本实践与生活实践中的角色进行分析，来说明没有一种文化完全属于某一群体或族群，因而在分析某种文化现象消失时，不仅要看到主位的原因，更应该反思客位因素。从历时性分析中，我们看到了基诺族或基诺族文化从无到有，从零碎到完整，而现在人们又开始担忧基诺族或基诺族文化从有到无，从完整变得残缺不全。从无到有，再从有到无，其实是由参与建设的不同力量在不同时期的力量对比造成的。

一、文化建设的主位反思

当时当地的文化建设事实，最具发言权的是文化的拥有者，然而自从与他者接触开始，他们就处于一种仰视的位置，使得基诺族文化主体并没有取得完全自主表达自己的机会，而总是由他者代言，从而使得外界曲折地听到他们的声音；然而就连这种迂回的声音也仅仅是少数几位专业报告人的故事，大多数基诺族民众除了20世纪40年代的一场武装斗争，让人多少听到一点声音外，沉默不语是他们的常态。

（一）民众

对于基诺族文化，虽然如何用文本表述往往是他者的事，但是怎么做却是基诺族普通民众的事。当然民众的行为自然不是自觉地以我是"攸乐人"或"基诺族"的意识为前提的，就当地的环境而言，他们的行为是实用主义的，当自然的恩惠足以使他们靠简单而少量的劳作即可生活时，他们是不会为了下一顿饭而积累财富的，整个山区的山林就是山区民众的仓库，吃多少就取多少，然后把闲暇时间留给各种仪式和节日庆典。民众认为财富都在山中，不属于任何一家一户，要用自己到山中去取，因为谁家也没有多余的收藏。这时山区人民是自足而快乐的，在大家心目中，山区就是世界的缩影，父辈传下来的传统就是榜样。

然而民众并不一直生活在封闭的传统之中，虽然山外的世界是什么样的，在很长时期对大多数山区的民众而言只能靠想象，但是自第一个异族人踏进这片山林之后，至少山区人民知道山外还有山，除了我们还有他们；并且他者带来的铁器、社会组织、权力意识、尊卑观念等逐渐为山区人民所认识，在现实的生活中被他们主动或被动地进行了选择性接受。山区不复为原来的山区，在生活中人们创造了新的传统。"刀耕火种"开始成为主要的生产方式，干栏式住房取代了茅草地棚，服饰也进行了改造，铁匠成了民族的一种精神领袖（巫师的一种）。不知不觉，山区人民已建设了新的文化体系。传统每天都在消失，同样每天也在再创。民众在日复一日、年复一年的对外接触中，继承着旧有的传统，也实践着新的认知。当犁耕代替刀耕，个体家庭成为生产单位，氏族长老让位于地方及国家政权的代理人，商品交换使礼物流动居于次要地位后，山区民众之间、民众与大山、民众与他者之间的关系，毫无疑问，都又进行了调整；并被整合到民众活生生的文化之流当中。当然文化之名是别人给定的，民众的选择并没有传统的负累，仰视的位置使大家对外来的事物很难有批判的眼光。特别是进入近现代的时域之后，"你们原始落后"的声音不绝于山区民众的耳畔，那么学习、模仿和借用就是对这种声音的反映。

（二）民族文化的精英——长老

卓巴、卓色等长老在现实生活中的地位和作用曾经是什么样的，通过几名知名长老的讲述建设起来的文本已为我们作了说明。在此类文本中，基诺族社会是以氏族长老或村寨长老为中心，集政治、经济生产、宗教、教育等为一体的均质化社会。然而，基诺族社会并非亘古不变，当长老循着自然规律世代更替着时，突然有一天他们发现年轻人变得不听话了，自己仅仅作为节日、庆典时的点缀而分到一点鲜肉，先吃几顿饭。日常生产现在是村民自家的事，再不用长老多管闲事瞎操心、解决纠纷，现在举行的新兴节日、庆典长老知道的还没有常人知道的多，长老真正变得只剩下了年龄这一标志。

基诺族长老在民族文化的建设中，采取的是现实主义态度，他们无力也不想成为自己所代表的传统的卫道士。从日常起居到服饰穿着，他们已与普通村民无异，面对采访，他们也能十分坦诚地说："传统的保留不多了，自己感觉丢了可惜，但根据社会发展，必然要丢了，因为我们没有文字。"他们现在能做的就是把自己所知的古歌、村寨历史、节日庆典、仪式规程等编辑整理出来，让后人知道，基诺族的过去是什么样的。当然长老们此种文化自觉的获得，或多或少应归于他们长期作为他者了解自己民族的报告人的原因。在长期不断的受访过程中，他们已成为调查者的专业报告人。外来的调查者一般在开展调查之前，就知道需找哪几个长老访谈，而村民也会对来访者说："要了解历史文化，你去找 XX，找他就知道了"。显然不论于民族之内还是之外，长老们在扮演的是本民族文化的代言人的角色。他们的故事，他们的叙述往往会通过他者的笔墨成为基诺族文化文本建设的重要部分。这一建设，我们可以把其称为基诺族文化建设的上层路线，它与村民现实生活中的建设形成对照。

现在的社会存在同样是身为基诺族的人们创造的，那么只有接受它，至于传统文化，他们也不会强求年轻人来学习和接受，并且在他们的回忆中，并不是没有痛苦、悲伤与艰辛。另外长老的制度化存在是否是历史事实，仍值得怀疑，至少在整个基诺山，长老制并未出现一统天下的局面，各个村寨有各个村寨的表述，其在各个村寨的作用是否一致更令人怀疑。因此，我们可以认识到基诺族文化精英——长老的离世，并不意味着基诺族文化的消失。毫无疑问，随他们而去的许多文化特质，在以往是构成基诺族社会记忆的重要部分。然而这些记忆的消失与否，并非几个文化精英所能左右的，其命运是与基诺族的社会制度、经济构成、外部接触、文化交流等具体实践相关联的。在上述的历史追溯中，我们已经知道，把基诺族社会记忆镶嵌在内的文化体系，已然随着相关因素的演变而发生了整体的重构，在此过程中既有传统的继承，又有新的创造。但我们往往只看到创新的东西，并对此多持质疑，对继承的事实却视而不见。在聆听长老叙述的同时，我们更应该花时间去关注基诺族普通民众在如何一天一天地生活。

个案分析：后长老时代的村寨领袖

长老制起始于何时？其现实的运作如何？今天我们只有通过"最后的长老"的讲述获得一知半解的认识。然而无论历史上的基诺族长老制是否施行过，也不管具体的实施的情况如何，都不可否认的是今天在基诺族社会它已不存在了。那么长老制时代作为村寨领袖的长老的角色，今天由谁来承担呢？

以基诺山巴卡小寨的情况看，巴卡小寨是 20 世纪 60 年代末 70 年代初由离公路较远的巴卡新寨村民自发搬迁而形成的，加上 80 年代中期村寨对面搬来的 8 户人家，共同形成了今天的村寨格局。在小寨的形成过程中，我们可以确知以下事实：

（1）小寨的形成不是整体迁移，而是一家一户的零星搬迁，搬迁的发生既没有受自然权威的号召，也没有受国家力量的干预；

（2）小寨的家户来自两个地方即巴卡新寨和卡内寨；

（3）小寨的家户随着分家而逐渐增多；

（4）现在村民分别改姓董、张、杨、李等汉族姓氏；

（5）小寨与巴卡新寨同属巴卡村委会。

在小寨形成的过程中，并没有像曾经在古老村寨那样，自然形成卓巴、卓色等长老集团，而是在国家政权的框架下，村干部行使着在以往被认为是长老们行使的权力。但是，在村民的婚丧嫁娶、起房盖屋等活动中，村干部并没有特别的地位，当然也并非每个年长者都在唱主角。在这些打破日常生活的活动中，往往起带头作用的是仪式专家，他们既非事实上的长老，也不一定是村干部，然而他们具有村干部的领导气质，年龄也在老年之列，他们才是村寨的真正领袖。

（三）代理人和民族精英

这里的代理人意指封建王朝国家时期受地方傣族政权委派的掌管前后半山的金伞大叭和今日作为国家政权其中一级的自治乡政府以及在基诺族与外部社会交往中起中介作用的人。说到代理人，很容易使我们联想到汉学人类学中的乡村"绅士"。但是我们要分析的代理人与乡村"绅士"不同的是，他们在行使其功能时面对的是异文化的统治者及其文化，而乡村"绅士"面对的是自己文化的"大小两个传统"，因而各自的作用是不同的。

根据已有的文本，基诺山在傣族政权下，曾受制于专管其民的总叭，

图 75：2015 年"特懋克"庆典

并且地方政权的这些代理人先为异族人，然而这样的统治形式遭到了基诺人的反对，而后改为基诺人充任"总叭"，并逐渐与村寨的传统管理系统"长老集团"相结合，在基诺山设立了两个"总叭"分管前后两半山，同时在村寨分设叭、咋、先等管理人员，形成一套稳定的管理体系直至地方政权的衰落。在此种统治和交往格局中，基诺族经济、人口等方面的劣势，使其在地方权力衡量中处于不利地位，但是其文化、社会组织的独特性，又使他们感到了与他者的不同，并愿为这种不同而流血。因而地方政权欲对基诺山施行统治，只有通过文化之途，因为基诺山对外界而言仍是深不可测之地，武力征服是地方势力不敢冒险的。况且在地方势力之上还有中央政府的声威。于是和平收编成为最佳的选择。地方政权经文化之途渐进地传播自己的影响，使基诺族文化建设打上了一些傣族文化的烙印。代理人成为了他文化的传播者。同时他们作为本民族文化的重要传承者的角色，使得基诺族文化在传承过程中，渐渐发生了一些变异。

二、客位建设的反思

前述分析已经表明，在基诺族这一概念下出现的民族实体，其实是一个很晚近的他者建设的产物。如果没有中央访问团的慰问和调查，没有国家的民族识别政策，以及后来的少数民族社会历史、经济状况调查，基诺族能否出现就变成了一个问题。因此对基诺族文化的客位建设过程中的国家、社会和理论学术等几个层面的参与状况进行批判性考查，或许我们就可以为自在的基诺族与他构、他述的文本呈现的契合与抵牾找到合理的解释。

（一）国家层面的反思

在基诺族文化建设的历程中，随着国家对基诺族了解的深入，其参与建设的行为也逐渐由间接变为直接，参与建设的力度也变得日趋强大。但是无论是帝国时代的"夷蛮"土人的认识，还是近代"落后"的话语，显示的都是权力的中心—边缘的格局划分，经济的先进—落后之别，文化的文明—野蛮之分，因而在国家对基诺山的整体推进中，基诺人国民身份的获得、经济的转型、文化的向外汲取都是顺理成章的事。

在清末，基诺山在国家的眼中还是瘴疠之区，因此虽设立了流官，不久也就废弃撤并了。但是伴随帝国声威而来的是异族客商和基诺人的低位意识。这产生的影响随着时间的推进而不断积累，并对基诺族文化的建设方向和建设内容起了决定性作用。"落后"之语既是他者的言说，同时也变成了基诺人的一种比较劣势意识。新中国成立后，扶贫开发、优惠政策携异质文化向基诺山全面进军，得到了基诺山民众的欢迎。栽橡胶、种砂仁、开挖水田、划定保护区、林业三定等号召和政策都得到了基诺人的积极响应。

国家在政策的实施过程中，把基诺族社会视为一个内部均质的族群共同体，政策的实施过程即是国家对基诺族自我认同的强化和规范过程。原先一些族群身份模糊的村寨，由于看到了国家对基诺族的照顾，也开始主动提出自己是基诺族，希望国家给予确认，而国家无论是根据民族的四大特征，还是其他标准来确认时，都要叙说国家所承认的基诺族是什么样的，这样就使得要求确认者无论是否符合国家设定的确认标准，也无论在民族自觉意识中有无认同感，在诸多优惠政策的驱动下，就会对基诺族这一民族身份或族籍产生附和或靠拢。可见，事实上，基诺族这一民族共同体更多的是以政治、经济意识之上建设起来的，而在此之前，基诺山民众的村寨意识强于族群共同体意识，各个寨子互不统属，在各个村寨之上也没有形成实质的共同领导。因此可以说，国家政权在基诺山的建立，使得基诺山互不统属的村民在面对同一强大的客体参照时，促发了整体意识，从而村寨意识让位于民族意识。

个案分析（1）：一个关于扶贫的故事

上大学时，在民族理论与民族政策课上，授课老师讲了这样的故事。在云南的扶贫活动中，国家为许多民族村寨的村民提供了大量化

图 76：基诺山的扶贫开发工程

肥，希望他们科学种田，用化肥提高作物产量。然而使扶贫部门没有想到的是，村民把化肥背回家后却把化肥拿到集市上卖了，然后打酒回来喝。因而这故事被作为扶贫方式必须变输血为造血的反例来加以引用。扶贫的成功与否，并不完全取决于输血还是造血，而在于在扶贫政策实施之前是否充分了解扶贫对象的社会文化、生态环境、社会组织等。以基诺族为例，如果把化肥送上基诺山，基诺族村民把化肥卖了，那是很正常的事，因为在这里种轮歇地根本不用化肥，一方面这里阳光充足植物生长茂盛，另一方面基诺山作物生长期雨季长，加上轮歇地坡度大，即使施上化肥，也容易被雨水冲走，起不到增加土壤肥力的效果，反而会破坏当地的生态平衡。

个案分析（2）：巴卡小寨的退耕还林

截至 2003 年 2 月 10 日，巴卡小寨有村民 64 户，260 人。2002年国家退耕还林政策在全国推行。巴卡小寨在景洪市和基诺族乡林业部门的动员下，部分农户开展了退耕还林。

表5—3 巴卡小寨村民退耕还林情况一览表

退耕还林农户户主姓名	退耕还林土地面积（亩）	退耕还林地类	种植林木种类
杨德红	15	退耕还林地	昙花树
阿老	10	退耕还林地	昙花树
周所	5	退耕还林地	昙花树
布鲁飘	13	退耕还林地	昙花树
张三	10	退耕还林地	昙花树
阿陪	10	退耕还林地	昙花树
小沙木拉	5	退耕还林地	昙花树
小腰波	15	退耕还林地、宜林宜荒地	昙花树
木腊牛	8	退耕还林地	昙花树
白柏	20	退耕还林地、宜林宜荒地	昙花树
白腊些	5	退耕还林地	昙花树
小波且	8	退耕还林地	昙花树
董志永	13	退耕还林地	昙花树
小李	6	退耕还林地	昙花树
李有昌	8	退耕还林地	昙花树
周志明	6	退耕还林地	昙花树
资木拉	6	退耕还林地	昙花树
那者	12	退耕还林地	昙花树
大白腊车	6	退耕还林地	昙花树
着大	5	退耕还林地	昙花树
车高	8	退耕还林地	昙花树
木腊红	8	退耕还林地	昙花树
张二	3	退耕还林地	昙花树
杨德明	3	退耕还林地	昙花树
张东	8	退耕还林地	昙花树
杨小二	6	退耕还林地	昙花树
白腊资	8	退耕还林地	昙花树
大波且	7	退耕还林地	昙花树
中腰波	10	退耕还林地	昙花树
者木拉	7	退耕还林地	昙花树

　　林业部门在退耕还林村民动员大会上，首先声明退耕还林采取自

愿报名的形式，接着着重强调了退耕还林政策能给村民带来的种种好
处，并结合巴卡建设文化生态村的实际来说明其选巴卡退耕还林的
缘由。听林业干部介绍完情况后，村民开始纷纷议论。有人担心国
家的粮食补助承诺和种苗管理资助不能兑现；有人认为国家应该不会
欺骗老百姓；还有人对国家补助八年后的情况心存疑虑。讨论来、讨
论去，最终有 30 户向村干部申报，然后由村干部再向林业部门汇报，
接着林业部门派员到村寨对申报户的退耕还林地进行丈量。统计汇总
后，林业部门与农户签订了合同，合同上写明了农户与林业部门的权
利和义务，以及毁约责任等条款。签订的合同一式四份，发包方、承
包方、市主管部门、乡林业站各一份。

　　合同签订后，林业部门要求村民对退耕还林地进行除草、挖塘等
处理，挖塘要按株距 2 米、行距 3 米的规格来进行，并且要求农户退
耕地内不再种植作物，到 2002 年雨季前要把树苗栽种下去。树苗栽

图 77：木棉树下的家屋

种后，经林业部门检查验收合格，国家将在年内给予农户粮食和资金补助。然而大多数村民虽然签订了合同，但是仍放心不下，还是在退耕地内种上了旱稻。当林业部门来复查时发现，旱稻即将抽穗。看到此种情况，林业部门派员气愤之下，强烈要求农户把已种的旱稻芟掉，否则将不提供粮食、资金补助，并希望乡政府出面督促村民芟地。而乡政府却认为这种损害老百姓的事他们不能做，况且，根据他们自己的经验，一块山地内只种一种树木而不套种其他作物，土地的利用率并不高，因此乡政府拒绝配合林业部门的行动。因而在退耕地内，农户既种上了旱稻，又栽上了退耕还林的树苗。虽然部分农户在林业部门的强烈要求下，把地内的旱稻芟了，但是仍然有农户没有芟，而且在秋天取得了一定的收获。对此林业部门也没有办法，在年底仍然兑现了对农户承诺的补助。农户在拿到粮食、资金后，承诺明年一定不再在退耕还林地里种旱稻，而未参加退耕的农户也开始后悔当时没有退耕，而期待国家林业部门的再次光临。

事实上，在退耕还林中，农户关心的是他们能够得到多少国家的补助，而林业部门关心的则是自己任务完成的数量，在退耕之前，他们并没有对退耕土地的生态状况进行过周密调查，而且事先决定种什么树，怎么种，也未向退耕的村民征求过意见。因而在退耕还林政策的实施中，相互间的矛盾和冲突也就在所难免了。

（二）对学者的批判

理论建设为基诺族自我认同提供了一条可供参照的途径，也为国家的确认提供了规范的标准。没有理论建设的努力，基诺族的一体意识也就不会有一个从外到内、从上到下的促发过程，同时也就少了基诺族文化从内到外、从模糊到完整的宣传环节。

纵观基诺族的文本呈现过程，我们会发现在历史与现实的交接地带，研究人员为我们提供了一个完整的基诺族的蓝本和框架。可以追溯的历史都得到了探寻：仍然存留和发生的现象，要么被作为即将消失的传统的倒映，要么被视为他者同化的结果而被记述。在历史与现实之间横亘着的是民族的传统，长远的历史因其不可追溯性，使得研究者只能把它用来点明民族源头传说的独特性和发展至今天一个民族共同体与之一脉相承的合理性，然而历史的琐碎却为研究人员对基诺族传统的过高估计打开了方便之门，因为无来头的话谁都会说，就看说话者能否说得动听。

今天当研究人员走进基诺山寨，发现通过他们转述的民族传统就像他们曾经求证过的基诺族历史一样琐碎，这多少有点让他们失望。于是保护正在消失的传统变为了他们的共同呼吁。"当我们改变时，即可称为'进步'，而当他们土著人一样发生改变时，特别是当他们采用了我们的先进事物时，则应被称为一种'成熟化'或'文化的丧失'（a loss of culture）。"① 然而真正的传统是什么，它又在哪里的问题却很少有人来得及思考。面对基诺山的 45 个寨子，我们可能得到就是 45 种说法，那么基诺族的传统是这 40 多种说法呢，还是从中抽象出来的整合体，抑或是从中抽取的某一种？或许统一的民族称谓只是由他称而后自称到认同的一个传统，因而其并不能掩盖基诺山寨之间的内部差异。由研究人员建设出来的基诺族传统，我们只能把它看作是一个多元复合体。因此当我们用它来检视各个山寨传统文化的兴废时，不应寻求完全的一一对应，如果这样做，有时会变得无中生有。

仅仅为了研究也好，在研究的同时还想做点保护和其他什么也罢，我们行动之前，应明确相对于研究人员，异族的基诺族或许是一个整体，然而就其自身而言，又存在多种内部差异性。我们的研究和实践不应仅停留在基诺族是一个整体的认识，而应深入到多种差异性当中，那样，无论是研究还是实践，我们得到的信息可能才更真实，行动起来也才更具合理性和效用性。

---

① [美]马歇尔·萨林斯：《何谓人类学启蒙——20 世纪的若干教诲》，载《甜蜜的悲哀》，三联书店 2000 年版，第 111 页。

个案分析（1）：研究对象对调查的认识

在问到前两天两位乡文化站的调查人员来访的事时，调查对象略显激动地说："他们是来调查村寨历史的，他们也要调查（巴什）情歌，XX 告诉我，他家里有（巴什）情歌的磁带，他妈死之前录的，他讲这是秘密，他不会拿给他们的，就是他哥哥来拿也不给。"显然即使是本民族的调查人员也被村民认为是秘密的刺探者。乡文化站以同为基诺族这一号召进入村寨，搜寻本民族的历史文化时，并未得到足够的支持，即使他们要编撰的书籍在他们看来是为基诺族的子孙后代留一份宝贵的文化遗产。而在村民看来自己所拥有的东西就是自己的，它无论如何也很难上升到全寨所有，甚至全族所有的高度。

个案分析（2）：二月六和六月六

二月六

提到基诺族的节日，首先人们想到的是"特懋克"即备耕节或打铁节，而基诺族群众一般认为这个节日就相当于汉族的春节。1984 年以前，基诺山各个寨子过"特懋克"没有统一的时间，即使是同一个寨子各年过的时间也不一样，而只要全寨大部分村民同意，或是村长或办事公平者牵头，组织大家在春耕前凑钱把过节的牛买来，即是杀牛过"特懋克"了。而到 1984 年，国务院认定基诺族的"特懋克"为国家承认的法定节日，并把过节的时间统一为每年的公历二月六日。过"特懋克"时，在党政部门、企事业单位工作的基诺族享受至少放假三天的待遇。这样就使得自此以后到基诺山的调查人员，在进行节日方面的调查时，总会得到"我们过二月六"的回答。然而再进一步调查我们就会发现，二月六日过"特懋克"很多时候只是人们对国家承认的一种认知和面对询问时的一种方便回答，现实中具体什么时间过"特懋克"，各个寨子原来的传统仍然被沿袭。从 20 世纪 90 年代后期开始，每年的二月六日选择一个寨子来承担整个基诺族过"特懋克"的使命。

六月六

如果说"二月六"是国家建设与民族传统相结合的事例，那么"六月六"则完全是国家建设与学者建设的产物。1979年6月6日，新华社发文报道国务院不久前正式确认居住在西双版纳傣族自治州景洪县境内基诺山的民族人群为单一少数民族——基诺族，这是学者识别、国家确认的产物。从此每年的6月6日基诺山都要举行隆重的仪式庆祝自己单一民族地位的取得，今天这已成为基诺族文化的一部分。

表5—4 基诺山的村寨名称

日常通用村寨名	法定书面用村寨名	行政划分用村寨名
Manduo	巴漂	巴飘
Manplao	巴夺	巴朵
Manya	巴亚	巴亚
Mangui	巴桂	巴贵
Manka	巴卡	巴卡
Manbie	巴别	巴别
Masan	巴洒	巴洒
Wanxiu	巴秀	巴秀
Manhai	巴来	巴来
Manpo	巴普	巴普
Huizhen	回珍	回珍
Huilu	回鲁	回鲁
Luoke\Yinchang	洛科	洛科
Shizui \ Luote	洛特	洛特
Longpa	亚诺	亚诺
Mankui	吉坐	吉坐
Manwu	阿俄饶	阿窝饶
Manhuai	阿坡	阿婆
Pani	普西	普希
Wozhuang	么卓	么卓
Muyang	普米	普米

日常通用村寨名	法定书面用村寨名	行政划分用村寨名
Shengniu	少纽左米	少妞
Manwa	毛俄	毛娥
Zhaguo	札果	扎果
Zhalei	札磊	扎吕
Qianma	茄玛	茄玛
Galiguo Jin	基诺洛克	基诺山
Citong	司土	司土

如上表所示，今天基诺山每个村至少有三个称谓，一个是在傣族地方政权统治时期形成沿用至今而日常通用的称谓，如"曼卡"；一个是学者所说的基诺族传统的称谓，如"巴卡"；一个是行政归属称谓，如"曼卡三队"或"巴卡三队"或"巴卡三组"。事实上，传统的称谓除了在学者

图78：基诺族准备节日食物

的文本中和政府正式的文件中使用外，无论是在政府官员，还是在群众当中，都很少有人使用。现实中使用得最普遍的是傣族政权统治时期形成的称谓，特别在不同的村委会的人之间，使用频率最多，而"某某队"的称谓一般在同一村委会的不同寨子的村民相互区分时使用。

三、实践的反思

实践是超多个主体相互关系的桥，就其现实意义而言，实践的付诸既可能是解构的过程，也可能是建设的行为，还可能是简单地重复过去。如果我们把基诺族文化的历史进程，作为一个多元主体互动的实践的过程来看待，那么这一实践至少包括两方面的内容，一是文本实践，二是生活中的实践。通过上面的论述我们已知有关基诺族的文本实践过程，其实很多时候就是基诺族文化的建设过程的同义词，在这一建设过程中有建设者的想象，也有对生活中的实践的反映，并在一定程度上影响生活中的实践，从而创造新的民族传统。然而生活中的实践日新月异时，文本建设作为一种理想的民族文化类型，往往成为人们追忆往昔的参照物，因而我们往往看到的是文本与现实的错位，文本具有自身产生的逻辑，现实却在形而下的寂静中期待着更多主体的参与。

（一）文本实践的理论应用问题或中心思想

以欧洲为中心建立起来的人类学进化论学派，在把欧洲树立为人类社会进化发展的顶端的同时，也把其他社会视为处在欧洲社会之后，并向其进化的处于不同阶段的社会。因而殖民主义在教化之名下把人类学家收编入队，人类学与殖民主义形成了表里一体的关系。同样在中华帝国的大地上，中央王朝的教化所及，实践的其实就是从中心到边缘的一种文化扩张路线，反映的是华夷之辨的民族政策。而到近代，国族主义的号召，为的是实现政治上的目标，虽然有五族共和的理想，但在五族之外的族群，人们对他们的认识才刚刚开始。

近代以降，在西学东渐的浪潮中，人类学被引入，其实使得许多学者和研究人员把汉族想象成为华夏之中的欧洲，而四方之民则是非欧世界在华夏的版本，从而在一国之内解决了理论的应用问题。特别是随着马克思主义在中国的胜利，为在中国复杂多元的族群社会中找到从原始社会到社会主义社会发展的对应社会形态铺平了道路。因而从新中国成立到20世纪80年代初，进化论是中国人类学界的主流。当然人类学的本土化的争论也由来已久，但是争论的焦点往往是，西方人类学者从简单社会发展起来的人类学理论，能否应用到中华之下的复杂社会即汉族社区的问题，而鲜有对中华之下多元族群的非均质状况作出深入的思考。也就是说我们可以这样问，汉学人类学的理论能否应用到差异明显的、复杂多样的非汉族社会。即使是在20世纪80年代以后，虽然各种西方的理论几乎都被引介

图 79：欢庆"特懋克"的基诺族

了，但是人类学的本土化问题仍没有解决。以基诺族的研究来看，大多数的研究仍在进化论的框架之下来阐述基诺族是什么的问题，而很少有文本反思基诺族为什么是现在的基诺族，而在涉及具体的文化特质分析时，往往采取描述的手法来避免理论应用上的争论，其实对基诺族的研究与其他许多民族的研究一样，目前尚未出现一本真正民族志意义上的著作。

（二）生活中的实践的参与问题

自人类社会产生之日起，社会交往就成了必须之事，并且社会交往逐渐从群体内的交往扩大为群体外的交往。而且随着信息技术的发展，人体各个部分的功能得到了延伸，使得昔日之交往与今日之交往，无论在广度上还是在深度上，都不可同日而语了。今日之世界，再无纯粹自我的群体，你中有我，我中有你从一种地方现象变为一种世界图景，民族文化的建设不再与他者无关，他者也不再是旁观者，而是在不经意间变成了参与者。多元互动是今日世界之共相，基诺族的文化建设也概莫能外。

无论是贯彻民族平等政策，还是推动乡村振兴，对这里的各少数民族群体而言，他者的参与今天变得越来越强烈而深入，什么才是他者进入少数民族中的理想途径，是各决策部门、各族群众和学者都需要认真探讨并付诸实践的问题。

当然参与问题的解决，只在书本中寻找是不可能，没有现实生活中的实践，只能是纸上谈兵，经验的积累，理论的提升，需要从文本走向现实生活，并且走出一条自识、自信、自尊和自主的发展之路。

第六章 基诺族的产业发展与乡村振兴：
巴朵村的调查与分析 ①

2019 年 4 月，基诺族宣告"整族脱贫"，创造"直过民族"一步跨千年的脱贫样本，令人欢欣鼓舞。然而，对基诺族脱贫过程的梳理与反思，脱贫之后的经济社会发展和乡村振兴如何持续开展，事关基诺族经济社会高质量发展的路径和方法等问题，是摆在关注基诺族经济社会发展的各界人士面前的重要课题。在此尝试以基诺山巴朵村的发展历程来进行一次分析和思考。

一、巴朵村民族生计发展沿革

历史上，巴朵村和基诺山其他 40 多个寨子传统生计方式类似，都是以刀耕火种为主、采集狩猎为辅的形式。但随着生态环境的变迁、人口的增加等因素的叠加，20 世纪后期以来，基诺族传统的生计方式越来越难以继续延续。

1984 年开始，基诺山基诺族乡逐步实施了"以林为主、多种经营、因地制宜、综合发展"的经济发展方针，在缩减刀耕火种山地种植的基础上，确定了以砂仁、茶叶、橡胶作为三大支柱产业的战略。但在随后的发展过程中，砂仁逐渐式微，橡胶发展势头逐渐兴盛又逐渐下滑，而茶叶则一直伴随着基诺族，见证其经济的起伏变化。

---

① 本章田野调查访谈材料均引用和参考张娇娇：《橡胶经济的衰落与生计转型——以西双版纳基诺族村庄为例》，云南大学硕士学位论文，2017 年 5 月。特在此声明和致谢。

（一）砂仁种植的演变过程

基诺山基诺族的砂仁规模化种植始于 20 世纪 80 年代。1980 年时全乡种植砂仁 2000 多亩，1984 年时达 9117 亩，到 1987 年时种植面积达11900 多亩，全乡"种植面积占全国砂仁总面积的 5%；总产量 7.7 万公斤，占全国砂仁总产量的 24.6%，产值 218 万元，仅这一项农民人均收入 228元，砂仁成为基诺族脱贫致富的骨干产业"①。一直到 20 世纪 90 年代，基诺山的砂仁种植还曾经一度兴旺，但随着市场需求的饱和、价格的下滑和波动，砂仁种植面积在 90 年代末大幅减少，逐渐退出大多数基诺族家庭经济生产。与此同时，基诺族种植橡胶的村寨和家庭不断扩大。相对于其他西双版纳地区的少数民族而言，基诺族因为自身发展条件的限制，其大面积种植橡胶的时间要稍晚一些，随着橡胶种植展现出来的巨大经济收入潜力，有很多村民开始在 20 世纪 90 年代初期投入大量人力、物力、财力种植橡胶。

橡胶作业是需要投入大量劳动力的，随着橡胶种植的不断增多，由于要管理橡胶林，很多村民已经没有过多的时间和精力去管理砂仁。

特别是 2000 年前后，随着退耕还林政策在基诺族聚居地区的逐步实施，以山地农作物种植为主的刀耕火种逐渐退出了基诺族的生活。与此相对应，橡胶和茶叶种植在基诺族的生计当中扮演越来越重要的角色。

（二）橡胶种植的演变过程

基诺山的橡胶种植始于 1963 年，当时在云南热作所和国营景洪农场的帮助下，试种橡胶成功。全乡规模化种植始于 20 世纪 80 年代，1980年种植橡胶 221 亩，1988 年种植橡胶 12415.7 亩，1990 年种植橡胶 20086 亩。1995 年橡胶种植面积为 23577 亩，占全乡共有经济林的 46.35%，人均 2.38亩。1998 年，基诺族乡种植橡胶 35839 亩，产干胶 567 吨。1999 年，种

---

① 杨世德：《基诺族的商业》，《民族工作》1994 年第 6 期。

图 80：巴朵村的橡胶林

植橡胶 35914 亩。2007 年底，基诺山基诺族乡的大多数村民都有开割的橡胶，全乡种植橡胶面积达 91268 亩，开割 30508 亩，干胶产量 1876 吨。

表 6—1　巴朵村 2007、2014 年作物种植情况

年份	户数（户）	人口（人）	橡胶（亩）	茶叶（亩）	耕地（亩）	粮豆（亩）	人均收入（元）
2007	64	306	1835	1153	130（水田）	—	2320
2014	76	366	3790	1056	228	560	5294

资料来源：田野调查所得。

　　实际上，在 20 世纪 80 年代早期，基诺山的基诺族在种植橡胶方面并没有像农场周边的少数民族那样得到更多的照顾。反而因为基诺族聚居的基诺山东北高、东南低、海拔相对过高等原因，在很长的一段时间里是不

被允许种植橡胶的。但在巨大的经济利益的刺激下，村民开始自发地种植橡胶，而这个时段恰逢整个西双版纳气温降低、霜天频繁到来，多数的橡胶苗不是被冻死，就是被霜冻死，使基诺族村民种植橡胶的积极性遭到了打击。但是 1997 年东南亚经济危机爆发，大面积种植橡胶的马来西亚、印度尼西亚、泰国等地的橡胶价格受到了严重的影响。而国内的橡胶行情却与之相反，价格不断攀升。20 世纪 90 年代初，胶水价格仅 2—3 元 1 公斤，到了 2004 年胶水价格已达 11 元 1 公斤，最近几年，胶水价格继续上涨，2009 年价格曾高达 18 元 1 公斤，而 2010 年胶水价格上升至每公斤 27 元左右。随着胶水价格的攀升，基诺山橡胶种植的高峰期真正到来。

表 6—2　2003—2014 年新司土村人口、种植面积、种植产量情况 [1]

时间	人口（人）	耕地面积（亩）	茶园面积（亩）	茶园产量（吨）	橡胶面积（亩）	橡胶产量（吨）	砂仁面积（亩）	砂仁产量（吨）
2003	1640	30715	3529	92	2421	81.8	4520	16.8
2004	1648	5820	3768	86.4	2715	86.8	4840	20
2005	1659	5570	4388.5	89.6	5214	91.2	4840	5.4
2006	1640	4733	4729.5	101	7629	94.9	4840	4.1
2007	1741	1170	5691	202	8035	99	4840	6
2008	1762	4234	5723	51	10430	51	1235	0.13
2009	1778	5259	6290	204	16317	65	1235	13
2010	1806	5342	7220	259.7	17351	111	815	1
2011	2116	5400	7220	219	18141	186	—	—
2012	2192	—	7291	230	19149	321	—	—
2013	2124	1567	7291	268.6	19149	355	2233	9
2014	2127	1500	7291	241.8	19149	365	2233	23

资料来源：2016 年 7 月田野调查，根据基诺山基诺乡内部资料整理而成。

---

[1]　新司土村委会，位于基诺族乡东南部，距乡政府 1.3 千米，辖新司土、巴飘、巴朵、洛特新寨、么卓、亚诺 6 个村民小组。

　　巴朵村隶属的基诺族新司土村委会的橡胶种植面积从 2003 年开始不断增加，到 2012 年橡胶种植面积基本固定在 19149 亩，相较于 2003 年的 2421 亩，橡胶的种植面积增长了近 8 倍。其人口从 2003 年的 1640 人变为 2014 年的 2127 人，仅增长了 487 人。橡胶的大面积种植致使新司土的土地使用方式发生变化，其中种植旱稻的耕地面积变化最大，由 2003 年 30715 亩锐减到 2014 年的 1500 亩，砂仁种植面积也不断减少，由 2003 年的 4520 亩减少到 2014 年的 2233 亩，橡胶用地和茶叶用地不断增长，但因为基诺山的茶叶以台地茶为主，价格并不好，其经济收入主要还是来源于橡胶。

　　在此阶段，包括基诺山在内的整个西双版纳地区民营橡胶的种植面积不断扩大，经济收益也不断提高，橡胶日益成为许多少数民族村寨最重要的经济来源，村民对橡胶树的依赖性越来越强。基诺山的发展趋势大致如

图 81：橡胶林近景

此。粮食面积越来越少，而橡胶种植成为多数村寨土地利用的主要形式。有很多村寨由于大量种植橡胶，导致劳动力严重不足，因而价格波动巨大的砂仁就成了被放弃的一部分，这也从侧面加重了村民对橡胶树的依赖。一旦国际橡胶市场价格出现波动的时候，这些依赖橡胶生活的村民将会遭受严重的影响。

实践证明，经济结构为太过单一的橡胶经济，一旦橡胶市场发生变化时，村民将陷入困境。从 2013 年开始橡胶价格开始逐年下降，最便宜的时候才 6 元 / 公斤。

表 6—3　1997—2016 年部分年份橡胶价格情况

单位：公斤

年份	1997	1999	2001	2003	2005	2007	2009	2011	2013	2014	2015	2016
价格 / 公斤	11.5	12	4	14	15	20	20	32	14	10	6	8

资料来源：2016 年 6 月田野调查资料整理。

如表 6—3 所示，进入 21 世纪，基诺族橡胶种植面积的不断扩大，短短 10 年的时间，基诺族新司土村委会的橡胶种植面积从 2003 年 2421 亩增加到 2013 年 19149 亩，增幅近 8 倍之多。这与橡胶价格的稳步上升有不可分割的关系。但是从 2013 年开始，橡胶价格已经连续 4 年呈现降低的趋势。由经济利益产生的对橡胶的绝对依赖性在很多的基诺人心中开始动摇。

当橡胶种植成为多数基诺族村寨的主要经济来源的时候，橡胶价格的巨大波动对老百姓的影响也很大。即便是如此，多数的村民还是实现了生计转型，当然，也需要经过"阵痛"方可转变。

橡胶价格的持续下跌是很多胶农没有预计到的，单一的橡胶经济投入使得多数百姓深陷其中，然而多数村民还对橡胶经济的恢复抱有期望心理，生计转型的心理动因稍显不足。

（三）茶叶种植的演变过程

生活在基诺山的基诺族，茶叶种植的历史悠久，至清代中期，茶园面积达到 400 多公顷，年产干毛茶最高达 130 吨，成为著名的普洱茶六大古茶山之一。至今，基诺山尚存 190 多公顷古茶树，古茶树树龄大多数在 200—300 年，最老的一株为司土老寨古茶树，树龄在 500 年左右。18、19 世纪时，基诺山的茶叶年产量曾达 2500 余公斤。

据 20 世纪 50 年代的调查，当时基诺山区有 11 个寨子产茶，分别为当的曼雅乡(今巴亚村委会) 的曼漂(今巴飘)、曼坡(今巴坡)，石咀乡(今洛特村委会) 的石咀、帕连，曼海乡 (今巴来村委会) 的龙帕 (今亚诺)、窝庄和曼海 (今巴来) 上、中、下寨，茨通乡 (今司土村委会) 的茨通 (今司土)、曼朵(今巴朵)。据 1981 年的调查统计，曼雅大队种植 797 亩，产量达 4785 余公斤；茨通大队种植面积 516 亩，产量达 5913 公斤；曼海

图 82：村民采茶

大队种植面积 890 亩，产量达 4558.5 公斤；石咀大队种植面积 870 亩，产量达 1125 公斤；曼卡（今巴卡）大队种植面积 440 亩，产量达 3400 公斤；新寨大队种植面积 1890 亩，产量达 14425 公斤，整个基诺山区合计共种植茶叶 5403 亩，产量达 31250 公斤。1989 年，所有乡茶叶面积为 4588 亩，产量达 32400 公斤。

1990 年基诺山茶叶产量为 56300 公斤，茶园面积达 6126 亩，建成了一部分密植、速成、高产茶园；1993 年，基诺山产茶达 97000 公斤，折合 1940 担（每担 100 市斤），接近 2000 担。1995 年末，基诺族乡有茶叶 7063 亩，占全乡经济林的 13.88%，人均 0.71 亩。

至 2007 年底，基诺山基诺族乡 7 个村委会共有茶园 19456 亩，采摘 11921 亩，干毛茶产量 451.2 吨，其中巴卡村委会有茶园 3419 亩，采摘 917 亩，干毛茶产量 28.2 吨；巴来村委会有茶园 576 亩，采摘 501 亩，干毛茶产量 26.9 吨；洛特村委会有茶园 1649 亩，采摘 873 亩，干毛茶产量 62 吨；新司土村委会有茶园 5691 亩，采摘 4283 亩，干毛茶产量 131.7 吨，该村委会仅亚诺寨就有古茶园 1000 多亩；茄玛村委会有茶园 2357 亩，采摘 1200 亩，干毛茶产量 50.4 吨；巴亚村委会有茶园 3772 亩，采摘 3347 亩，干毛茶产量 183 吨；司土村委会有茶园 1992 亩，采摘 800 亩，干毛茶产量 42 吨。

表 6—4　2003 年至 2014 年部分年份新司土村委会茶叶种植面积及产量情况

时间	2003	2004	2005	2006	2007	2008	2010	2011	2012	2013	2014
茶叶种植面积（亩）	3529	3768	4388.5	4729.5	5691	5789	7220	7220	7220	7291	7291
茶叶产量(吨)	92	86.4	89.6	101	202	51	259.7	219	239	268.6	241.8

资料来源：新司土村委会

从表 6—4 可以看出，巴朵村隶属的新司土村委会的茶叶种植面积从

2003 年的 3529 亩增加到 2014 年的 7291 亩，增长面积一倍多，其茶叶产量变化幅度较大，从 2003 年的 92 吨，到 2007 年的 202 吨，其茶叶产量基本都在增加，但 2008 年时基诺族的茶叶产量却突然降至 51 吨，随后几年茶叶产量基本保持在 200 吨以上。茶叶虽然在基诺族的经济收入中占据一定的位置，但是因为茶叶的价格同样波动巨大，20 世纪后期至 21 世纪初期是普洱茶叶价格波动上升之际，从 2007 年、2008 年开始，普洱茶市场出现了巨大的变动，经济市场十分不景气，直至 2014 年开始又出现回升；加之基诺族的茶叶以台地茶为主，相较于整个云南省的普洱茶价格，基诺山的茶叶价格并不高。

2013 年橡胶价格开始降低，普洱茶的价格在基诺山开始攀升，村民对茶叶市场的未来预期逐渐好转，部分村民较少割胶或放弃割胶，转而采摘茶叶，茶叶已经成为橡胶价格下降后提高经济收入的重要手段之一。茶

图 83：基诺族的台地茶园

叶价格不断上升，橡胶价格不断下降，很多村民表示："割一天的胶水卖到的钱还不如采摘一下午的茶叶卖的钱多，而且采茶的时间是白天，是人正常的作息，所以即便是茶叶和橡胶同等收入，我们也更愿意去采茶"。茶农把茶叶从地里采摘回来，有一些村民把鲜叶直接卖给小商贩，有一些村民把鲜叶茶炒好，一般炒一锅茶需要翻炒 15 分钟，翻炒结束后把炒好的茶叶放到扁平的簸箕上，用手不停地揉搓，揉搓 5 分钟后把茶叶均摊在簸箕上进行晾晒。多数农户需要 2—3 个小时才能完成一天所采摘的鲜叶翻炒。

二、巴朵村生计发展形势分析

近几年来，随着橡胶价格的不断下降，砂仁价格的不断提高，地方政

图 84：基诺山出产的茶饼

府又开始有意识地引导当地百姓扩大砂仁的种植，同时加强茶叶的种植、管理、采集和销售等。总体来看，砂仁的起色不大，茶叶发展走势上扬。

（一）增加种植茶叶和水果

几年来，基诺族乡连续举行"攸乐古茶"节暨"茶宴"会。所谓"茶宴"就是邀请景洪、勐海、易武、基诺山等地茶叶协会的专业人士到基诺山乡政府前品评基诺族 40 多个自然村种的茶叶，选出其中的佼佼者进行宣传，同时还会评选出炒茶、泡茶等手艺的优胜者。在此次茶宴上也可以现场交易茶叶。茶宴的举行为推广和宣传基诺族的茶叶产生了推动作用。

与此同时，橡胶价格持续走低，使得基诺山越来越多的村民开始从事采茶，越来越多的茶作坊在基诺族各个村寨中建立起来。

2017 年普洱茶价格走高，基诺山的普洱茶种植量也成倍增长，鲜叶的价格通常 15 元 1 公斤，干茶 70—80 元 1 公斤。在寨子的调查过程中，发现有很多外地商人开始进驻基诺山的农户家，全程参与村民摘茶、制茶，等待收购合格的茶叶。而村民也开始投入更多的劳动力采摘茶叶，部分村民直接销售鲜茶，部分村民把鲜茶炒过后进行售卖，还有部分村民通过自己外部的社会交往，直接建成家庭茶叶作坊，自己采茶、制茶，把茶叶销往全国各地。

通过调查我们发现，在巴朵村 76 户村民中已经有超过 20 户的家庭完全暂停了割胶，约 30 户家庭尽管割胶，但并不以其为重。并且，在走访的 58 户村民中，除 1 户因为家庭困难，没有足够的能力承担水果种植的费用，放弃种植水果外，其余 57 户村民都表示，如果 2017 年的胶价还是不好的话，将计划砍掉 10 至 40 亩的橡胶林转而种植水果，其中已经有 4 户农户在 2016 年 8 月份砍掉 70 亩橡胶林转而开始种植水果。对于未来基诺族的水果种植面积将会如何增长，从目前的情况来看并不能做清晰的预计，只能静待未来的发展。但无论如何，交通的改善和村民思想观念的改变、政府政策的支持为基诺族发展水果种植提供了可能性。

（二）筹划民族生态旅游

此外，当地政府正筹划支持巴朵村发展民族生态旅游，主要包括当地基诺族的民族文化和生态文化，为了给游客创造美好的旅游体验，当地政府对巴朵村村寨内部景观做了统一的规划，并且，这一规划是建立在村民同意和支持前提下的。我们可以看到，前些年橡胶经济的发展给当地基诺族带来了充裕的经济收入，而这些收益多半被村民用在对房屋的改造和重建上。以巴朵村为例，在80座建筑中，目前仅仅保留了5座木结构干栏式建筑，其他房屋均被建造为钢筋混凝土的平房或楼房。传统的基诺族房屋建筑文化已经基本消失，而当地政府出于使基诺族的房屋建筑区别于其他民族的考虑，要求村民统一在钢筋混凝土的楼房上加盖一座干栏式建筑的三角形屋顶。除此之外，统一在房屋的墙壁上进行刷漆、装饰，主要是绘制含有基诺族传统文化的图案，展示基诺族的历史文化，从点滴上塑造基诺族的文化符号。还有，每家每户都需要在家里布置一角，用来展示基诺族传统的织布工艺。

总体而言，包括巴朵村在内的基诺山的民族生态旅游目前还处于起步阶段，但是，村民对基诺山将发展的民族生态旅游抱有美好的憧憬。其主要原因有：其一，村民逐渐意识到单一的橡胶种植并不能促成当地基诺族的可持续发展，所以即便是2017年橡胶价格已经开始有所回升，还是有很多村民表示："谁知道明年的橡胶价格会怎样，以后很多年的橡胶价格会是什么样子，我们现在多数的村寨中，超过90%的土地都用来种植橡胶了，万一橡胶价格又像前几年一样持续下降，我们还怎么活。而且长时间的割胶已经使得我们的身体损害极大，只怕到时候我们是有命挣钱，但是没命花钱"。村民对橡胶价格的未来预期并不乐观，加之长期的橡胶种植，致使多数胶农的身体受损。其二，村民日渐察觉大量种植橡胶树以后，基诺山的生态环境受到了破坏，最显著的表现就是饮水问题在整个基诺山日渐突出。其三，橡胶种植占据了村民8个月的时间，村民没有时间去经营村寨关系、邻里关系、亲戚关系，人和人之间的交往大幅度减少，

图 85：正在改建的房屋

部分村民表示即便是邻里之间也存在好多天见不到面的情况。与此同时，由于橡胶的种植已经致使基诺族的传统文化发生了急剧的变化，繁重的割胶劳作已经使得这个能歌善舞的民族没有时间和体力唱歌跳舞，传统文化正在面临无人参与和继承的局面。上述原因都促使村民在观念和行动上主动支持发展民族生态旅游。

目前，部分村民根据各自家庭的地理位置、家庭技能等选择适合各自家庭的旅游经营形式，多数家庭根据政府的规划改造自己的房屋，主要体现在通过加盖屋顶、粉刷墙壁、改造房屋布局、建设观景台等措施来发展家庭旅馆；部分村民家庭建设成为织布展示厅，专门出售由基诺族传统纺织工艺制作而成的各种民族服饰和经过创新改造的各种包包等物品；部分村民家庭根据各自所长，售卖基诺族传统的自烤酒，从山中找寻各种野味、野菜及蜂蜜，开设农家乐，村民在自愿的情况下加入到村寨旅游的发展中。

村民对村寨开展旅游还是比较支持的，有部分村民很清楚地认识到橡胶种植绝非自己家庭生计的长久之计，开发各种资源实现家庭的生计转型才能获得长久的发展。

并且，村民对当地政府主导下的民族村寨旅游抱有乐观的态度，认为由政府主导可以减少投资风险，减少手续上的麻烦。但如果政府主导的民族村寨旅游在短期内不能实施的话，部分村民也会主动寻求开展以家庭为单位的农家乐旅游。当然，当地政府的民族生态旅游规划能否顺利实施，其采取的各项措施能否推动巴朵村旅游的发展，还有待进一步观察。

三、巴朵村生计发展的趋势判断和突破建议

（一）逐步减少橡胶种植面积，推动多元化发展

起初，橡胶种植是以国营农场的形式在西双版纳推开的，而为了更好地发展少数民族地方特色经济，当地政府决定开展民营橡胶的种植，但是在这个过程中基诺族村民并不是一味被动地接受，他们根据橡胶价格的提升不断扩大橡胶种植面积。从最开始的排斥，到橡胶价格上涨时的疯狂种植，再到橡胶价格下降时的零星砍伐。橡胶树从无到有，从有到成为多数基诺族村寨的经济收入的支柱，从支柱变成不得不逐渐放弃的生存手段，在此过程中，基诺族村民经历了橡胶带来的巨大经济收入的欣喜，同时也经历了橡胶价格不断下降后的迷茫。可以说，橡胶作为一种受国际市场影响的经济作物，其在基诺族中的兴衰起伏，也让当地政府和基诺族村民意识到，只有产业结构多元化，才是基诺族实现可持续发展的重要保障。

因此，引导村民减少橡胶的种植面积，就是近年来当地政府在做的工作，据测算，把基诺山每户的橡胶种植棵数保留在1000棵，而一个成年劳动力一天一般可以割500棵胶树，对于一个核心家庭来说，如果1000棵橡胶树在割胶期间都能产生胶水，且价格可观的话，一方面既能做到有足够的劳动力投入割胶，另一方面也能够保证家庭的基本经济收入。同时，把海拔高、种植年代久的橡胶树逐渐砍伐、淘汰，而砍掉橡胶树后的

土地可以种植水果、砂仁、茶树、蔬菜等，地方政府也通过完善道路、农贸市场、举办茶宴等措施来增加基诺山农产品的销售渠道，增加基诺山农作物种植的多元化，"不把鸡蛋放在同一个篮子中"，减少市场波动对当地基诺族的影响。

（二）发展民族文化生态旅游，引导村民多渠道从业

目前，在巴朵村 72 户 332 人中，从事建筑工工作的有一个建筑小队，固定人数有 15 人；此外在春茶上市、橡胶还未开割的 1 个月中，多数村中妇女都会选择到邻近的亚诺寨去采摘春茶，一般一天一人的收入在100 元左右；除此之外还有 6 位年龄在 50—60 岁之间的妇女到基诺山风情园景区做饭，一个月的工资在 2000—3000 元之间。除此之外，还有大约30 个年纪在 16—30 岁之间的，尚未结婚的青年男女到附近的基诺山风情园、基诺山山寨、森林公园去打工，其打工多半是从事服务或表演性质的

图 86：村寨中的早点摊

图 87：基诺山上采集的土特产

工作，工资在 2000—5500 元之间，尽管收入不菲，他们也很难养活自己，经常还要向家中的父母要钱补贴自己。青年人与他们父母不同，他们更多的受外界各种信息的影响，不愿意被束缚在土地上，他们更愿意选择相对体面的工作，在访谈的过程中他们几乎都表示不愿意从事割胶的生计。不但这些尚未成家的村民表示不愿意从事体力劳动，甚至在村寨中比较多才多艺，能够演唱、表演基诺族民族文化的村民也愿意放弃割胶而从事其他更加"体面"的生计。

随着胶价的下降，越来越多的村民选择外出打工，他们在橡胶价格不景气的境况下主动地调适生计方式。在田野调查的过程中，每到下午 6 点左右的时候，站在村寨中的高处，总是可以看到在基诺山周围或是在景洪周围的旅游景点跳舞唱歌的衣着光鲜的年轻小伙子骑着摩托车带着他们的女朋友从外面归来，看着年长者骑摩托车，后座上装满茶叶或是其他东西，看见步履蹒跚的年老妇女头顶箩筐风尘仆仆地走进寨子。虽然都是外出打工，寻找生计，其年轻者和年老者选择的打工内容却形成了鲜明的对比，这是值得进一步深思的。但不管怎样，面临橡胶价格不断降低的情况，村民都充分发挥主观能动性，与地方政府的政策相适应，寻找新的生计方式，以应对橡胶价格的降低对家庭经济带来的种种影响，实现生计转型。

巴朵村交通便利，基础设施完备，当地政府着力打造巴朵村的旅游空间，为原生态、田园式的民族生态旅游提供发展基础。在此过程中，政府引导村民积极加入到民族村寨旅游中，发展农家乐、家庭旅馆、传统纺织技术展示等，以家庭为主的乡村生态旅游正在基诺山稳步展开。民族村寨旅游的发展给村民带来了更多的就业机会，很多村民，特别是年轻人选择到民族风情园、旅游景点、景洪等地的饭店去打工，增加经济收入。

（三）继续推动土特产特色集市等集贸活动的发展，为村民贸易提供多元化平台

自 2014 年开始，当地政府在基诺族乡政府驻地主干道两侧举办"基诺山货赶街日"，组织各村委会和商户到此赶集，进行农副产品、土特产和民族工艺品的交易。动员基诺族村民把当地的土特产或农副产品，如野生蜂蜜、手工红糖、茶叶、野菜、野果、水果（芒果、荔枝、红毛丹、杨梅、桃子、香蕉、菠萝、西瓜），竹碗、竹勺、竹杯、竹桌、舂槽等带到集市出售。此项举措深受村民的欢迎，赶集时间最初是每月的第一和第三个周日，2016 年改为每隔一周的周日，2017 年，已经再次增加为每个周日赶集一次。

村民山货、土产交易的需求是比较强烈的，当地政府在继续做好特色集市的同时，在乡村互联网农副产品交易平台的建设方面，可为村民提供更多的帮助和支持。

总体而言，巴朵村村民和其他基诺族村寨村民一样，热带山林是他们

生存所依，也是他们产业振兴发展的前提条件。因此，可以说从绿色生态方面进行思考和谋划，将是他们的不二选择。如开展绿色生态体验旅游，继续推动茶叶等绿色经济向高质量发展过渡，继续开展林下种植、林下产品的贸易等，这既有助于生态环境的保护，也利于村民经济社会的可持续发展。此外，从民族文化方面做文章，也是基诺族村民较为可行的直接选择，如开展民族文化体验旅游、民族工艺品的加工制造等，不仅能增加村民的家庭经济收入，还能传承传统技艺，如纺织、刺绣技能等，这也是不少村民乐意为之的事情。当然，基诺族作为一个经济社会发展跨越比较大的民族，其未来的发展动态、趋势和路径选择等，仍然需要社会各界的持续关注。

参考文献

1. 郝时远主编：《田野调查实录：民族调查回忆》，社会科学文献出版社 1999 年版。

2. 杜玉亭：《基诺族识别四十年回识——中国民族识别的宏观思考》，《云南社会科学》1997 年第 6 期。

3. 尹绍亭：《优势弘扬：民族文化的保护与发展》，《锻铸发展的魂魄》（云南"民族文化大省建设理论探索"第二卷），云南人民出版社 2002 年版。

4. 乐黛云、[法]李比雄主编：《跨文化对话》(2)，上海文化出版社 1999 年版。

5. [英]蒙德·弗斯：《人文类型》，华夏出版社 2002 年版。

6. [法]克洛德·莱维—施特劳斯：《结构人类学》（第二卷），上海译文出版社 1999 年版。

7. [美]本尼迪克特·安德森：《想象的共同体》，上海人民出版社 2003 年版。

8. *Ethnic Groups and Boundaries*, edited by FRDRICK BARTH, 1969 by Universitetslaget, 1998 reissued by Waveland Press, Inc.

9. 王明珂：《华夏边缘》，允晨文化实业股份有限公司 2002 年版。

10. 纳日碧力戈：《现代背景下的族群建设》，云南教育出版社 2000 年版。

11. [法]菲利普·柯尔库夫：《新社会学》，社会科学文献出版社 2000 年版。

12. 于希谦：《基诺族文化史》，云南民族出版社 2000 年版。

13. 杜玉亭调查整理：《基诺族社会历史综合调查》，《基诺族普米族社会历史综合调查》，民族出版社 1990 年版。

14.《景洪县志》编纂委员会编：《景洪县志》，云南人民出版社 2000 年版。

15. 尹绍亭：《基诺族刀耕火种民族生态学研究》（续），《农业考古》1988 年第 2 期。

16. 曾益群：《生态人类学视野中的热带山区混农林——以西双版纳为例》，载[日]古川永久、尹绍亭主编：《民族生态——从金沙江到红河》，云南教育出版社 2003 年版。

17. 杜玉亭：《基诺族简史》，云南人民出版社 1985 年版。

18. 郑晓云：《基诺族的饮食》，载《云南少数民族社会历史调查资料汇编》（五），云南人民出版社 1991 年版。

19.（清）道光《普洱府志·土司·附种人》。

20.《民族问题五种丛书》云南省编辑委员会编：《傣族社会历史调查》（西双版纳之一），云南民族出版社 1983 年版。

21. [法] 埃米尔·涂尔干：《社会分工论》，三联书店 2000 年版。

22. 杨荣：《基诺族大鼓浅析》，载西双版纳民族艺术创作研究室编《西双版纳民族艺术研究》第一辑，西双版纳傣族自治州艺术创作研究室内部出版，1988 年。

23. 刘怡、白忠明主编：《基诺族文化大观》，云南民族出版社 1999 年版。

24. [美] 维克多·特纳编：《庆典》，上海文艺出版社 1993 年版。

25. 郑晓云调查整理：《基诺族婚姻调查》，载《云南少数民族社会历史调查资料汇编》（五），云南人民出版社 1991 年版。

26. 刘怡、陈平编：《基诺族民间文学集成》，云南人民出版社 1989 年版。

27. [美] 克莱德·伍兹：《文化变迁》，云南教育出版社 1989 年版。

28. [日] 石川荣吉主编：《现代文化人类学》，中国国际广播出版社 1988 年版。

29. 尹绍亭：《人与森林——生态人类学视野中的刀耕火种》，云南教育出版社 2000 年版。

30. 施惟达：《民族文化与扶贫》，载《人类学与西南民族》，云南大学出版社 1998 年版。

31. 杜玉亭：《一种经济形式的典型——基诺族生存经济》，《云南社会科学》1991 年第 6 期。

32. 云南省委民族工作部边疆处：《坚持改革创新 抓好科技扶持—基诺族发展进步的主要经验》，《云南民族工作》1986 年第 12 期。

33. 纳培：《统一认识 坚定信心 转变作风 扎实工作 努力促进经济持续健康发展和社会全面进步》，在基诺族乡第四届人民代表大会第一次会议上的报告，2002 年。

34. 罗钢、刘象愚主编：《文化研究读本》，中国社会科学出版社 2000 年版。

35. [美] 丹尼尔·辛格：《谁的新千年——他们的还是我们的?》，中国人民大学出版社 2002 年版。

36. 许宝强、汪晖选编：《发展的幻象》，中央编译出版社 2002 年版。

37. [印] S.C. 杜布：《发展的文化纬度》，载《社会转型：多文化多民族社会》，社会科学文献出版社 2000 年版。

38. 联合国教科文组织国际专家小组报告：《多文化的星球》，社会科学文献出版社 2001 年版。

39. 费孝通等著：《中华民族多元一体格局》，中央民族学院出版社 1989 年版。

40. 王筑生主编：《人类学与西南民族》，云南大学出版社 1998 年版。

41. 中共云南省委宣传部、云南省人民政府研究室：《云南民族文化大省建设纲要》（讨论稿），2000 年 8 月。

42. 街顺宝:《文化失衡与生态危机——西双版纳基诺山巴卡小寨的调查研究》，载[日]古川久雄、尹绍亭主编:《民族生态从金沙江到红河》，云南教育出版社 2003 年版。

43. 尹绍亭:《基诺族文化生态村的变迁》，《人与自然》2002 年 6 月。

44. 石奕龙:《应用人类学》，厦门大学出版社 1996 年版。

45. 尹绍亭主编:《民族文化生态村——云南试点报告》，云南民族出版社 2002 年版。

46. [美] 马斯洛:《动机与人格》，华夏出版社 1987 年版。

47. [美] 马歇尔·萨林斯:《发现传统》，《山茶:人文地理杂志》1998 年第 1 期。

48. [美] 马歇尔·萨林斯:《何为人类学启蒙:20 世纪的若干教诲》，载《甜蜜的悲哀》，三联书店 2000 年版。

责任编辑：武丛伟

封面设计：林芝玉

图书在版编目（CIP）数据

世纪跨越：基诺族传统文化的传承与保护／朱映占 著 . — 北京：

人民出版社，2022.6

ISBN 978－7－01－024361－0

Ⅰ.①世… Ⅱ.①朱… Ⅲ.①基诺族－民族文化－保护－中国 Ⅳ.① K287.8

中国版本图书馆 CIP 数据核字（2021）第 278556 号

世纪跨越

SHIJI KUAYUE

——基诺族传统文化的传承与保护

朱映占 著

人民出版社 出版发行

（100706 北京市东城区隆福寺街 99 号）

北京汇林印务有限公司印刷 新华书店经销

2022 年 6 月第 1 版 2022 年 6 月北京第 1 次印刷

开本：710 毫米 ×1000 毫米 1/16 印张：17.25

字数：230 千字

ISBN 978－7－01－024361－0 定价：88.00 元

邮购地址 100706 北京市东城区隆福寺街 99 号

人民东方图书销售中心 电话（010）65250042 65289539